U0946153

武汉商学院学术著作基金资助（商科类）成果

社会学研究文库　第二辑

农产品伦理购买行为研究

易文燕 / 著

华中科技大学出版社
http://www.hustp.com
中国 · 武汉

图书在版编目（CIP）数据

农产品伦理购买行为研究/易文燕著．—武汉：华中科技大学出版社，2020.10
（社会学研究文库．第二辑）
ISBN 978-7-5680-1723-7

Ⅰ.①农…　Ⅱ.①易…　Ⅲ.①农产品-购买行为-研究-中国　Ⅳ.①F724.72

中国版本图书馆 CIP 数据核字（2020）第 219150 号

农产品伦理购买行为研究　　　易文燕　著
Nongchanpin Lunli Goumai Xingwei Yanjiu

策划编辑：张馨芳
责任编辑：周晓方
封面设计：孙雅丽
责任校对：阮　敏
责任监印：周治超
出版发行：华中科技大学出版社（中国·武汉）　　电话：（027）81321913
武汉市东湖新技术开发区华工科技园　　邮编：430223
录　　排：华中科技大学出版社美编室
印　　刷：武汉市金港彩印有限公司
开　　本：710mm×1000mm　1/16
印　　张：14　　插页：2
字　　数：230 千字
版　　次：2020 年 10 月第 1 版第 1 次印刷
定　　价：78.00 元

本书若有印装质量问题，请向出版社营销中心调换
全国免费服务热线：400-6679-118　竭诚为您服务

前言

PREFACE

近年来，随着全球消费急速增长，一系列由消费而引发的环境和社会弊病突显。人们开始意识到后果的严重性，并越来越多地关注消费的伦理属性，重视自身购买行为对身体健康、环境保护和社会长远发展带来的影响。购买行为已经成为与伦理相关的决策过程。在农产品领域，消费者对伦理因素的重视尤为明显，伦理危机感也更加紧迫。我国消费者对农产品需求的焦点逐渐从数量和种类转向安全、健康、可持续等伦理因素方面，越来越多的消费者表示会选择对身体和生活更有益的伦理农产品。然而，那些持有伦理态度和意图的消费者却很少进行真正的伦理购买，农产品伦理消费存在一定的“意图—行为”差距。在这一背景下，研究我国消费者的农产品伦理购买影响因素及其作用机制问题尤为必要。本书在梳理相关经典理论和国内外文献的基础上，首先，对农产品伦理购买行为相关概念进行了界定并提出了农产品伦理购买行为的构成维度；其次，构建了农产品伦理购买行为影响因素研究模型；接着，实证研究了影响因素研究模型中变量间的作用机制；最后，分别从消费者、企业和政府的角度对促进农产品伦理购买提出建议。本书的主要内容及结论包括以下几个方面。

内容一：农产品伦理购买行为的构成维度研究

农产品伦理购买行为是一个独特而复杂、具有多重属性与结构的概念。它并不是纯粹的经济行为，而是集合了公共康健、生态环境、社会责任、可持续发展、动物权益等方面的综合性行为。本书系统探讨了我国消费者农产品伦理购买行为的构成维度及测量量表，通过探索性因子分析和验证性因子分析最终确认，农产品伦理购买行为包括生态与安全、营养健康、认证与标识、社会责任、自然渠道 5 个维度共 17 项指标，内容完整，结构清晰。通过描述性统计分析，得出受访消费者在农产品伦理购买行为中各个维度的均值。其中，营养健康的得分排在首位，其次是生态与安全，接下来是认证与标识和自然渠道，得分最低的是社会责任。这说明，在我国消费者的日常农产品购买伦理价值层次中，与营养健康等因素相关的利己主义价值导向比与社会责任等因素相关的利他主义价值导向更为重要。

内容二：农产品伦理购买行为影响因素模型构建研究

本书对伦理消费和消费者行为与决策领域的相关理论和文献进行了回顾，以 Ajzen 的计划行为理论和 Hunt-Vitell 的伦理决策模型为理论基础，结合农产品消费的特征和中国文化背景，构建了中国消费者的农产品伦理购买行为影响因素研究模型。研究模型共包含农产品伦理购买态度、群体依从、面子意识、感知行为控制、农产品伦理购买意图、农产品伦理购买执行意图、购买情境和农产品伦理购买行为 8 个变量。其中，农产品伦理购买态度、感知行为控制、农产品伦理购买意图、农产品伦理购买行为 4 个变量是计划行为理论框架下的原始变量；群体依从、面子意识 2 个变量是本书依据中国特色对计划行为理论进行修正后的变量；农产品伦理购买执行意图、购买情境 2 个变量是本书引入的新解释变量。

内容三：农产品伦理购买行为影响因素作用机制研究

本书根据规范的量表设计流程进行了问卷设计，根据科学的调查流程实施了问卷的发放和数据的收集整理，通过探索性因子分析和验证性因子分析确定了量表具有良好的信度与效度，用结构方程模型对提出的农产品伦理购买行为影响因素模型进行了验证和假设检验。研究结果显示，农产品伦理购买行为影响因素作用机制分为三类。

一是直接效应：农产品伦理购买意图受到农产品伦理购买态度、群体依从、面子意识、感知行为控制的直接正向影响。其中，影响最大的是群体依从，其次是面子意识，再次是农产品伦理购买态度，最后是感知行为控制。农产品伦理购买意图对农产品伦理购买执行意图产生正向影响；农产品伦理购买行为的直接影响因素有农产品伦理购买意图、感知行为控制、农产品伦理购买执行意图。其中，影响最大的是农产品伦理购买意图，其次是感知行为控制，再次是农产品伦理购买执行意图。

二是中介效应：农产品伦理购买态度、群体依从、面子意识、感知行为控制，既通过农产品伦理购买意图影响农产品伦理购买行为（单因子中介效应），也通过农产品伦理购买意图影响农产品伦理购买执行意图继而影响农产品伦理购买行为（二因子因果中介效应）。

三是调节效应：农产品伦理购买执行意图与购买行为之间并非只是简单的相关关系，而是受到了购买情境的调节。具体而言，在实体环境较好和营销刺激较大的购买情境中，农产品伦理购买执行意图对农产品伦理购买行为的影响要高于在实体环境较差和营销刺激不佳的购买情境中的影响。研究还表明，农产品伦理购买“意图—行为”差距确实存在，鸿沟的形成同时受到内部因素（包括消费者自我效能和农产品伦理购买执行意图）和外部因素（包括购买行为可控性和购买情境）的综合影响。

基于主要研究结论，本书提出了实践上的建议：(1) 消费者需要建立伦理消费的价值观和态度；培养伦理消费的生活方式和购物模式；提升自身伦理购买能力。(2) 企业需要提升伦理农产品品质；合理制定伦理农产品价格；完善伦理农产品分销渠道；加大农产品伦理购买促销力度；进行市场细分，提供定制服务；将成就与伦理消费联系起来。(3) 政府需要加强宣传引导，构建伦理社会规范；加强伦理消费的教育与培训；完善信任机制，建立伦理认证；提供技术支持和给予政策倾斜。

本书的创新之处在于：(1) 将消费者伦理理论与行为理论相结合，研究了消费者伦理购买的态度—意图—行为的完整过程。本书基于 Hunt-Vitell 伦理决策模型和 Ajzen 的计划行为理论构建了农产品伦理购买行为影响因素模型。Hunt-Vitell 模型是一个过程模型，展现了消费者伦理购买的程序，但它不是一个因果模型，无法解释变量之间的关系。计划行为理论着重阐述行为态度、意图与行为之间的因果联系。两者的结合能够更科学地研究消费者的农产品伦理购买行为问题。(2) 将消费者伦理决策模型和行为理论模型应用于农产品消费这一特定领域。本书认为对农产品伦理购买行为影响因素及其作用机制的专门研究是有必要的。农产品由于其特殊性，与其他商品相比，消费者在购买态度与行为上的反应会有所不同。本书精确地限定了研究范围，聚焦了研究变量，从而使得变量之间的关系更具说服力。

编　者

2020 年 9 月

目录

CONTENTS

第一章

绪　论

第一节　研究背景

一、伦理消费主义的蓬勃发展

自第二次世界大战以来；特别是自20世纪70年代以来，全球经历了前所未有的经济发展和生活水平的提升，市场在持续创造消费需求①。然而，这种全球消费增长模式已达到经济开发能力的临界门槛和地球可支撑的极限②，一系列环境问题和社会弊病突显，如生态的退化、经济的不公、人们身体和精神的疾病等。公众开始意识到这些问题的严重后果，并越来越多地关注消费的伦理属性，重视自身购买行为对环境和社会长远发展带来的影响③，伦理型或道德型消费者（ethical consumers）这样一类特殊

---

① Carrington M J，Zwick D，Neville B A. The ideology of the ethical consumption gap [J]. Marketing Theory，2016，16 (1)：21-38.

② Latour B. On some of the affects of capitalism [M]. Copenhagen：royal Academy，2014.

③ Carrington M J，Neville B A，Whitwell G J. Lost in translation：exploring the ethical consumer intention-behavior gap [J]. Journal of Business Research，2014，67 (1)：2759-2767.

的细分市场群体诞生并开始受到广泛关注。他们对伦理持有积极的态度，具有强烈的社会责任感，十分在意自身的消费选择对社会和环境的影响，并有意识地进行伦理消费，如购买有机的、公平交易的、有利于动物保护和环保的产品①。由伦理消费者所引发的伦理消费主义（ethical consumerism）蓬勃发展。研究表明，虽然伦理消费主义是一项新兴的事务，但在短时间内，它已从文化边缘发展成为社会主流②。主流消费者对伦理产品的关注程度在不断加深，进行伦理购买的消费者比例在不断扩张③。购物已成为与伦理或道德密切关联的决策过程④。英国《2014 年伦理消费者市场报告》显示：56%的消费者会向他们的朋友或家人谈论企业行为；42%的消费者会向他们的朋友或家人推荐信誉良好和担负社会责任的企业；50%的消费者会购买承担社会责任和具有高信誉度的企业的产品和服务；48%的消费者会拒绝在具有不良声誉和不担负社会责任的企业购买产品；消费者对可持续性因素的考虑要高于价格和品牌⑤。

在我国，伦理消费的发展也是一片欣欣向荣的景象。1972 年，中国参加了联合国人类环境大会，开始重视消费与环境的关系并倡导绿色环保消费观；“十一五”规划（2006—2010 年）建议建设资源节约型、环境友好型社会，建立可持续消费模式；2012 年，党的十八大首次提出“推进绿色发展、循环发展、低碳发展”并正式提出“美丽中国”这一思想，强调把生态文明建设放在突出地位并将之融入经济建设、政治建设、文化建设、社会建设等各方面和全过程；2015 年，国务院印发《关于积极发挥新消费

① Crane A. Unpacking the ethical product [J]. Journal of Business Ethics，2001，30 (4)：361-373.

② Carrington M J，Neville B A，Whitwell G J. Why ethical consumers don't walk their talk：towards a framework for understanding the gap between the ethical purchase intentions and actual buying behaviour of ethically minded consumers [J]. Journal of Business Ethics，2010 (97)：139-158.

③ Castano L E V，Perdomo-Ortiz J，Ocampo S D，et al. Socially responsible consumption：an application in Colombia [J]. Business Ethics：A European Review，2016，4 (25)：460-481.

④ 邓新明．消费者为何喜欢“说一套，做一套”——消费者伦理购买“意向—行为”差距的影响因素 [J]. 心理学报，2014，46 (7)：1014-1031.

⑤ Ethical consumer markets report 2014 [EB/OL]. http：//www. ethicalconsumer. org/.

引领作用 加快培育形成新供给新动力的指导意见》（国发〔2015〕66号），重点指出，消费关系民生福祉，消费质量和消费环境需要不断优化，居民消费需要不断升级；2016年，国家十部门联合印发《关于促进绿色消费的指导意见》（发改环资〔2016〕353号），在全国范围内大力推动消费理念绿色化、消费行为规范化、消费模式文明健康化；2017年，党的十九大报告提出"加快生态文明体制改革，建设美丽中国"，社会主义现代化奋斗目标从"富强民主文明和谐"拓展为"富强民主文明和谐美丽"，"美丽"不仅体现在宁静、和谐、美丽的空间格局和产业结构上，还体现在美好的生活模式和道德的消费方式上；2018年，生态环境部等五部门联合编制《公民生态环境行为规范（试行）》，明确要求公民关注生态环境、践行绿色消费、共建美丽中国；2019年，《中国落实2030年可持续发展议程进展报告》指出，我国目前正在进行第三次消费结构升级，可持续消费作为消费升级的重要特征之一，已成为未来的消费导向，我国将会在相当长一段时间内，为确保公众健康的生活方式和实现可持续消费模式而不懈奋斗。根据政府规划，到2020年，我国绿色消费理念将成为社会共识，长效机制将基本建立，绿色生活方式和消费模式也将基本形成。

我国政府的一系列执政理念和实施方案表达出了党始终以人民为中心的决心和实现中华民族持久发展的担当。"绿水青山就是金山银山"，"充分认识形成绿色发展方式和生活方式的重要性、紧迫性和艰巨性"，"这是中国梦中很重要的内容"……可以预见，在我国政策的步步引领下，伦理购买会逐渐成为美丽生活的主流消费模式。根据《2019中国可持续消费研究报告》，消费者已经开始反思自身行为对环境和社会造成的危害，有63.51%的公众表示相信自己的伦理消费行为会对社会可持续发展有所帮助。而且，公众对可持续消费的认识还在持续加深，在实际行动上也越来越愿意为有机食品、绿色生活方式付出更多的时间和金钱①。

① 中国落实2030年可持续发展议程进展报告［EB/OL］. http：//www. xinhuanet. com/world/2019-09/25/c _ 1210292253. html.

二、农产品消费观的转变

在农产品领域，消费者对伦理因素的重视尤为明显，伦理危机感也更加紧迫。农产品的安全、营养等伦理要素与公众身体健康紧密相联，而农产品非伦理生产、加工和销售带来的危害也要远远大于其他商品。很多消费者已经表示出他们对化学物质所带来的危害的极度担心，如农产品中的农药残留、催生激素、保鲜剂等。越来越多的消费者愿意选择那些对他们的身体和生活更有益的伦理型肉类、蛋类、水果和蔬菜，他们感觉这些产品有着更好的质量和更好的味道①。健康和营养成为消费者进行伦理购买的重要原因。很多消费者甚至表示他们愿意为健康的食物花费更高的费用，溢价购买自由散养的家禽/蛋、有机蔬菜和水果。有机农产品、公平贸易农产品、关心动物福利农产品、环境友好型农产品、本地农产品的需求不断增长②。根据英国《2017 伦理消费者市场报告》、《2018 伦理消费者市场报告》以及 2019 年《伦理消费主义二十年》报告，伦理产品的销量一直保持着持续增长，且增长率要远大于普通产品。伦理食品在英国的销售额从 1999 年的 10 亿英镑增长到 2018 年的近 120 亿英镑，二十年间增长了 12 倍。2016 年至 2018 年，伦理食品销售额的年增长幅度分别达到了约 16.3%和 8.7%，详情见表 1-1。以蛋类销售为例，尽管有机鸡蛋的平均售价为普通鸡蛋的近两倍，仍有 52%的消费者经常购买自由散养的家禽/蛋，其中 28%的消费者是有规律地定期购买，自由散养的家禽/蛋的市场份额已增至 63%。另外，64%的消费者曾经做过与社会可持续发展、环境保护或动物福利保护相关的消费行为，74%的消费者出于环境保护或动物福利因素改变了自身的饮食习惯和农产品购买习惯，朝着更加伦理的消费方式迈进③。

---

① Padel S，Foster C. Exploring the gap between attitudes and behaviour：understanding why consumers buy or do not buy organic food［J］. British Food Journal，2005，107（8）：606-625.

② Cornish L S. Ethical consumption or consumption of ethical products? an exploratory analysis of motivations behind the purchase of ethical products［J］. Advances in Consumer Research，2013（41）：337-341.

③ Ethical consumer markets report［EB/OL］. http：//www. ethical consumer. org/.

表 1-1 各类伦理食品的销售额及年增长情况

伦理食品	1999 (£m)	2015 (£m)	2016 (£m)	2017 (£m)	2018 (£m)	增长率（%）2016—2017	增长率（%）2017—2018
有机	390	1744	1810	2000	2208	10.5	10.4
公平贸易	22	1572	1680	1720	1603	7.0	↓6.8
环境友好型	/	2048	2377	2955	3243	24.3	9.7
自由散养的家禽/蛋	173	626	677	724	758	7.0	4.7
素食品或植物替代品	452	600	574	657	1000	14.5	52.2
关心动物福利	/	1570	1726	2050	2190	18.8	6.8
可持续鱼类	/	507	694	902	962	30.0	6.2
总计	1037	8667	9466	11008	11964	16.3	8.7

注："£m"代表 100 万英镑。根据英国《2017 伦理消费者市场报告》、《2018 伦理消费者市场报告》以及 2019 年《伦理消费二十年》整理。

中国自古以来就崇尚"民以食为天"，食物是中国文化的体现，已成为中国内在价值的一部分，根深蒂固于中国消费者的生活中①。与习惯于食用速冻食品、一周一次采购以及快速简便用餐风格的西方人不同，我国大众对一日三餐的重视程度很高，习惯于每日购买，讲究新鲜、便利，对生鲜农产品的需求相当庞大。近年来，随着人们生活水平的提升和道德观念的变化，我国消费者对农产品需求的焦点逐渐从数量和种类转向安全、健康、可持续等伦理因素方面。《2016 年度中国绿色消费者报告》表明，尽管伦理农产品在同类农产品中的溢价达到 29%，但销售额依然逐年递增②。《2017 年中国线上生鲜食品消费研究报告》显示，安全问题是消费者网购生鲜食品最看重的因素，对生鲜食品安全表示"非常关注"和"比较关注"的消费者比例高达 92.8%。生鲜食品安全在消费者购买"看重因

① Zhou X. Patterns of middle class consumption in India and China [M], New Delhi: Sage Publications, 2008.

② 2016 年度中国绿色消费者报告 [EB/OL]. http://www.199it.com/archives/503487.html.

素”和“最看重因素”排名中均位列第一，所占比例分别为“80.3%”和“57%”。并且，消费者信赖信誉资深的平台和品牌，认为具有营销道德保障的购买渠道非常重要①。《2019中国可持续消费研究报告》显示，有超过80%的消费者表示愿意为可持续食品溢价购买，47.23%的消费者表示可以接受伦理食品较高程度的溢价水平②。

三、农产品伦理消费的“意图—行为”差距

尽管消费者更倾向于购买伦理产品，但是消费者行为领域和社会心理学领域对消费者的实证研究均显示，那些持有伦理态度和意图的消费者却很少进行真正的伦理购买，购买意图通常并不能等同于实际购买行为③。也就是说，尽管伦理消费观被越来越多的公众接受与认同，但面对收款柜台，消费者却很少将他们的消费信念转化为实际行动。Davies 等人（2002）详细地指出，30%的消费者拥有伦理产品购买态度，其中却只有3%的消费者真正将其转化为消费行为④。这种现象被称为“态度—行为”差距、“意图—行为”差距或“语言—行动”差距。这一差距在很多国家明显存在。例如，在美国，50%～67%的消费者公开表示他们关注伦理问题⑤，但30%的具有伦理购买倾向或动机的消费者并没有付诸行动⑥，伦

---

① 2017年中国线上生鲜食品消费研究报告［EB/OL］. http：//www.199it.com/archives/610843.html.

② 2019中国可持续消费研究报告［EB/OL］. http：//www.syntao.com/newsinfo/2171428.html.

③ Antonetti P，Maklan S. How categorization shapes the attitude-behaviour gap in responsible consumption［J］. International Journal of Market Research，2015，57（1）：51-72.

④ Davies J，Foxall G R，Pallister J. Beyond the intention-behaviour mythology：an integrated model of recycling［J］. Marketing Theory，2002，（2）：29-113.

⑤ Euromonitor. International global consumer trends survey［J/OL］. http：//www.euromonitor.com/global-consumer-trends-summary-of-2013-survey-results/report.

⑥ Hassan L M，Shiu E，Shaw D. Who says there is an intention-behavior gap? assessing the empirical evidence of an intention behavior gap in ethical consumption［J］. Business Ethics，2016（136）：219-236.

理产品的销售只占到产品总销售的15% ①。在中国，有接近72.4%的消费者在进行伦理购物决策时表现出了明显的言行不一致②。

"意图—行为"差距同样存在于农产品消费领域。Sparks和Shepherd（1992）在对有机蔬菜购买行为的研究中发现，那些对伦理农产品持积极态度的消费者并没有转化为实际购买行为③。Vermeir和Verbeke（2008）在对伦理食品的研究中得出了同样的结论④。伦理农产品虽被认为更美味、质量更好、更安全、对身体和环境更有利，但销量远远未达到市场预期。英国《2017伦理消费者市场报告》的数据表明，有机蔬菜和水果市场仍然是利基市场（niche market），只占到整个食品市场的1.5%⑤。并且，营销人员目前所做的旨在缩小伦理购买"意图—行为"差距的营销策略并没有达到预期效果，伦理消费悖论真实存在。

第二节　研究目的与意义

一、研究目的

本书关注伦理消费的前沿问题与挑战，力图明晰农产品伦理购买行为的内涵和结构层次，探讨其影响因素及作用机制。具体来说，将围绕以下三个目的展开。

---

① Bertini I. Ethical consumerism delivering "profitable growth" [J/OL]. http://blueandgreen.tomorrow.com/2014/07/11/ethical-consumerism-delivering-profitable-growth-says-market research.

② 张砚，李小勇．消费者绿色购买意愿与购买行为差距研究［J］．资源开发与市场．2017，33（3）：343-348.

③ Sparks P，Shepherd R. Self-identity and the theory of planned behavior：assessing the role of identification with green consumerism ［J］. Social Psychology Quarterly，1992，55（4）：388-399.

④ Vermeir I，Verbeke W. Sustainable food consumption among young adults in Belgium：theory of planned behavior and the role of confidence and values ［J］. Ecological Economics，2008，64（3）：542-553.

⑤ Ethical consumer markets report 2017 ［EB/OL］. http://www.ethical consumer.org/.

第一，从消费者视角，对农产品伦理购买行为的概念和测量进行界定，剖析其构成维度，针对中国情境设计一个可靠而有效的农产品伦理购买行为测量量表。研究将回答下列问题：农产品伦理购买的内涵是什么？如何度量农产品伦理购买行为？

第二，基于经典的伦理决策模型和行为理论，探讨农产品伦理购买行为的影响因素及其作用机制，构建农产品伦理购买行为的影响因素模型并用实证分析对其进行评价。研究将回答下列问题：哪些因素影响农产品的伦理购买行为？它们的相互关系及其在伦理购买行为决策中的作用机理是什么？经典的伦理决策模型和行为理论在农产品购买情境中是否适用？需要进行哪些修正？

第三，揭示消费者对农产品伦理购买“意图—行为”差距的“黑匣子”，探讨导致消费者伦理消费言行不一的原因。研究将回答下列问题：具有伦理态度和意图的消费者为何缺乏农产品伦理购买行为？导致鸿沟存在的因素究竟有哪些？这些因素之间的深层次关系和相互作用又是怎样的？

二、理论意义与实践意义

（一）理论意义

伦理购买影响因素及决策过程是一个正在发展的研究议题，相关的理论与实证研究并未得出被广泛认可与接受的结论。关于伦理消费意图的形成过程，以及伦理购买意图到伦理购买行为的转化失灵等问题均未有明确的解释。本研究的理论意义主要体现在以下几个方面。

第一，促进消费者伦理购买决策模型的研究更加完整和深入。虽然国内外在伦理消费领域已经展开了研究，但关于消费者伦理购买行为影响因素的理论和实证研究还处于探索和发展中。多数研究者在考察消费者伦理购买过程时，将研究终点设置为购买意图。他们认为，意图是实际行为的可靠“预言者”。大部分研究聚焦于伦理购买意图的形成，而极少对消费者为何言行不一做出解释。本书的研究弥补了这一缺口，构建消费者态度—意向—行为的完整过程。

第二，对行为理论的发展起到推动作用。Shaw 等人（2006）指出，行为是一系列有着潜在关系的事物相互作用的结果，远比理性模型所体现的更细致、微妙和丰富①。伦理消费行为除了受到判断、信念和意图等普遍因素的影响外，还受到众多其他因素的影响与干扰，如购买情境、购买习惯等。本书将内部因素与外部因素进行整合，研究它们之间相互作用及共同作用情况，建立中国文化背景下的伦理购买行为理论修正模型，为验证行为理论的文化适用性和跨文化修正提供某些思路。

第三，将消费者伦理购买决策理论与行为理论在农产品消费这一特定情境中进行演进和深化。在中国情境下重新审视了农产品伦理购买行为，对其进行了维度的划分和测量项目的完善，提供了可信赖的农产品伦理购买行为测量工具，并对农产品伦理消费的影响因素及其作用机制进行了专门研究。专业化的研究提升了量表和模型的信度以及结果的精确度。本书的研究对理解农产品伦理购买的特殊性以及与其他行业产品伦理购买的差异性有着重要的理论价值。

（二）实践意义

探索农产品伦理购买行为的影响因素及其作用机制，对消费者、企业和政府等在推动社会和谐发展和实现综合效益的提高等方面具有重大实践意义。

第一，本书的研究探讨了消费者在进行农产品购买选择时的心理“暗箱”，这有助于零售商和营销人员对伦理消费者细分市场的进一步了解。同时，对所探讨的影响农产品伦理购买行为的内外部因素及其作用路径，有助于企业全面了解消费者的伦理购买决策过程，预测出可靠的消费趋势，制定和实施有效的伦理经营策略。

第二，以消费升级引领产业升级和供给侧结构改革，促使企业生产道德和营销道德的提升。通过审视消费者对农产品伦理的具体需求，企业可以对自身经营行为进行自我测评，明晰伦理行为对自身营销绩效的影响，对生产和营销过程中的非道德行为进行治理和管理，从而提升企业道德水平。

第三，有助于政府有针对性地对企业进行调控和对消费者进行引导。这包括：政府对企业的社会责任决策和行为施加影响；唤醒消费者的社会环境意识；将生态经济、绿色经济等优质观念深入企业的生产与营销各个过程和公众的日常消费与生活中等。

---

① Shaw D，Newholm T，Dickinson R. Consumption as voting：an exploration of consumer empowerment [J]. European Journal of Marketing，2006，40 (9)：1049-1067.

第三节 研究方法

一、文献研究

本书的研究对伦理消费行为的理论基础和相关研究成果进行了回顾，了解国内外的研究脉络和最新研究动态。在对前人文献的归纳和整理基础上，分析目前已经解决的问题和尚待解决的问题，明确当前的代表性意见和争议的焦点，抓住尚待拓展的研究空间，从而确定本书的研究目的和研究问题。通过文献研究，明确研究思路和研究方法，构建本书的理论模型，提出与模型相关的变量以及研究假设，设计相关变量的测量初始题项。

二、专家访谈

本书对5位专家进行了60～90分钟的个别深入访谈。专家访谈的目的在于检测本书提出的问卷题项与专家看法是否一致，即量表是否具有内容效度，以及调查问题的表述是否清晰、用词是否精准。专家访谈分为两个步骤：第一，询问专家对本书提出的问卷内容和结构的看法及修改意见；第二，请专家对已提出的测量指标在用词表述上提出修改意见。

三、问卷调查

问卷调查是本书收集实证研究数据的主要方法。首先，在理论基础上，结合文献回顾、深度访谈以及小范围调查，设计出农产品伦理购买行为量表和农产品伦理购买行为影响因素量表的初始题项。接着，通过预测对初始题项进行项目分析，得出第一轮题项筛选结果。然后，对筛选后的题项进行探索性因子分析，采用主成分分析法，删除不合格的题项并得出公因子，完成第二轮题项筛选，确定正式量表。最后，使用大样本调查数据对量表进行验证性因子分析，检测量表的信度与效度，为模型验证提供数据支持。在此过程中，运用SPSS 22.0和AMOS 21.0软件对问卷调查的数据进行处理。

四、结构方程模型

本书的研究在对农产品伦理购买行为影响因素模型的验证分析中运用了结构方程模型（structural equation modeling，SEM）。研究中运用 SEM 对因素分析与路径分析两种统计方法进行整合，检验农产品伦理购买行为影响因素模型中所包含的观察变量、潜变量和误差变量之间的关系，进而获得外生变量与内生变量的直接效果、间接效果、干扰效果和总效果。

第四节　技术路线和研究框架

一、研究内容与技术路线

基于上述研究背景与目的，本书融合管理学、社会学与心理学的相关理论和研究方法，度量农产品伦理购买行为，揭示农产品伦理消费的影响因素及其作用机制，勾勒消费者的农产品伦理购买决策过程，其技术路线见图 1-1。

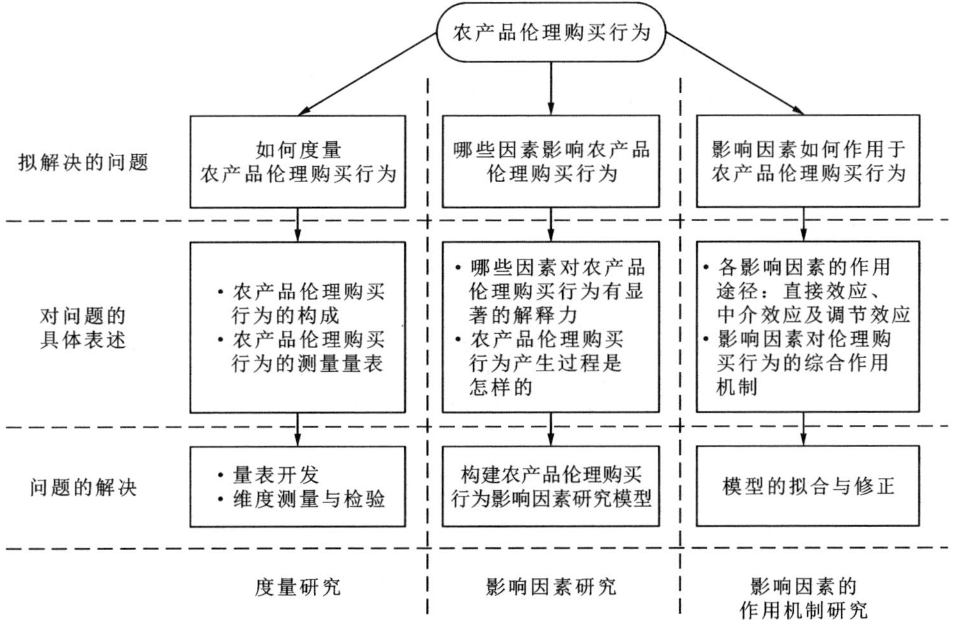

图 1-1　技术路线图

二、研究框架和内容安排

本书共分为七章，各章具体内容安排见图 1-2。

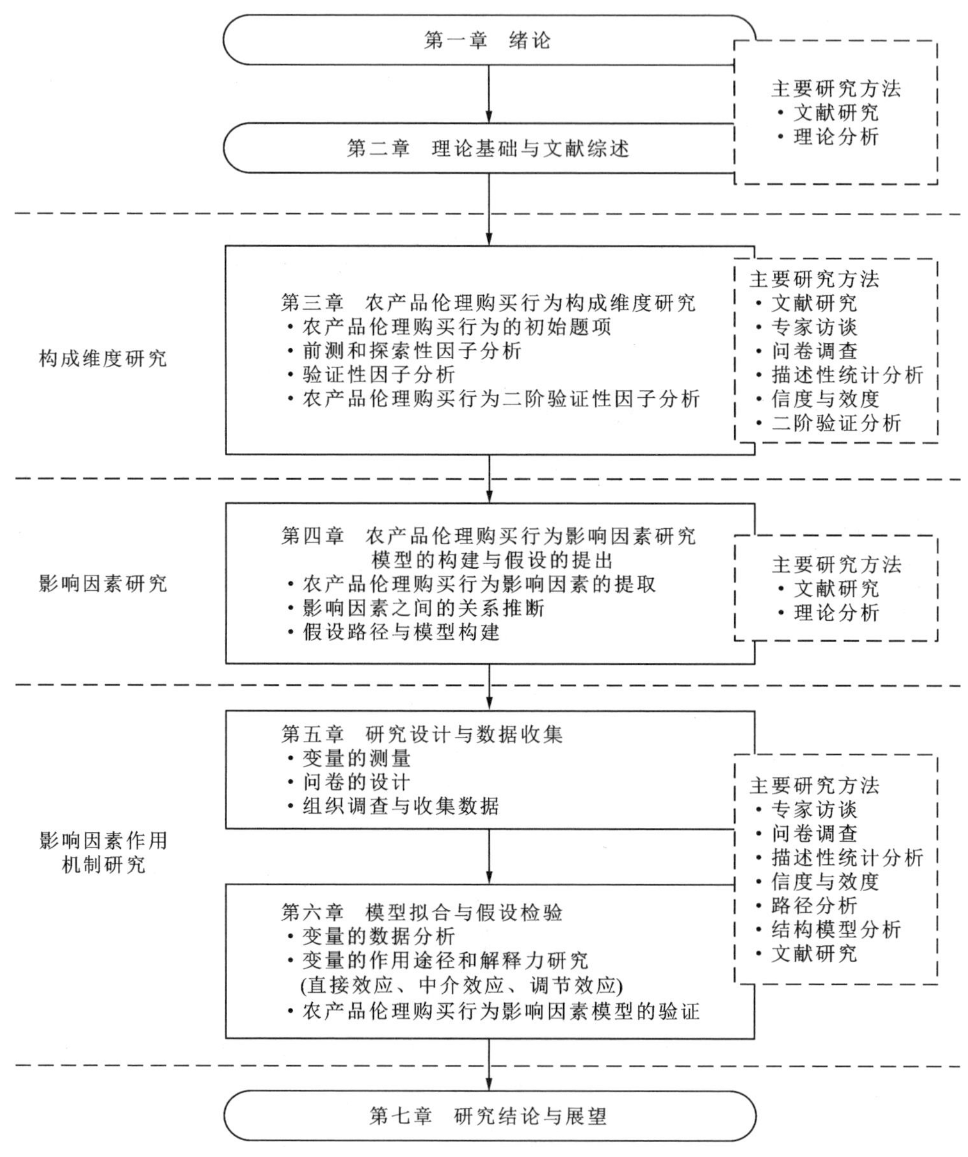

图 1-2 研究框架和内容安排

第一章，绪论。首先，描述新时期伦理消费主义蓬勃发展的态势，分析消费者在农产品消费观念上的转变。在明确农产品伦理购买行为研究的理论意义和现实意义的基础上，提出研究命题。其次，阐明要解决的具体问题、研究方法以及研究技术路线。最后，指出本研究的创新点。

第二章，理论基础与文献综述。首先，对研究的重要概念进行说明。然后，对道义论与目的论、消费者伦理决策理论、理性行为理论与计划行为理论进行介绍与分析，为研究模型奠定理论基础。接着，对伦理购买行为的测量、消费者伦理决策模型、伦理购买行为影响因素、计划行为理论在伦理购买中的应用、消费者伦理购买“意图—行为”差距等领域的相关文献进行梳理、分析与总结，明确现有文献存在的局限，为本研究找到切入点和方向。

第三章，农产品伦理购买行为构成维度研究。设计农产品伦理购买行为的初始题项，在实证研究和定量分析的基础上，确定农产品伦理购买行为的构成维度，并进行验证。

第四章，农产品伦理购买行为影响因素研究模型的构建与假设的提出。在理论回顾和文献分析的基础上，提取农产品伦理购买行为的影响因素，并对这些影响因素之间的关系进行推断，提出相关的研究假设，确定研究模型。

第五章，研究设计与数据收集。参考前人的研究文献，结合深度访谈的结果，依照规范量表的流程确定研究模型各个变量的测量题项并设计初始问卷。经过前测和量表调整，确定正式问卷并广泛收集样本。

第六章，模型拟合与假设检验。对问卷调查所获得的数据进行分析，验证本研究提出的概念模型。首先，运用 SPSS 22.0 和 AMOS 21.0 软件对正式调查所获得的数据质量进行评价和验证。其次，运用 SPSS 22.0 和 AMOS 21.0 软件对数据进行描述性统计分析和路径分析。再次，通过结构方程模型对农产品伦理购买行为影响因素作用机理模型进行拟合和优化，分析直接效应、中介效应和调节效应，得出相关假设的检验结果。最后，对各个研究变量之间的关系进行深入讨论和阐释。

第七章，研究结论与展望。总结研究结论，在此基础上，对消费者、企业和政府提出实践建议，并指出本研究的局限性及未来研究方向。

第五节　可能的创新点

现有的关于农产品伦理购买行为的文献为本书提供了很好的借鉴，本书在现有基础上进行了一些新的探索和尝试，主要体现在以下几点。

（1）将消费者伦理理论与行为理论相结合。本书基于 Hunt 和 Vitell（1986、1993）的伦理决策模型①②以及 Ajzen（1985）的计划行为理论构建农产品伦理购买行为影响因素模型③。Hunt-Vitell 模型是一个过程模型，展现了消费者伦理购买的程序，但它不是一个因果模型，无法解释变量间的关系。计划行为理论着重阐述行为态度、意图与行为之间的因果联系。两者的结合能够更科学地研究消费者的农产品伦理购买问题。在对两者结合的过程中，本书展现了消费者伦理购买的态度—意图—行为的完整过程。在以往购买行为模型的研究中，呈现出了两种类型。第一类，多数学者聚焦于消费态度与意图之间的关系，普遍认为，意图是实际购买行为的直接替代者。这类研究以态度为起点，止步于意图，并未研究实际行为。第二类，少数学者关注并探讨了伦理消费意图与行为之间的差距，但他们的研究直接以购买意图为起点，没有揭示意图形成的原因及过程。本书将意图作为研究中间点，但并非将两类研究简单地相加，而是综合两者的研究思路，将相关变量进行修订与整合。

（2）将消费者伦理决策模型和行为理论模型应用于农产品消费这一特定领域。虽然国内外关于伦理消费决策和行为理论的研究已有丰富呈现，但直接针对农产品这一特定领域的研究还较为鲜见。本书认为，对农产品伦理购买影响因素及其作用机制的专门研究是有必要的。农产品由于其特殊性，与其他商品相比，消费者在购买态度与行为上的反应会有所不同。本书精确地限定了研究范围，聚焦了研究变量，从而使得变量之间的关系更具说服力。

---

① Hunt S D, Vitell S. A general theory of marketing ethics [J]. Journal of Macromarketing, 1986 (6): 5-15.

② Hunt S D, Vitell S. Ethics in marketing [M]. Homewood, IL: Irwin, 1993.

③ Ajzen I. From intentions to actions: a theory of planned behavior [J]. Advances in Experimental Social Psychology, 1985, 22 (8): 11-39.

第二章

理论基础与文献综述

本章首先对本书的重要概念进行界定，将核心概念及其相关概念进行说明和区分；接着介绍与本书密切相关的经典理论；然后对农产品伦理购买行为影响因素及其作用机制的相关研究成果进行综述。本章是本书的理论基础，为后面的研究提供理论支撑。

第一节　重要概念的界定及与相关概念的区分

一、伦理与道德

伦理与道德在英文中都为“ethics”，国内学者受西方研究的影响，大多并未区分伦理消费与道德消费的差异，将二者等同看待。不过也有观点指出，道德研究的是具体的道德现象，而伦理是从哲学的高度去揭示道德的本质、功能及规律，二者是表现形式与理论的关系①。但从行为角度上而言，伦理消费与道德消费在概念上趋于一致。因而，本书将这两个词作为同义词使用。

① 周林森．现代企业营销道德评价问题研究［D］．湘潭大学，2006.

二、伦理消费、绿色消费、社会责任消费与伦理消费者

（一）伦理消费

在前人的研究中，关于伦理消费概念的文献很丰富。伦理消费（ethical consumption）是消费者在购买过程中有意识地考虑道德或社会问题，而不仅仅只关注产品的普通属性（如味道、颜色、设计等），它是消费者积极的道德消费态度和意图的直接结果①。

（二）绿色消费

绿色消费（green consumption）的概念要比伦理消费的概念诞生得早，它源于20世纪六七十年代西方兴起的以减少污染、节约能源、维护生态平衡为主题的绿色运动。20世纪八九十年代就已经涌现了一批研究绿色消费的文献，但从这些对绿色消费行为的研究来看，消费者的关注不仅仅局限于环境、能源与生态，广义层面的绿色消费概念还包括动物福利、社会责任、社会制度、公平交易、购买当地食品和购买有机产品等更广阔的范围②。综合来看，绿色消费是一种可持续消费观念，是指以节约、健康、环保为特点的消费行为。它强调的是适度节制、满足生态需求、崇尚自然、追求舒适以及能源的有效利用。狭义的绿色消费主要强调环境保护和生态维护，广义的绿色消费强调了经济、社会和生态三者之间的平衡③。

（三）社会责任消费

社会责任消费（socially responsible consumption）的概念源于20世纪八九十年代，当时的商业道德开始聚焦于社会责任。Yan和She（2011）

---

① Sudbury-Riley L，Kohlbacher F. Ethically minded consumer behavior：scale review，development [J]. Journal of Business Research，2016（69）：2697-2710.

② 张沁 . 消费者绿色购买行为的研究 [J]. 价格理论与实践，2018，408（6）：120-123.

③ Schaefer A，Crane A. Addressing sustainability and consumption [J]. Journal of Macromarking，2005（25）：76-92.

认为，社会责任消费是指消费者在购买产品时，将社会责任和环境责任纳入决策标准，考虑长远利益，如减少资源浪费、降低环境污染、维护经济秩序和社会公德等①。Webb 等人（2008）指出，社会责任消费是指通过减少资源使用、降低整个生命周期中的资源消耗和污染，在经济活动中增加净福利收益，提高生活质量的消费行为②。

伦理是关于对与错的评判，来自人们的道德价值观；绿色是关于环保与节能的追求，来自人们对生命和健康的重视；社会责任是一种职责，来自法律和自我感知义务。因而，在消费领域，伦理消费关注于消费者的自身行为是否符合道德标准从而最大化社会与环境利益；绿色消费聚焦于消费过程是否健康和环保，以及是否有利于生态和可持续发展；社会责任消费的重心在于消费者是否履行对社会和环境的义务和责任。尽管三者在概念上各有侧重，但有着共同的本质。它们都是在强调消费者在消费过程中，要对社会和经济的可持续发展、公共利益以及环境产生正向影响。在实际购买行为过程中，我们很难将这三者分裂开来。以往的研究文献也表明它们之间没有明显区别，而是相互包含，可以互换③④。另外，根据以往对这三种消费行为测量的文献来看，其构成维度大致相同。因而，在本书中，笔者对农产品伦理消费、农产品绿色消费及农产品社会责任消费等同看待。其他类似的称呼还有生态意识消费（ecologically conscious consumption）、环境友好消费（environmentally friendly consumption）、环境责任消费（environmentally responsible consumption）、环境保护消费（pro-environmental consumption）、良知购买（moral purchasing）和可持续消费（sustainable consumption）等。

本书采用 Carrigan 和 Attalla（2001）以及 Hoffmann 和 Hutter（2012）的伦理消费定义，即伦理消费是指消费者在购买、使用或处置产

---

① Yan J，She Q. Developing a trichotomy model to measure socially responsible behaviour in China [J]. International Journal of Market Research，2011，53（2）：253-274.

② Webb D J，Mohr L A，Harris K E. A re-examination of socially responsible consumption and its measurement [J]. Journal of Business Research，2008，61（2）：91-98.

③ Samarasinghe R. Green attitudes and behavior gap：obstruction to be green [J]. International Journal of Advanced Biomedical Engineering research，2015（3）：1461-1476.

④ 杜鹏，焦旭．我国绿色流通业与绿色消费协同发展研究 [J]. 商业经济研究，2017（22）：13-17.

品的过程中符合道德良知，考虑自身行为对人类、社会、环境和动物福利带来的影响。伦理消费行为不会伤害人类和动物，不会带来不良社会影响，不会恶化环境①②。

（四）伦理消费者

伦理消费者（ethical consumers）是指对环境保护、社会责任、动物福利等伦理相关问题持有积极态度与意图，并将其价值观通过伦理消费表现出来的一群消费者。在以往的研究文献中，伦理消费者的人口特征显示为中年、高收入、高教育程度以及高社会问题关注度的人群③。

三、伦理农产品与农产品伦理购买

伦理农产品（ethical agricultural products）是指具有伦理属性（ethical attribute）或伦理价值的农产品，它反映了人的良知与道德标准④。与消费者普遍关注的农产品价格、新鲜、购买便利等利己属性相比，伦理属性关注的是农产品的利他属性，如是否避免污染、循环利用、人性化对待动物、承担社会责任、公平交易等。伦理农产品在经济（利益）、生态（环境）和社会（公众）三个方面体现可持续性⑤。经济方面，伦理农产品的价格对农业生产者和消费者都体现公平，合理的售卖价格和实惠的消费价格；生态方面，伦理农产品对自然环境、动物福利、人类生存环境不带

---

① Carrigan M，Attalla A. The myth of the ethical consumer-do ethics matter in purchase behaviour? [J]. Journal of Consumer Marketing，2001，18（7）：560-577.

② Hoffmann S，Hutter K. Carrotmob as a new form of ethical consumption-the nature of the concept and avenues for future research [J]. Journal of Consumer Policy，2012（35）：215-236.

③ Cornish L S. Ethical consumption or consumption of ethical products? An exploratory analysis of motivations behind the purchase of ethical products [J]. Advances in Consumer Research，2013（41）：337-341.

④ Luchs M G，Naylor R W，Irwin J R，et al. The sustainability liability：potential negative effects of ethicality on product preference [J]. Journal of Marketing，2010（74）：18-31.

⑤ Vermeir I，Verbeke W. Sustainable food consumption：exploring the consumer “attitude-behavioral intention” gap [J]. Journal of Agricultural and Environmental Ethics，2006（19）：169-194.

来负面影响，在伦理农产品的生产和消费过程中，资源被可持续性利用和管理；社会方面，伦理农产品对居民良好饮食习惯的形成、健康安全高品质生活方式的培养和社会的发展起到促进作用。

与伦理农产品相关的一个概念是绿色农产品（green agricultural products）。它是一个中国本土化的概念，是指具有生态、安全、优质等特点并按照特定要求和方式生产出来的农产品，如绿色小麦、绿色蔬菜、绿色畜禽肉、绿色水果等。绿色农产品是经过认证的伦理农产品。

农产品伦理购买是指消费具有正面伦理属性或伦理价值的农产品，如种植和生产过程中避免污染、资源循环利用、动物自由散养等，购买行为体现人的良知与道德标准①。随着社会和经济的发展，农产品伦理购买的内涵和外延在动态地发展。例如，随着近年来健康、生活品质、舒适等因素逐渐成为伦理购买新的组成要素，在农产品领域，伦理购买的概念也扩展到了消费的自然安全、营养健康和品质保证上。

第二节 理论基础

一、伦理的两大基本理论

道义论（deontological theories）和目的论（teleological theories）是伦理哲学的两个最主要的规范理论，前者关注行为本身，后者关注行为的结果。消费伦理领域的理论与实证模型大都以这两大理论为基础。

道义论的观点有着丰厚的思想文化史，可以追溯到苏格拉底时期，它基于行为动机和行为本身来判断其合理性，强调的是由内置于人心的理性观念和道义感来引发行为；目的论的核心思想是以行为的后果是否带来幸福或效用来判断行为的合理性。它指出，人们应当评价不同行为所产生的结果的优劣，实施能产生最佳结果的行为。如果某个行为与可供选择的其

---

① Luchs M G，Naylor R W，Irwin J R，et al. The sustainability liability：potential negative effects of ethicality on product preference [J]. Journal of Marketing，2010 (74)：18-31.

他行为相比，在结果上正效应更大，那么这个行为即是道德的。对于行为结果优劣的判断标准，利己主义（ethical egoism）认为是个人，即如果做这件事的结果对于个体而言是最有利的，那么个体做这件事就是道德的。而功利主义（utilitarianism/ethical universalism）则认为，在每个人的福利（well-being）被平等对待的基础上，最大化多数人利益的行为才是道德的行为。对于处于多重选择困境的消费者而言，道义论评估可能相对稳定，因为它是基于文化和个人经验形成的评价规范。相比之下，目的论的评估对消费者的反思程度更为敏感，行为结果难以计算，不同的消费决策评价结果会有所不同①。

二、Hunt-Vitell 的伦理决策理论

西方学者提出了一些经典的营销背景下的伦理决策模型，其中 Hunt 和 Vitell（1986、1993）模型被广泛地应用于评价消费者伦理。该模型将道义论与目的论这两大道德规范理论结合起来，描述了特定情境中人们做出伦理决策的过程。20 世纪 80 年代以来，众多学者运用这个理论来指导实证研究，该理论的大部分内容得到了证实。

Hunt 和 Vitell（1986、1993）认为，当人们面对道德困境时，文化环境、职业环境、行业规范、组织规则以及个体特征共同影响道德感知和道德判断，从而影响行为意图和行为。在这个过程中，单纯的道义论或目的论无法给予有效的解释。道义论的缺陷在于：第一，人们不可能建立一套完整的不包含任何例外的道德标准；第二，人们不可能建立一套完全不存在内部冲突的道义标准。目的论的缺陷在于第一，评判利益最大化结果的标准模糊不清。谁的利益最大化？是个体、整体社会，还是社会中的某一部分群体？第二，实践上存在难度。人们很难在涉及众多不同结果和不同人群的行为中测量出哪一项具体行为能最大化最多人的利益。第三，最大化总效用的结果未必是道德上正确的结果，因为总效用最大可能会导致不公平。基于上述考虑，Hunt 和 Vitell 综合道义论与目的论来解释人们的

---

① Shaw D, Mcmaster R, Newholm T. Care and commitment in ethical consumption: an exploration of the "attitude-behaviour gap" [J]. Journal of Business Ethics, 2016 (2): 1-15.

道德判断及最终行为。Hunt 和 Vitell（1986、1993）理论认为，当消费者开始意识到自身处于一个伦理环境中时，众多行为方案将涌现至脑海中，道义论与目的论这两种评价标准同时生效。消费者将会根据道义论的评价标准比较每个可选方案本身的对与错，如行为是否诚实、担负责任等；也会根据目的论标准来评价每个可选方案可能带来的结果的好与坏，如是否给自身及利益相关者带来最大好处。

Hunt-Vitell 模型认为，意图是道德行为的前置因素。意图既受到道德判断的影响，也受到目的论评价的直接影响。当一个人判断出某种行为是最道德的行为时，他也可能因为另一种行会对其产生巨大的正向效用（目的论评价）而放弃实施道德判断出的最佳行为。另外，Hunt 和 Vitell（1986、1993）认为，在某些特定情境下，个体意图和行为会受到实际限制（行为控制），从而导致其行动与道德判断不一致，在这种情形下，内疚会产生。Hunt 和 Vitell（2006）对其模型做了进一步阐述，指出 Hunt-Vitell 模型实际上是一个实证道德理论模型，而不是规范理论模型。它的目的不是提供规范性原则，告诉人们在道德决策中怎样做更好，而是解释和预测人们的道德决策过程①，其模型如图 2-1 所示。其中，职业环境、行业环境和组织环境三个因素是专门针对某些职业者的（如营销经理、促销人员），其他的因素均是对一般个体的（如大众消费者）。

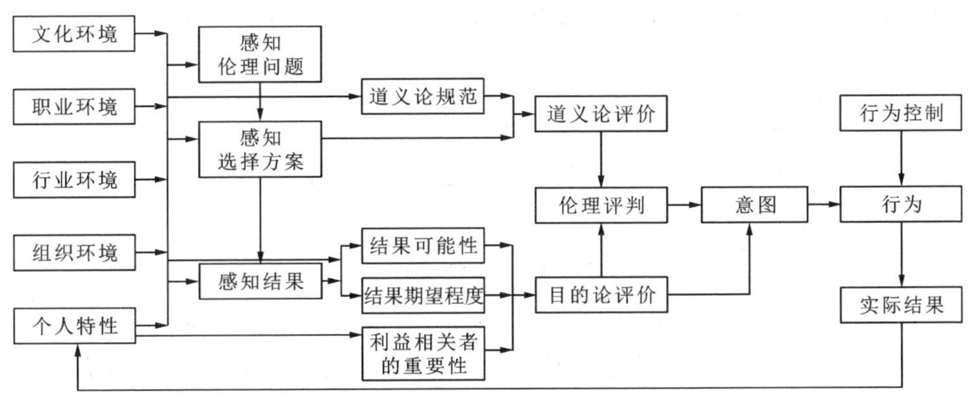

图 2-1　Hunt-Vitell 伦理决策过程模型

① Hunt S D, Vitell S. The general theory of marketing ethics: a revision and three questions [J]. Journal of Macromarketing, 2006, 26 (2): 143-153.

三、理性行为理论与计划行为理论

理性行为理论和计划行为理论是社会心理学领域重要的理论。Fishbein（1963）提出多属性态度模型（multiattribute attitude model），分析态度的形成过程，指出人们对某事物的态度由对该事物各项属性的信念（beliefs）及其重要性权重决定①。在多属性态度模型的基础上，Fishbein和Ajzen（1975）提出理性行为理论（theory of reasoned action，TRA），用于解释态度与行为意向如何对个体行为产生影响②。该理论认为，人类行为是理性的并在意志控制范围内，人们在行动之前会收集各项信息，权衡行为各属性及其重要性带来的影响，综合评判是否实施行为。行为的最佳的预测因素为意图（intention），它是为了实施某项行为，人们计划付出努力的意愿。意图直接作用于行为。有两个因素决定了意图：行为态度和主观规范。行为态度（attitude toward the behavior）是指对人们实施某项行为的正面或负面的评价。主观规范（subjective norm）是指人们实施某项行为的社会压力感知。对个体而言，主观规范主要源于重要参考群体，如家人或朋友对其是否实施了某项行为的期望。态度和主观规范通过意向间接作用于行为，其模型如图2-2所示。理性行为理论的主要贡献在于：第一，修正了早期学者惯常使用的态度理论，对态度和行为之间缺乏一致性的原因做出了解释；第二，提供了相对完善的行为预测方法。

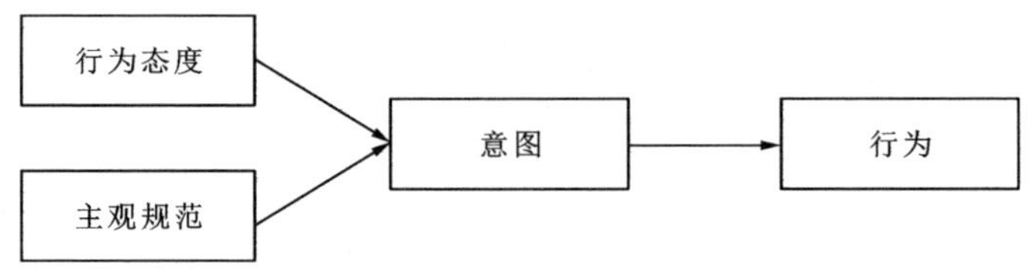

图 2-2　理性行为理论

理性行为理论的前提假设是人们的行为都是在完全的意志控制之下，然而在大多数情况下，行为受到很多非主观因素的影响，包括内部因素

---

① Fishbein M. An investigation of the relationships between beliefs about an object and the attitude toward that object [J]. Human Relations，1963，16（3）：233-239.

② Fishbein M，Ajzen I. Belief，attitude，intention and behaviour：an introduction to theory and research [M]. Reading，MA：Addison-Wesley，1975.

（如个人能力等）和外部因素（如购买情境等）。在能力缺乏和环境受限的情况下，意图是无法较好地预测行为的。因而，Ajzen（1985）对理性行为理论进行了完善，引入了一个新的变量——感知行为控制，构建了计划行为理论（theory of planned behavior，TPB）①。感知行为控制（perceived behavioral control，PBC）是指人们对于实施某项行为难易程度的感知，它既直接影响行为，也通过意图间接影响行为。根据计划行为理论，人们实施某项行为的态度越强烈，主观规范越高，感知行为控制越大，人们实施这项行为的意图就越强烈，从而实施这项行为的可能性就越大。计划行为理论自问世以来就被广泛地应用于对行为意图及实际行为的预测与解释研究中，其模型如图 2-3 所示。

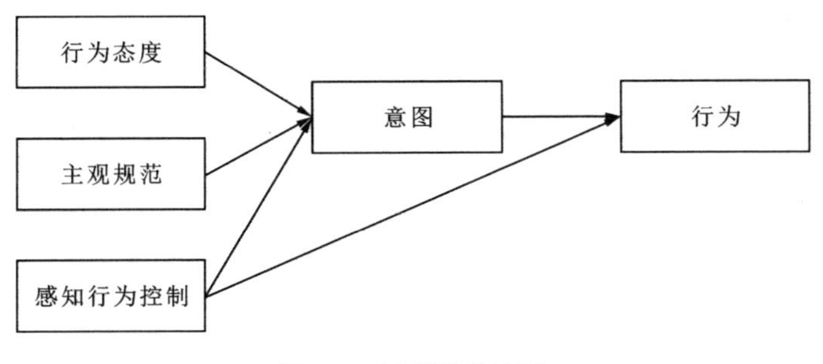

图 2-3　计划行为理论

第三节　国内外研究评述

一、农产品伦理购买行为结构和测量的相关研究

（一）文献回顾

伦理购买行为构成维度和测量研究源于 20 世纪六七十年代，但那时研究数量少且内容单一。Berkowitz 和 Lutterman（1968）对责任行为实施者的特征进行了分析，借鉴 Harris（1957）开发的个性量表从社会学角度

① Ajzen I. From intentions to actions：a theory of planned behavior [J]. Advances in Experimental Social Psychology，1985，22（8）：11-39.

衡量和区分个体的社会责任程度，他们的测评指标虽然没有具体指向消费行为，但却为后来的伦理消费研究奠定了基础①。Christie 和 Geis（1970）开发了马基雅维利主义量表（machiavellianism scale）②，Forsyth's（1980）构建了伦理立场量表（ethics position questionnaire，EPQ）③。这两个量表各有 20 个题项，用于测量个体的道德信念和道德哲学。Webster（1975）对 227 名英国居民进行了调查，开发了一个包含 8 项指标的伦理购买行为量表，但测量内容仅围绕消费者的环境保护行为④。Dunlap 和 VanLiere（1978）开发了新环境范式（new environmental paradigm，NEP）用于测量个体对生态保护的态度和行为⑤。Antil（1984）获取了 690 名美国消费者的数据，构建出一个包含 40 项指标的伦理购买行为量表，测量内容亦只针对环境因素⑥。

20 世纪八九十年代，伦理购买行为的测量内容开始变广，测量维度聚焦在两个方面：社会因素和环境因素。具有代表性的研究是 Roberts（1993）开发的社会责任消费行为量表（social responsibility consumption behaivor scale），测量内容为消费者的社会意识行为和生态环境意识行为，共 40 项指标⑦。在后期研究中，Roberts（1996）将该量表进行了简化，确定了 8 项社会要素和 17 项生态环境要素⑧。Muncy 和 Vitell（1992）开

---

① Berkowitz L，Lutterman K G. The traditional socially responsible personality [J]. Public Opinion Quarterly，1968（2）：169-185.

② Christie R，Geis F L. Studies in Machiavellianism [M]. New York：Academic Press，1970.

③ Forsyth D R. A taxonomy of ethical ideologies [J]. Journal of Personality and Social Psychology，1980，39（1）：175-184.

④ Webster F. Determining the characteristics of the socially conscious consumer [J]. Journal of Consumer Research，1975（2）：188-196.

⑤ Dunlap R E，VanLiere K D. The "new environmental paradigm"：a proposed measuring instrument and preliminary results [J]. Journal of Environmental Education，1978（9）：10-19.

⑥ Antil J H. Socially responsible consumers：profile and implications for public policy [J]. Journal of Macromarketing，1984，4（2）：18-39.

⑦ Roberts J A. Sex differences in socially responsible consumers' behavior [J]. Psychological Reports，1993（73）：139-148.

⑧ Roberts J A. Will the real socially responsible consumer please step forward? [J]. Business Horizons，1996，39（1）：79-83.

发了消费者伦理量表（consumer ethics scale），专门用于评判消费者的伦理信念①。它给定了具体情境，让消费者判断这些具体的行为是道德的还是非道德的。

21世纪以来，伦理购买行为的维度和测量内容不断丰富和具体化。Crane（2001）发展了Roberts（1996）的量表，将其扩展为4个维度②。随之，Francoise-Lecompte和Roberts（2006）又将这4个维度进行扩充，最终确定用5个维度共20个题项测量社会责任消费行为。这5个维度分别为关注企业行为的购买行为、可持续发展的购买行为、支持小企业的购买行为、注重产地的购买行为以及理性消费行为③。而后，Perez-Barea等人（2015）将Francoise-Lecompte和Roberts（2006）的测量量表应用到对西班牙消费者的伦理购买行为测量中，结果表明，该量表在西方具有很强的文化适用性④。Webb等人（2008）构建了一个包含企业社会责任购买行为、循环利用购买行为、环境保护购买行为3个维度共26项指标的消费者社会责任购买行为量表⑤。Yan和She（2011）以中国大学生和研究生为样本开发了消费者伦理购买行为量表，此量表包含9个维度共34个题项。这9个维度分别为：环境保护、动物保护、能源节约、支持中小企业、支持国产品牌、监督不当行为和维护消费者权益、适度消费、支持企业履行社会责任、社会进步⑥。Kim等人（2012）通过对韩国的1133名消费者进行的邮件问卷调查，并结合利他主义和生态价值，构建了一个包含健康绿色消费行为、资源节约绿色消费行为以及社会意识绿色消费行为3

---

① Muncy J A，Vitell S J. Consumer ethics：an investigation of the ethical beliefs of the final consumer [J]. Journal of Business Research，1992，24 (6)：297-311.

② Crane A. Unpacking the ethical product [J]. Journal of Business Ethics，2001，30 (4)：361-373.

③ Francoise-Lecompte，Roberts. Developing a measure of socially responsible consumption in France [J]. Marketing Management Journal，2006，16 (2)：50-66.

④ Perez-Barea J J，Montero-Simo M J，Araque-Padilla R. Measurement of socially responsible consumption：lecompte's scale spanish version validation [J]. Int Rev Public Nonprofit Mark，2015 (12)：37-61.

⑤ Webb D J，Mohr L A，Harris K E. A re-examination of socially responsible consumption and its measurement [J]. Journal of Business Research，2008，61 (2)：91-98.

⑥ Yan J，She Q. Developing a trichotomy model to measure socially responsible behaviour in China [J]. International Journal of Market Research，2011，53 (2)：253-274.

项一级指标和 10 项二级指标的绿色消费行为体系①。Berne-Manero 等人（2014）对西班牙的消费者进行了问卷调查，用探索性因子分析和验证性因子分析最终确定出伦理购买行为包含社会责任、公民行为、企业社会责任 3 个维度共 12 项指标②。Castano 等人（2016）运用定量和定性相结合的混合研究方法，先根据 4 个焦点小组访谈的结果形成测量指标，再利用因子分析和回归分析对这些测量指标进行验证，萃取到社会责任消费行为的 4 个维度：外部社会责任、内部社会责任、理性消费、健康需求，共 21 个题项③。Sudbury-Riley 和 Kohlbacher（2016）构建了一个包含 5 项一级指标和 10 项二级指标的消费者伦理购买行为量表。这 5 项一级指标分别为：生态购买、非生态抵制、循环利用、非企业社会责任抵制和溢价支付④。研究者在英国、德国、匈牙利和日本 4 个国家共获取样本 1278 个，证实了量表的信度、效度及在不同文化下的适用性。

聚焦到农产品消费领域，伦理行为的测量研究更为专业化。McEachern 等人（2007）通过对 30 名消费者的深度访谈和 1000 位消费者的邮寄调查，对食品伦理购买行为及其影响因素进行了分析和总结，用购买频率单项指标作为伦理购买行为的衡量标准⑤。Pepper 等人（2009）构建了专门针对香蕉、茶叶和咖啡的公平贸易测量量表⑥。Nurse 等人（2010）利用有机属性、公平贸易属性、当地种植属性 3 项指标来测量消费者农产品

---

① Kim S Y，Yeo J，Sohn S H，et al. Toward a composite measure of green consumption：an exploratory study using a Korean sample［J］. Fam Econ Iss，2012（33）：199-214.

② Berne-Manero C，Pedraja-Iglesias M，Ramo-Saez P A. Measurement model for the socially responsible consumer［J］. Int Rev Public Nonprofit Mark，2014（11）：31-46.

③ Castano L E V，Perdomo-Ortiz J，Ocampo S D，et al. Socially responsible consumption：an application in Colombia［J］. Business Ethics：A European Review，2016，4（25）：460-481.

④ Sudbury-Riley L，Kohlbacher F. Ethically minded consumer behavior：scale review，development［J］. Journal of Business Research，2016（69）：2697-2710.

⑤ McEachern M G，Monika J A，Schro D，et al. Exploring ethical brand extensions and consumer buying behaviour：the RSPCA and the "freedom food" brand［J］. Journal of Product and Brand Management，2007，16（3）：168-177.

⑥ Pepper M，Jackson T，Uzzell D. An examination of the values that motivate socially conscious and frugal consumer behaviors［J］. International Journal of Consumer Studies，2009，33（2）：126-136.

伦理购买行为①。Cornish（2013）挑选了121位消费者作为研究对象，要求他们连续3个月详细记录食品购买情况并保留购物发票作为证明。通过购物日记，研究者获得了消费者购买伦理农产品的数量、种类及购买习惯等方面的资料。而后，研究者又从中挑选47位消费者进行1～3小时的面对面访谈，进一步探究消费者的消费动机及其购买决策过程。最终总结出4项消费者伦理购买行为构成要素，分别为健康需求、避免疾病、品质追求、道德要求②。Hepting等人（2014）以鸡蛋为例，分析农产品伦理购买行为的维度，总结出安全与品质、动物福利与人道、营养健康、环境保护、可持续性、生态维护、社会责任、公平贸易8项因素③。Singhal（2017）在总结前人研究的基础上，指出有机食品购买的两大标准为健康关注和环境保护④。唐学玉等人（2010）对305名南京消费者的鸡蛋消费动机进行了调查和分析，结果显示自然安全、营养健康、时尚潮流、环保支持、品质保障是构成消费者伦理购买的五大因素⑤。韩占兵（2013）对北京和武汉的消费者进行了问卷调查，考察我国居民对有机农产品的认知水平及伦理消费行为。结果显示，82.66%的消费者对有机农产品有了解，但只有21.39%的消费者对其充满信任，我国有机农产品购买水平总体偏低。营养成分、安全标识、口味、品质保障是消费者进行伦理购买的重要构成要素⑥。卢素兰和刘伟平（2017）对绿色农产品茶油的购买行为进行了调查，并用年消费绿色茶油次数和年消费绿色茶油数量两项指标对伦理

---

① Nurse G，Onozaka Y，McFadden D T. Understanding the connections between consumer motivations and buying behavior：the case of the local food system movement [J]. Journal of Food Products Marketing，2010（18）：385-396.

② Cornish L S. Ethical consumption or consumption of ethical products? an exploratory analysis of motivations behind the purchase of ethical products [J]. Advances in Consumer Research，2013（41）：337-341.

③ Hepting D H，Jaffe J，Maciag T. Operationalizing ethics in food choice decisions [J]. Agricultural Environment Ethics，2014（27）：453-469.

④ Singhal N. A study of consumer behavior towards organic food and the moderating effects of health consciousness [J]. The IUP Journal of Marketing Management，2017（3）：45-79.

⑤ 唐学玉，李世平，姜志．安全农产品消费动机、消费意愿与消费行为研究——基于南京市消费者的调查数据 [J]. 软科学，2010（24）：53-59.

⑥ 韩占兵．我国城镇消费者有机农产品消费行为分析 [J]. 商业研究，2013（8）：183-190.

购买行为进行测量①。

（二）文献简评

农产品伦理购买行为构成维度的相关研究起步很晚。相比企业伦理决策行为研究而言，伦理消费行为的测量研究数量不多且不成熟，而专攻于农产品伦理购买行为的研究更不多见。另外，相比对消费者态度或意图的研究而言，对消费者实际购买行为的研究也较少。在现有的研究中，主要存在以下几个问题。第一，测量维度单一。20世纪90年代，商业伦理的研究重点才开始由企业角度转向消费者角度②。而且，在相当长的一段时间内，学者们对伦理购买行为维度的关注焦点只在环境因素，而忽略了社会或其他因素。近年来，伦理购买行为量表又侧重于伦理消费的某一个具体方面，如公平贸易，而没有考虑到伦理问题的多维性。有部分学者提出了相对广泛的构成维度，但并未能充分体现伦理购买的完整内涵。第二，测量指标存在争议。在伦理消费行为研究中，前人的文献呈现矛盾观点。例如，很多研究将购买公平贸易农产品作为测量指标之一，然而，另一些研究却指出公平贸易农产品源于发展中国家，长途运输导致大量二氧化碳的排放，造成环境污染且浪费能源，是不合格指标③。第三，缺乏文化适用性。发达国家的测量量表中有部分题项并不适用于中国国情，如常见的测评指标“购买公平贸易（fair trade）的农产品”、“购买自由食品（freedom food）”等。中国并没有公平贸易和自由食品认证，中国消费者对这些测量题项的内容很陌生，它们缺乏中国情境下的可操作性。第四，评价指标过分强调公民责任而忽略了公民利益。消费者道德方面的利他属性被过度强调，如环境保护、履行社会责任等；而消费维护自身权益的利己性特征被弱化，如追求食品营养、促进身体健康等。伦理购买不是要求消费者违背意愿，牺牲自身利益去履行责任，而是在满足消费者权益的基础上

① 卢素兰，刘伟平．自媒体时代：健康信念与绿色农产品消费行为研究——基于中介效应及结构方程模型［J］．福建论坛：人文社会科学版，2017（2）：59-67.

② Schlegelmilch B，Oberseder M. Half a century of marketing ethics：shifting perspectives and emerging trends［J］. Journal of Business Ethics，2010，93（1）：1-19.

③ Kim S Y，Yeo J，Sohn S H，et al. Toward a composite measure of green consumption：an exploratory study using a Korean sample［J］. Fam Econ Iss，2012（33）：199-214.

履行道德上的责任和义务。第五，构成体系和指标需要动态发展。时代在剧烈变化，道德标准也随之发生改变，量表体系需要不断调整以适应时代要求。一些不再适合农产品伦理购买行为测评的指标必须删除或替换，如具有政治色彩的指标；而另一些新的指标则需要加入测评体系中，如成为现代生活关注焦点的健康和营养等相关指标。

总之，农产品伦理购买行为是一个独特的、具有多维属性的概念，其构成维度研究还处于探索阶段，目前尚未形成统一的、被普遍认可的测量量表。伦理消费本身的复杂性和模糊性，加之农产品的特殊性，使得农产品伦理购买行为理论以及测量研究任重而道远。另外，伦理购买的评判标准受到社会环境和文化的制约，伦理购买行为的侧重点也因国家和地区的不同而有显著差异①。我国关于农产品伦理购买的内涵以及测量的研究都相当匮乏。相关研究的缺失严重限制了农产品伦理消费的发展。本书拟采用规范的方法，系统而全面地开发中国情境下农产品伦理购买行为的构成维度和测量量表，为消费者制定伦理购买决策和企业实施伦理经营行为等提供科学依据。

二、消费者伦理决策模型的相关研究

（一）文献回顾

国外对于商业伦理的系统研究可以追溯到20世纪60年代，两个最主要的规范理论为：道义论和目的论。20世纪八九十年代，涌现出了一批经典的伦理决策理论模型，它们成为营销伦理实证研究的理论基础，其中具有代表性的有：Ferrell和Gresham（1985）的伦理决策随机框架模型、Rest（1986）的伦理决策四阶段模型、Hunt和Vitell（1986）的营销道德理论模型、Trevino（1986）的个人与情境交互作用模型、Ferrell等人（1989）的伦理决策整合模型、Jones（1991）的道德问题权变模型。这些模型中最广泛测试的变量包括：性别、道德哲学、教育和工作经验、文化和环境、道德准则、奖励和惩罚、意识以及重要他人。由于这些伦理决策

---

① Berne-Manero C，Pedraja-Iglesias M，Ramo-Saez P A. Measurement model for the socially responsible consumer [J]. Int Rev Public Nonprofit Mark，2014（11）：31-46.

模型均从组织因素（包括企业文化、规章制度、企业奖惩、组织学习等）和个体因素（包括人口统计学指标、道德准则、价值观等）两大方面共同探索伦理决策的内在机制，因而研究对象聚焦于销售人员、营销经理和营销管理人员，而非一般消费者。在上述经典伦理决策模型中，Hunt 和 Vitell 理论（1986）也被用于评价消费者伦理。Hunt-Vitell 模型是以规范性理论为基础所构建的一个实证伦理模型，它的目的已经从提供规范性原则（告诉人们在道德决策中应怎么做）转化为解释和预测人们的道德决策过程。例如，Hunt 和 Vasquez-Parraga（1993）利用 Hunt-Vitell 模型对消费者进行道德调查，发现尽管道义论和目的论对道德决策过程都很重要，但消费者在进行道德判断和形成意图的过程中更依赖于道德规范（道义论）而不是行为结果（目的论）①。

（二）文献简评

事实上，20 世纪 80 年代之前，西方 95％的商业伦理是在研究企业的生产和营销道德，而研究消费者伦理购买的研究只占 5％②。到了 20 世纪 90 年代，伦理研究才将一些注意力集中在消费者领域③。但即便如此，在伦理消费领域，理论发展和实证研究还处于初级阶段，被广泛接受和应用的伦理购买决策框架还尚待开发④。究其原因，可能有以下几个。第一，伦理决策自身的微妙特性。消费者并不希望让他们的“道德”直接地被观察或被测评，也不会接受他们的伦理决策过程被操纵。第二，伦理决策从属领域的复杂性⑤。人们认为，伦理是哲学的分支而不属于社会科学，这导致伦理消费被认为是并不值得深入研究的问题，或者说这只是一个主观

① Hunt S D，Vasquez-Parraga A. Organizational consequences，marketing ethics，and salesforce supervision [J]. Journal of Marketing Research，1993，30 (1)：78-90.

② Murphy P E，Laczniak G R. Marketing ethics：cases and readings [J]. Pearson Schweiz Ag，2006 (3)：16-21.

③ Schlegelmilch B，Oberseder M. Half a century of marketing ethics：shifting perspectives and emerging trends [J]. Journal of Business Ethics，2010，93 (1)：1-19.

④ Cornish L S. Ethical consumption or consumption of ethical products? An exploratory analysis of motivations behind the purchase of ethical products [J]. Advances in Consumer Research，2013 (41)：337-341.

⑤ Trevino L K. Ethical decision making in organizations：a person-situation interactionist model [J]. Academy of Management Review，1986，11 (3)：601-617.

选择的问题，不存在客观结论。第三，缺乏相关理论来指导实践研究，抑制了伦理消费研究的系统发展。

三、计划行为理论在伦理购买中应用的相关研究

（一）文献回顾

计划行为理论是社会心理学领域中关于个体行为产生过程的最重要的理论之一，也被认为是预测消费者购买意图的典型理论模型之一。国外很多学者证实了其对行为具有较强的预测力和解释力①。在国内，计划行为理论也被证实对中国消费者购买行为的解释和预测具有良好的效果②。因此，有理由相信该理论会对农产品伦理购买行为的研究提供很好的基础。

Randall 等人（1988）回顾了 1960 年至 1988 年关于商业道德的实证研究发现，TPB 很少被应用于伦理决策研究中，只有该理论的某些分支被少量的进行过检测③。20 世纪 90 年代之后，用 TPB 对伦理行为与决策进行分析的文献逐步丰富起来。例如，Gibson（1991）用 TPB 研究了医药领域的伦理决策过程。结果显示，意图最重要的解释变量是态度，其次是主观规范，而感知行为控制这一变量对行为意图的预测效果相当弱④。Sparks 和 Donald（1995）运用 TPB 作为理论模型探讨了消费者对基因技术应用在农产品生产中的态度⑤。在伦理消费领域，对 TPB 的研究涉及公平贸易产品、动物福利、环境保护和可持续发展等专业方面。聚焦到农产品和食品的伦理购买行为领域，Shaw 等人（2000）以 TPB 作为理论基础，探索

---

① Singhal N. A study of consumer behavior towards organic food and the moderating effects of health consciousness [J]. The IUP Journal of Marketing Management，2017（3）：45-79.

② 盛光华，龚思羽，解芳．中国消费者绿色购买意愿形成的理论依据与实证检验——基于生态价值观、个人感知相关性的 TPB 拓展模型［J］．吉林大学社会科学学报，2019（1）：140-151.

③ Randall K，Shleifer，Andrei，et al. Management ownership and market valuation：an empirical analysis [J]. Journal of Financial Economics，1988，20（88）：293-315.

④ Gibson R A M. Ethical decision making in the medical profession：an application of the Theory of Planned Behavior [J]. Journal of Business Ethics，1991，10（2）：111-122.

⑤ Sparks，Donald L. Environmental soil chemistry [J]. Environmental Soil Chemistry，1995（3）：1-22.

了消费者对公平贸易食品的购买意图①。而后，Shaw 和 Shiu（2003）又用结构方程模型分析了公平交易食品购买意图的影响因素。他们用 1472 名英国消费者作为研究对象，证实了 TPB 在食品伦理消费领域的适用性②。Vermeir 和 Verbeke（2006）在 TPB 的基础上对伦理食品的购买行为进行了实证研究指出，可以通过增加消费者的感知有效性、参与度、感知可获得性、确定性、价值和社会规范这几个方面来增加食品的伦理购买。而后又进一步指出，除了拥有积极的态度外，伦理责任感、自我认定、感知的个人有效性、感知的社会后果等因素也在伦理消费意图的形成过程中起到重要的作用③。Vermier 和 Verbeke（2008）以 456 位比利时年轻消费者为研究对象，在 TPB 中加入个人价值来研究伦理农产品购买意图的影响因素。结果显示，态度、主观规范、感知行为控制 3 个变量对意图的解释程度高达 50%。其中，态度是意图最重要的解释变量。但是积极的态度也并不总导致强烈的意图，因为主观规范和感知行为控制这两个因素也影响着伦理食品的购买决策④。Honkanen 和 Young（2014）以英国 755 位消费者为调查对象，证实了 TPB 在海产品伦理购买领域中的适用性⑤。Ham 等人（2015）以 411 位东欧和南欧地区的消费者为研究对象，证实了态度、感知行为控制和主观规范与绿色食品购买意图之间的显著正相关关系⑥。Moser（2015）以 TPB 为理论框架分析了日常绿色购买行为

---

① Shaw D，Shiu E，Clarke I. The contribution of ethical obligation and selfidentity to the theory of planned behavior：an exploration of ethical consumers [J]. Journal of Marketing Management，2000，16（8）：879-894.

② Shaw D，Shiu E. Ethics in consumer choice：a multivariate modelling approach [J]. European journal of marketing，2003，37（10）：1485-1498.

③ Vermeir I，Verbeke W. Sustainable food consumption：exploring the consumer "attitude-behavioral intention" gap [J]. Journal of Agricultural and Environmental Ethics，2006（19）：169-194.

④ Vermeir I，Verbeke W. Sustainable food consumption among young adults in Belgium：theory of planned behavior and the role of confidence and values [J]. Ecological Economics，2008，64（3）：542-553.

⑤ Honkanen P，Young J A. What determines British consumers' motivation to buy sustainable seafood? [J]. British Food Journal，2014，117（4）：1289-1302.

⑥ Ham M，Jeger M，Ivkovic A F. The role of subjective norms in forming the intention to purchase green food [J]. Economic Research-Ekonomska Istrazivanja，2015，28（1）：738-748.

的主要前因，结果显示，意图是对绿色购买行为影响力最大的指标，其次是群体规范，而态度的影响是微乎其微的①。Singhal（2017）以TPB为理论基础，研究消费者的有机食品购买行为影响因素，证实了健康意识的调节作用②。我国的代表性研究有：胡煜晗和白雪珊（2016），他们以TPB为理论基础，引入健康意识和社会影响两个新变量，对消费者绿色食品购买行为的形成机制进行了研究，认为态度、主观规范和感知行为控制对绿色食品的购买意图具有很好的预测能力③；曹海英（2018）借助TPB分析消费者绿色购买行为的影响因素，发现消费者的生态价值观、群体压力和感知行为控制均对购买意图产生影响④；盛光华等人（2019）对TPB进行拓展，指出态度、主观规范、感知行为控制、购买意图对践行绿色消费行为具有重要意义⑤。

（二）文献简评

总结前人关于计划行为理论在伦理购买中应用的相关研究文献，有如下发现。第一，尽管有大量而广泛的研究将计划行为理论运用于伦理消费情境中，但大多数研究都没有运用完整的TPB模型，而只停留在对意图的解释，将模型的结果变量直接设为意图，而并不包含模型中的最终因变量行为，导致分析缺乏完整性。可能的原因有两点。其一，行为并不好测量。很多研究者意识到行为较难测量，所以他们将消费者的伦理购买意图作为对行为的预测，仅仅构建意图影响因素量表。其二，研究者认为意图即代表了行为。这些研究的局限性体现在聚焦于意图的形成，并假设伦理

---

① Moser A K. Thinking green, buying green? Drivers of pro-environmental purchasing behavior [J]. Journal of Consumer Marketing, 2015, 32 (3): 167-175.

② Singhal N. A study of consumer behavior towards organic food and the moderating effects of health consciousness [J]. The IUP Journal of Marketing Management, 2017 (3): 45-79.

③ 胡煜晗，白雪珊．消费者绿色食品购买意向形成机制概念模型构建——基于计划行为理论延伸视角［J］．安徽农业科学，2016（10）：261-263.

④ 曹海英．消费者绿色购买行为影响因素的实证分析［J］．统计与决策，2018（14）：112-114.

⑤ 盛光华，龚思羽，解芳．中国消费者绿色购买意愿形成的理论依据与实证检验——基于生态价值观、个人感知相关性的TPB拓展模型［J］．吉林大学社会科学学报，2019（1）：140-151.

购买意图直接代表了伦理购买行为，而忽略了在消费行为领域和社会心理领域中购买意图往往并不直接等同于实际购买行为的事实①。目前，关于消费者实际行为的量表，不仅仅是询问消费者购买态度或意向的量表是非常缺乏而又相当需要的②。第二，在少量的包含行为变量的研究文献中，研究者们对行为的测量太过简化。行为的测量通常为二分变量（是/否），而态度、主观规范、知觉行为控制、意图等其他变量的测量又使用李克特量表。这种缺乏对应关系的测量可能导致研究结果偏误③。第三，没有考虑计划行为理论在不同文化背景下的适用性。计划行为理论是美国消费者行为理论模型，在不同的文化背景下，需要一定程度的修改④。比如，计划行为理论认为，态度对意向的影响是最明显的，但在像中国这样的集体主义文化背景下，主观规范的影响有可能会更大。

四、消费者伦理购买"意图—行为"差距的相关研究

意图是行为糟糕的"代言者"，尽管很难解释，但"意图—行为"差距研究对于研究者和企业营销人员理解、预测消费者行为并对其进行正向引导具有至关重要的作用⑤。消费者行为领域和社会心理领域对消费者的实证研究均显示，购买态度或购买意图并不能等同于实际购买行为⑥，注重良知的消费者很少有伦理购买行为。然而，迄今为止，学术界和企业界

① Carrington M J，Neville B A，Whitwell G J. Lost in translation：exploring the ethical consumer intention-behavior gap［J］. Journal of Business Research，2014，67（1）：2759-2767.

② Sudbury-Riley L，Kohlbacher F. Ethically minded consumer behavior：scale review，development［J］. Journal of Business Research，2016（69）：2697-2710.

③ Sutton S. Predicting and explaining intentions and behavior：how well are we doing?［J］. Journal of Applied Social Psychology，1998（28）：1317-1338.

④ 李东进，吴波，武瑞娟．中国消费者购买意向模型——对 Fishbein 合理行为模型的修正［J］. 管理世界，2009（1）：24-39.

⑤ Belk R，Devinney T M，Eckhardt G. Consumer ethics across cultures［J］. Consumption，Markets and Culture，2005，8（3）：275-289.

⑥ Bagozzi R P. The poverty of economic explanations of consumption and an action theory alternative［J］. Managerial and Decision Economics，2000（21）：95-109.

对于这个差距存在的原因依然没得出统一结论①。关于意图到实际购买行为的转换失败至今尚未有明确解释。就已有的文献来看，相关研究大致分为以下三类。

(一) 实证研究存在的局限

研究者们认为，自我报告式的问卷调查方法虽然被广泛地应用于对消费者伦理购买意图的研究中，但它对行为的预测并不精准②，存在各种偏差。其缘由归为以下几类。第一，由于歧义导致的消费者语义理解偏差。调查的去语境化可能带来语义模糊或偏见，致使被调查者的回应与他们在真实情境中的情况不符③。第二，样本选择偏差。例如，有着伦理消费动机的个体更愿意参加调查。第三，社会期望偏差。当消费者处于研究情境中时，他们会表现出他们所认为的能被社会广泛接受的状态④。消费者会有意识或无意识地展现出比实际情况更关注伦理消费，他们会夸大自身伦理消费意图和伦理因素在购买过程中的地位。Carrigan 和 Attalla（2001）提出，社会期望偏差是造成消费者伦理购买意图与行为差距的重要因素⑤。Auger 和 Devinney（2007）也揭示了在消费伦理主义研究中使用的自我报告调查方式存在社会期望偏差⑥。研究者用选择模型法来检验消费者的购买意图，发现消费者所选的产品特性并不具备伦理性，而他们在自我报告式调查研究中却声称自己具有伦理意图。这类研究坚定地认为，消费者并

---

① Hassan L M, Shiu E, Shaw D. Who says there is an intention-behavior gap? assessing the empirical evidence of an intention behavior gap in ethical consumption [J]. Business Ethics, 2016 (136): 219-236.

② Trudel R, Cotte J. Does being ethical pay? [J/OL] . Wall Street Journal. 2008 htp: //online. wsj. com/news/articles/SB121018735490274425.

③ Hassan L M, Shiu E, Shaw D. Who says there is an intention-behavior gap? assessing the empirical evidence of an intention behavior gap in ethical consumption [J]. Business Ethics, 2016 (136): 219-236.

④ Carrington M J, Zwick D, Neville B A. The ideology of the ethical consumption gap [J]. Marketing Theory, 2016, 16 (1): 21-38.

⑤ Carrigan M, Attalla A. The myth of the ethical consumer-do ethics matter in purchase behaviour? [J]. Journal of Consumer Marketing, 2001, 18 (7): 560-577.

⑥ Auger P, Devinney T M. Do what consumers say matter? the misalignment of preferences with unconstrained ethical intentions [J]. Journal of Business Ethics, 2007 (76): 361-383.

没有研究者和营销人员所认为的那样具有伦理意图，消费者在研究情境中撒谎了。第四，测量偏差。Sutton（1998）指出，违反兼容性原则（测量必须与行动、目标、时间和情境相匹配）以及量级不对应（如不同标度、频率或回应形式）等测量原因都有可能导致“意图—行为”差距①。

然而，对于自我报告式的问卷调查方法所存在的缺陷，一些研究者提出了不同的意见。首先，关于社会期望偏差，目前被认可的更具意义的分析是，消费者并没有说假话，只要不受到市场因素的影响，消费者确实会展现出伦理特性。但一旦处于市场情境中，道德便不再主导消费者对于正确与错误选择，取而代之的是价格、质量、便利、声誉等市场因素。部分研究者忽视了实际生活中不同的合理性的存在，因而得出了消费者夸大伦理消费意图的错误结论②。其次，态度是固有的，在短期内很难改变或操纵。价值观和社会规范也是根深蒂固的观念和动机，在消费者的生命周期中相对稳定。因而，研究者们采用量表的实证方式进行衡量，而不是操纵，这是完全可取的③。而且，自我报告式的问卷有助于在相对较短的时间内从大量人群中收集到有价值且及时的信息，合理而有效地降低成本④。事实上，除了自我报告式的问卷调查外，部分研究者也使用定性的方法，并试图得出结论。鉴于消费者的复杂心理和购物的复杂情境，定性研究能够在一定程度上弥补定量研究的不足，但也存在一定的局限性。例如，调查研究法显示的是人们在特定情况下会做什么，而不是直接确定在哪些情况下哪些实际的伦理或非伦理行为会发生；观察研究法的优势是它得到的数据是消费者的实际行为而不是消费者声称的行为。随着科技的发展，社会对于观测数据的探究变得简单，扫描式跟踪和网络购买数据可以帮助完

---

① Sutton S. Predicting and explaining intentions and behavior：how well are we doing? [J]. Journal of Applied Social Psychology，1998（28）：1317-1338.

② Carrington M J，Zwick D，Neville B A. The ideology of the ethical consumption gap [J]. Marketing Theory，2016，16（1）：21-38.

③ Vermeir I，Verbeke W. Sustainable food consumption：exploring the consumer “attitude-behavioral intention” gap [J]. Journal of Agricultural and Environmental Ethics，2006（19）：169-194.

④ Sudbury-Riley L，Kohlbacher F. Ethically minded consumer behavior：scale review，development [J]. Journal of Business Research，2016（69）：2697-2710.

成，但也无法为每笔购买收集到精准的数据；案例研究法并不能总是揭示出消费者为什么会做出某种特定选择，更别说解释伦理或非伦理行为的原因了。

这类研究较为杂乱，没有形成系统性，研究结论也并不统一，甚至还会呈现出完全相反的结论。

（二）消费者的伦理态度和意图受到了一系列因素的阻碍而偏离了轨道

态度会受到内部和外部因素的影响。内外部的刺激会使得消费者调整已有的伦理态度①。这类研究倾向于采用构建模型的方式，假设和验证影响消费者伦理购买态度转变为购买行为的直接和间接因素。Carrington 等人（2010）构建了“意图—行为”差距模型，指出在伦理购买中，导致消费者言行不一致的因素有 3 个：执行意图、实际行为控制和情境。情境包括物理环境、社会环境、临时因素、购买任务、购买前状态等。其中，执行意图是意图与行为的中介变量，而实际行为控制和情境是调节变量。消费者的伦理意图往往是真实的，但是由于受到这 3 个因素的影响，实际购买行为发生了变化②。Carrington 等人（2014）对 13 位消费者进行了为期 9 个月的深入调查，观察消费者购物行为模式并解释“意图—行为”差距。研究包括两组顺序数据集：第一组为 4 位受访者为期 5 个月以上的数据，第二组为 9 位受访者为期 4 个月以上的数据。所有受访者均接受了半结构式的深入访谈。研究者采用 Nvivo 软件进行数据整理和数据分析。研究结论揭示，伦理消费意图和行动呈现金字塔式的动机层次，由低到高分别为伦理消费核心价值、消费者的生活方式、消费者的消费方式。该动机层次与 4 个因素密切相关，分别为伦理问题的优先级（伦理是摆在首要位还是次要位）、计划或习惯的形成、承担义务和牺牲的意愿、购物行为模式，

---

① Antonetti P，Maklan S. How categorisation shapes the attitude-behaviour gap in responsible consumption [J]. International Journal of Market Research，2015，57（1）：51-72.

② Carrington M J，Neville B A，Whitwell G J. Why ethical consumers don't walk their talk：towards a framework for understanding the gap between the ethical purchase intentions and actual buying behaviour of ethically minded consumers [J]. Journal of Business Ethics，2010（97）：139-158.

它们共同决定伦理意图与实际消费行为是否一致①。Antonetti 和 Maklan（2015）运用分类理论剖析了造成伦理消费言行不一的原因。通过对 30 位受访者的深度访谈，研究者根据消费者动机的差异，从社会责任购买、炫耀性道德购买、无私心道德购买和政策性道德购买 4 个角度对“意图—行为”差距做出解释②。Shaw 等人（2016）选择了 10 位伦理消费者进行面谈，发现伦理关心和承诺是影响“意图—行为”差距的重要因素③。Barbarossa 和 Pelsmacker（2016）将绿色消费者和非绿色消费者进行比较，通过对意大利居民的抽样调查，总结了环保购买行为的促进因素和阻碍因素。研究结果表明，绿色消费者和非绿色消费者的购买决策过程大体一致。消费行为受到意图、环保的自我定位、道义责任 3 个因素的促进，同时受到个人感知的购买非便利这一因素的阻碍。而意图又会受到购买行为对环境影响的关注程度、环保的自我定位、道义责任、个人感知的购买非便利 4 个因素的影响④。Hassan 等人（2016）采用电子邮件和电话访谈的方式对消费者抵制购买血汗制衣厂产品的“意图—行为”差距进行了研究，确定了执行意图的中介作用，并指出实际行为控制在差距模型中的调节作用并不明显⑤。Grimmer 和 Miles（2017）使用 772 个有关澳大利亚消费者样本，以 Carrington 等人（2010）模型为基础探讨消费者环保购买的“意图—行为”差距。研究结果显示，执行意图中介意图与环保购买行为之间，行为控制与环境参与调节执行意图和环保行为之间的关系，购买

① Carrington M J，Neville B A，Whitwell G J. Lost in translation：exploring the ethical consumer intention-behavior gap [J]. Journal of Business Research，2014，67（1）：2759-2767.

② Antonetti P，Maklan S. How categorisation shapes the attitude-behaviour gap in responsible consumption [J]. International Journal of Market Research，2015，57（1）：51-72.

③ Shaw D，Mcmaster R，Newholm T. Care and commitment in ethical consumption：an exploration of the “attitude-behaviour gap” [J]. Journal of Business Ethics，2016（2）：1-15.

④ Barbarossa C，Pelsmacker P. Positive and negative antecedents of purchasing eco-friendly products：a comparison between green and non-green Consumers [J]. Journal of Business Ethics，2016，134（2）：229-247.

⑤ Hassan L M，Shiu E，Shaw D. Who says there is an intention-behavior gap? assessing the empirical evidence of an intention behavior gap in ethical consumption [J]. Business Ethics，2016（136）：219-236.

情境调节意图和执行意图之间的关系①。张砚和李小勇（2017）采用“街头拦截”的调查方式对北京的部分商圈中的326位消费者进行问卷，分析消费者绿色购买意图向购买行为转化的具体情况。结果表明，差距普遍存在，感知行为控制、消费情境、消费习惯等因素在绿色购买意图到行为的决策中发挥了调节作用②。戚海峰等人（2019）总结了自2010年以来个体心理层面对绿色消费行为“态度—行为”差异的解释机制研究和实证研究，认为：第一，计划行为理论不能有效地解释特定情境下某些包含伦理要素的消费行为，外部环境与情境因素的存在是绿色消费情境下“态度—行为”差异的重要原因；第二，消费者对绿色产品的需求、消费者对绿色需求的实现过程、消费者的心理认识活动都会对绿色消费“态度—行为”的差异产生作用③。郭赟（2019）运用问卷调查法和实验法，探究了消费者绿色消费“意图—行为”差距形成的原因，结果显示，执行意图和消费者个体因素在这个差距的形成过程中扮演了重要角色。绿色消费执行意图在绿色消费意向和绿色购买行为之间起到部分中介作用，而消费者个体因素在消费者绿色消费意图和绿色消费执行意图之间起到调节作用④。

伦理购买行为决策是一个整体过程，这类研究未能将外部市场因素和消费欲望及意图等内部因素很好地结合⑤，也并未把外部的市场因素和市场自身的运行逻辑因素很好地区分开来。

（三）认知因素

人们很难在自身利益和他人评价之间做出理性选择，也很难在道义论

---

① Grimmer M，Miles M P. With the best of intentions：a large sample test of the intention-behaviour gap in pro-environmental consumer behaviour [J]. International Journal of Consumer Studies，2017（41）：2-10.

② 张砚，李小勇．消费者绿色购买意愿与购买行为差距研究［J］．资源开发与市场．2017，33（3）：343-348.

③ 戚海峰，于辉，向伟林，等．绿色消费情境下消费者为什么会言行不一？［J］．心理科学进展，2019，27（7）：1307-1319.

④ 郭赟．消费者绿色消费“意向—行为”差距现象及成果探索［J］．商业经济研究，2019（7）：43-46.

⑤ Carrington M J，Zwick D，Neville B A. The ideology of the ethical consumption gap [J]. Marketing Theory，2016，16（1）：21-38.

和目的论之间权衡出最佳方案[①]。消费者的认知失调最小化了消费者的内疚心理，将其行为“合理化”。当消费者的购物选择与其道德消费意图违反时，内心将受到一定的道德冲突，如情绪上的不愉快、愧疚不安，甚至心理谴责。为了降低这种冲突，消费者会寻求一些方式对自己的行为进行辩解，使自己的行为合理化，以求心安理得。比如，Belk 等人（2005）在对消费伦理的跨文化研究中发现，无论民族文化和社会地位情况如何，消费者都会呈现出用“合理化”的理由为自己有意识的非道德消费辩护[②]；Chatzidakis 等人（2007）利用中立化理论（neutralization theory）解释有伦理想法的消费者是如何将自己的非伦理消费行为“合理化”的，这其中包括“否认责任”以及“拒绝伤害”[③]；Szmigin 等人（2009）发现，当消费者意识到存在道德构架、道德意图和实际消费行为严重不一致时，“合理化”让他们绕过自责和愧疚，促使他们继续购买与道德观念冲突的产品[④]。

这类研究将心理学中的行为合理化理论放置于市场领域中，道德不再是正确与错误的重要区分标准，分析缺乏全面性。

综上所述，国外学者在伦理消费的“意向—行为”差距问题上的研究已经相当丰富。尽管前人文献中对于导致差距的原因缺乏共识，甚至有些观点之间存在冲突，但这并不妨碍对该问题的研究形成一定的规模体系。然而，国外学者研究的相关结果在中国的适应性并不明确。与国外相比，国内的研究尚属新鲜问题[⑤]，且与国外的研究存在明显差距，描述性分析

① Shaw D, Mcmaster R, Newholm T. Care and commitment in ethical consumption: an exploration of the “attitude-behaviour gap” [J]. Journal of Business Ethics, 2016 (2): 1-15.

② Belk R, Devinney T M, Eckhardt G. Consumer ethics across cultures [J]. Consumption, Markets and Culture, 2005, 8 (3): 275-289.

③ Chatzidakis A, Hibbert S, Smith A P. Why people don't take their concerns about fair trade to the supermarket: the role of neutralization [J]. Journal of Business Ethics, 2007 (74): 89-100.

④ Szmigin I, Carrigan M, McEachern M G. The conscious consumer: taking a flexible approach to ethical behavior [J]. International Journal of Consumer Studies, 2009 (33): 224-231.

⑤ 张砚，李小勇．消费者绿色购买意愿与购买行为差距研究 [J]. 资源开发与市场．2017，33 (3)：343-348.

居多，实证研究相对较少。国内的研究模式以参照国外研究成果为主，如选择典型的影响因素或增加一些影响因素进行探索，但从文献的充分性、系统性、全面性、深入性和时效性来看，还尚未达到当前研究与管理的需求。尽管有些学者也尝试提出一些新的研究设想，但还需经过实证研究的检验①。

五、文献评述

近年来，农产品伦理消费的景象欣欣向荣。国内外学者在农产品伦理购买行为的结构和测量、消费者伦理决策模型、计划行为理论在伦理购买中的应用、消费者伦理购买“意图—行为”差距等方面做出了丰富而有意义的研究和探讨。但是，从现有的文献来看，国内关于农产品伦理购买行为影响因素及其作用机制的研究在以下几个方面有待进一步深入和拓展。

第一，研究模型需要更有说服力。多年来，被广泛接受的专门针对伦理消费者的购买决策理论架构还尚未形成，现有的理论研究框架源于消费者行为领域、商业伦理领域和社会心理领域②。其中应用最广泛的：一为行为理论，如 Fishbein 和 Ajzen（1975）的理性行为理论和 Ajzen（1991）的计划行为理论；二为伦理理论，如 Hunt 和 Vitell（1986、1993）的营销伦理通论。一些研究者开始把伦理因素嵌入行为理论中，或在伦理理论中加入行为理论因素，但是把两种理论融合一起构建新模型的研究还不多见。

第二，缺乏中国特色。以往的国内伦理购买研究模式以参照国外研究成果为主，但国内的农产品消费情境与国外有一定的差异。首先，中国人的饮食文化渊源悠长，公众对一日三餐的重视程度很高，需求量也相当大，农产品习惯于每日购买，讲究新鲜、购买便利，这与西方农产品消费模式大相径庭。其次，国外的研究背景是立足于西方成熟的市场经济体系

① 戚海峰，于辉，向伟林，等．绿色消费情境下消费者为什么会言行不一？[J]．心理科学进展，2019，27（7）：1307-1319.

② Carrington M J, Neville B A, Whitwell G J. Why ethical consumers don't walk their talk: towards a framework for understanding the gap between the ethical purchase intentions and actual buying behaviour of ethically minded consumers [J]. Journal of Business Ethics, 2010 (97): 139-158.

和社会信任机制之上的，但中国的信任机制发展水平较低①，这也可能造成伦理消费行为上的差异。

综上所述，本书尝试将 Hunt 和 Vitell（1986、1993）的伦理决策模型和 Ajzen（1985）的计划行为理论相融合，在中国国情下探讨农产品伦理购买影响因素及其作用机制。

第四节 本章小结

根据研究目的和研究的主要内容，本章以农产品伦理购买为主题，对伦理、伦理消费、伦理农产品和农产品伦理购买等重要概念进行了界定；介绍了伦理的两大基本理论、Hunt-Vitell 伦理决策理论、理性行为理论、计划行为理论；对农产品伦理购买行为的测量、消费者伦理决策模型、计划行为理论在伦理购买中的应用、消费者伦理购买“意向—行为”差距等相关国内外文献进行了梳理与分析。本章理清了农产品伦理购买行为影响因素及其作用机制研究的理论脉络，为本书的后续研究奠定了理论基础。

① 戚海峰，于辉，向伟林，等．绿色消费情境下消费者为什么会言行不一？[J]．心理科学进展，2019，27（7）：1307-1319.

第三章

农产品伦理购买行为构成维度研究

农产品伦理购买行为是一个独特而复杂、具有多重属性与结构的概念。科学地提炼农产品伦理购买行为的构成维度，开发内容完整、结构清晰的高质量测评量表是进行相关实证研究的基础与重要保障。

本章对我国消费者的农产品伦理购买行为构成维度进行探索与验证。首先，在理论基础上，结合文献回顾、小组讨论、专家访谈以及小范围调查，设计出农产品伦理购买行为量表的初始题项。接着，通过预测对初始题项进行项目分析，得出第一轮题项筛选结果。然后，对筛选后的题项进行探索性因子分析，采用主成分分析法删除不合格的题项并得出公因子，完成第二轮题项筛选，确定正式量表。最后，使用大样本调查数据对量表进行验证性因子分析，检测量表的信度与效度，确定最终的农产品伦理购买行为构成维度和题项。

第一节 农产品伦理购买行为测量的理论基础

一、农产品伦理购买行为的界定

农产品伦理购买行为的内涵一直处于动态发展中。20 世纪六七十年代，绿色运动在西方兴起，其标志性的事件为 Rachel Carson 在 1962 年发表《寂静的春天》（*Silent spring*）。在这部开创性的著作中，Rachel Carson 唤醒了人们对化学农药危害性的警觉和环境保护的重视①。在这个阶段，节约能源、减少污染、关注全球气候变化、维护生态平衡等元素构成了伦理购买的主要属性。绿色运动在消费者的农产品购买层面上主要体现在购买环境友好型农产品（如种植过程中不严重破坏生态环境的农作物），抵制对环境造成破坏的成分（如气雾剂），实施资源节约的消费行为（如选择简洁包装的食品、不浪费粮食）等方面。

20 世纪八九十年代，商业道德开始聚焦于社会责任，伦理购买的定义中开始融入社会属性。无论是在美国还是在欧洲，公平贸易的产品被大范围推广，劳工权益被高度重视，履行社会责任被认为是进行可持续性生活方式的重要途径②。另外，由于李斯特菌、沙门氏菌、大肠杆菌、疯牛病在这个时期广泛蔓延，消费者对食品行业特别是工厂化农场经营丧失了信任，加之排笼鸡舍、牛与猪被催生等大量非人道饲养问题被揭露和报道出来，消费者开始了保护动物福利的伦理消费运动，抵制在养殖、运输和屠宰过程中对禽畜进行虐待以及进行违反动物正常生长规律的批量养殖③。1994 年，Mintel 发表了著作《绿色消费者：绿色的今天，伦理的明天》，指出广大消费者已经改变了传统的消费模式，愿意进行伦理购买，这包括

① Crowe R，Simon W. Who are the ethical consumers [M]. Manchester：Cooperative Bank，2000.

② Newholm T，Shaw D. Studying the ethical consumer：a review of research [J]. Journal of Consumer Behaviour，2007 (6)：253-270.

③ Crowe R，Simon W. Who are the ethical consumers [M]. Manchester：Cooperative Bank，2000.

重视人权和劳资关系、保护环境、关注营销道德、倡导公平交易、反对动物测试、抵制工厂化农场经营、反对政治用途捐款等问题①。

21世纪以来，营养与健康成为全球瞩目的焦点，伦理购买的内涵继续扩延。根据国际粮食政策研究所历年发表的全球粮食报告，尽管饥饿的人口数量减少了，但全球接近三分之一的人口营养失衡，维生素和矿物质的摄取严重缺乏。与此同时，肥胖问题及肥胖引起的各种疾病在全球范围恶化。于是，营养、健康、自然、安全、品质等因素成为农产品伦理购买新的组成要素。越来越多的消费者在购买农产品的过程中会关注蛋白质、微量元素、脂肪、热量、胆固醇等的含量，重视食物链的可追溯性，在意农产品源产地及加工过程是否符合安全与健康标准。

由此可见，农产品伦理购买行为并不是纯粹的经济行为，而是集合了公共康健、生态环境、社会责任、可持续发展、社会正义、人权等方面的综合性行为，其伦理内涵十分丰富。而且，随着社会和经济的变迁，农产品伦理购买行为的内涵一直处于动态发展中。综合前人的研究文献发现，大多数伦理购买行为的定义都包含环境问题，其中，环境友好与回收利用是涉及最多的两项。另外，在大多伦理购买行为的定义中，还包含社会责任。更广泛的定义里还涉及动物福利和当地社区建设②。此外，当伦理购买行为具体到农产品时，安全、健康和营养是特别受到关注的问题③④。

二、农产品伦理购买行为的价值导向

价值是个体实施和评价自身行为的标准，它激发并维持个体行为，是

① Newholm T, Shaw D. Studying the ethical consumer: a review of research [J]. Journal of Consumer Behaviour, 2007 (6): 253-270.

② Sudbury-Riley L, Kohlbacher F. Ethically minded consumer behavior: scale review, development [J]. Journal of Business Research, 2016 (69): 2697-2710.

③ Hepting D H, Jaffe J, Maciag T. Operationalizing ethics in food choice decisions [J]. Agricultural Environment Ethics, 2014 (27): 453-469.

④ Singhal N. A study of consumer behavior towards organic food and the moderating effects of health consciousness [J]. The IUP Journal of Marketing Management, 2017 (3): 45-79.

消费者进行伦理购买的重要推动因素①。消费者在价值观和行为表现上呈现一致性②。价值观的利己还是利他，这是经济学的伦理基础。利己主义认为，个体总是会做符合自身利益最大化的事情，人们期望受益于自身的道德行为，这是人性的普遍特征。但追求自身利益最大化并不意味着见利忘义，人类行为会受到经济、荣誉、归属、尊重、自我实现等多重利益需要的影响，而利益的多重属性中就包含着社会目标。与之相对应的利他主义的行为准则是无私利他，行事不出于自身利益动机考虑，颂扬为他人利益和社会整体利益而行动的美德。这两类看似矛盾的价值观并不总是相互排斥的。例如，当个体存在多种需求时，利己主义和利他主义便不再是排他的竞争关系③。法国哲学家和伦理学家孔德在提出利他主义一词时，指出人既有利己动机也有利他动机，二者可以很好地结合。亚当·斯密在提出"经济人"假设时，也指出"经济人"与"道德人"二者统一，利己与利他并不相互排斥。于是，第三种价值观形态——己他两利主义产生。己他两利主义者兼有利己主义动机与利他主义动机，会牺牲部分自我利益去换取共同的社会利益。

在日常的农产品购买行为中，消费者是基于利己动机还是利他动机，许多研究者持有不同的观点。例如，一些研究者认为，社会责任消费行为完全源自利他主义④，有的学者则认为，社会责任消费行为在某种程度上也是一种"自我服务"⑤。实际上，人们往往不愿意将自己划分为纯粹的利己主义者，也不愿意去做纯粹的利他主义者，而是期望找到二者之间的交

---

① Fraj E, Martinez E. Environmental values and lifestyles as determining factors of ecological consumer behaviour: an empirical analysis [J]. Journal of Consumer Marketing, 2006, 23 (3): 133-144.

② Prentice D. Psychological correspondence of possessions, attitudes and values [J]. Journal of Personality and Social Psychology, 1987, 53 (6): 993-1003.

③ 林莎，邓春玲."经济人"利己与利他行为的理论分析 [J]. 社会科学战线，2005 (6): 191-196.

④ Kim S Y, Yeo J, Sohn S H, et al. Toward a composite measure of green consumption: an exploratory study using a Korean sample [J]. Fam Econ Iss, 2012 (33): 199-214.

⑤ Cialdini R B. Professionally responsible communication with the public: giving psychology a way [J]. Personality and Social Psychology Bulletin, 1997 (23): 675-683.

集——己他两利主义者①。

Stern 和 Dietz（1994）提出了环保伦理行为的三项价值导向：利己主义价值导向、社会利他主义价值导向和生态价值导向，为后人研究伦理消费行为奠定了理论基础。Stern 和 Dietz（1994）认为，利己主义价值导向体现在消费者基于自身利益考虑而进行伦理购买②。例如，购买绿色农产品是因为他们相信这有利于自身的健康；社会利他主义价值导向体现在消费者基于对他人利益考虑而进行伦理购买。例如，购买保护动物福利的农产品，这是因为他们重视动物权益；生态价值导向综合考虑经济与生态的成本和收益比。例如，消费者的环保行为为社会的长远发展带来了益处，而这些益处也直接回馈给消费者本人，属于己他两利。

经济学伦理基础与 Stern 和 Dietz（1994）的理论为我们研究价值导向和复杂的农产品购买行为之间的关系提供了思路与保障。图 3-1 展示了与伦理消费相关的 3 种价值导向及相应维度，本书将其作为农产品伦理购买行为量表构建的理论依据之一。

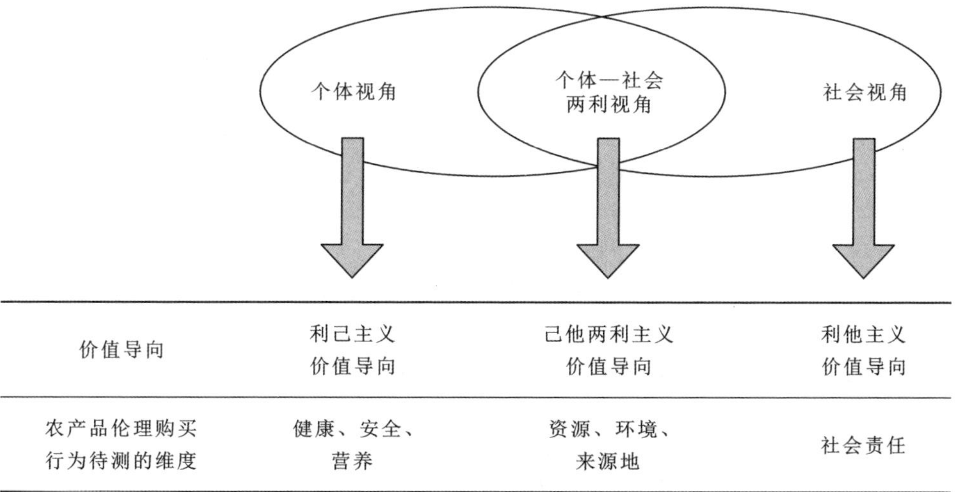

价值导向	利己主义 价值导向	己他两利主义 价值导向	利他主义 价值导向
农产品伦理购买 行为待测的维度	健康、安全、 营养	资源、环境、 来源地	社会责任

图 3-1　价值导向和农产品伦理购买行为待测维度

① 杨卉．利己？利他？——作为纯粹利己与纯粹利他交集的己他两利主义［J］．理论月刊，2010，（8）：82-84.

② Stern P C，Dietz T. The value basis of environmental concern［J］. Journal of Social Issues，1994，50（3）：65-84.

第二节 初始问卷的设计

一、初始题项的提出

基于上述维度识别的理论依据，并结合前人在绿色食品消费行为、有机农产品购买行为、社会责任消费行为、伦理消费行为、品牌农产品消费行为、安全农产品购买行为等领域的相关文献研究，本研究初步提出农产品伦理购买行为构成的 7 项维度，29 个题项，见表 3-1。

表 3-1 农产品伦理购买行为待测维度及对应题项分布

待测维度	题项数量	参考文献
健康	4	Singhal（2017）；Hepting 等人（2014）； Kim 等人（2012）； Castano 等人（2016）；Cornish（2013）； Sudbury-Riley 和 Kohlbacher（2016）；唐学玉（2010）
安全	4	Hepting 等人（2014）；Nurse 等人（2010）； Cornish（2013）；唐学玉（2010）；韩占兵（2013）
营养	3	Cornish（2013）；Hepting 等人（2014）； 唐学玉（2010）；韩占兵（2013）
来源地	4	Perez-Barea 等人（2015）；Yan and She（2011）； Francoise-Lecompte 和 Roberts（2006）； Crane（2001）； Nurse 等人（2010）
资源	4	Sudbury-Riley 和 Kohlbacher（2016）；Kim 等人（2012）； Perez-Barea 等人（2015）；Castano 等人（2016）； Francoise-Lecompte 和 Roberts（2006）； Webb 等人（2008）；Hepting 等人（2014）； Yan 和 She（2011）

续表

待测维度	题项数量	参考文献
环境	4	Singhal (2017); Berne-Manero 等人 (2014); Sudbury-Riley 和 Kohlbacher (2016); Kim 等人 (2012); Roberts (1995, 1996); Webb 等人 (2008); Yan 和 She (2011); Hepting 等人 (2014)
社会责任	6	Hepting 等人 (2014); Perez-Barea 等人 (2015); Sudbury-Riley 和 Kohlbacher (2016); Cornish (2013); Castano 等人 (2016); Nurse 等人 (2010); Berne-Manero 等人 (2014); Yan 和 She (2011); Roberts (1995, 1996); Webb 等人 (2008); Crane (2001); Kim 等人 (2012); Francoise-Lecompte 和 Roberts (2006)

二、小组讨论

本研究邀请了4位消费者行为领域的博士生和2位商业伦理领域的博士生逐条对29个测量题项的准确性和必要性进行讨论。经过反复探讨，做出了如下修改。

首先，将所有反向表意的测量指标均改为正向表意。对于汉语语法而言，反向表意不具备直观性，消费者在阅读时常常会因为意思混淆而做出错误的回答，致使问卷数据有误，因而本研究对这类指标的表述均进行了正向处理。例如，将题项“不购买反季节性果蔬”改为题项“购买季节性果蔬”，将题项“不购买在种植或养殖过程中对环境造成严重破坏的农产品”改为题项“购买在种植或养殖过程中不会对环境造成严重破坏的农产品”等。

其次，依据国情适用原则删除、增加和更改部分题项。一些研究者指出，在不同的国家和异质的文化情境下，伦理购买的核心内涵大体一致，但具体的表现内容存在差异①。比如，在西方研究文献中，“购买公平贸易的产品”这个题项频繁出现在伦理购买行为量表中，但它却并不适用于中国国情下的农产品伦理购买行为测量。公平贸易标志（fairtrade）是发达国家的一个认证，有些进口产品上会贴有此标志，用于表明产品源于发展中国家且达到了合理价格的标准，常见的如香蕉、咖啡、棉花、糖、茶叶等。发达国家倡导消费者购买公平贸易的产品，其目的是保护发展中国家农民和工人的利益，为其争取更人性、更进步的工作条件，同时保护农业和环境的可持续性。多数西方消费者对公平贸易标志及其涵义是熟悉而认可的。而作为发展中国家的中国并没有此项认证，中国消费者对“公平贸易”的理解很模糊，并且在中国市场上鲜见具有公平贸易标志的产品。另一项在西方研究文献中频繁出现的题项是“购买在养殖和屠宰过程中保护动物福利的企业/零售商的产品”。长期以来，西方社会一直倡导对动物的人道关怀，保护动物福利标志（RSPCA ASSURED）也会被醒目地印刷在产品的包装上，这使得该题项的测量在发达国家具有较强的可操作性。然而中国并没有动物福利认证，对于中国消费者而言，评判农产品是否具有保护动物福利性质非常困难。而且，在中国的伦理消费文化中，倡导动物享受养殖过程的舒适、自由、不受痛苦与威胁、自由表达天性等权益并不处于重要地位。所以本研究对这些在发达国家经常使用却不适用于中国市场环境的农产品伦理购买行为测量题项进行了删除，选用具有中国特色的题项进行替代。例如，将中国消费者不熟悉的认证标志题项更换为中国消费者熟悉的农产品认证标志题项（无公害、绿色、有机）。另外，经过小组讨论，本研究还增加了一些符合中国国情和伦理消费文化的题项，如“响应号召购买扶贫性质的农产品”、“购买非人工养殖的鱼虾”等。

再次，合并同类题项。为了简化农产品伦理购买行为测量题项体系，我们对于具有同类考察目的和内容的题项进行了合并。例如，将题项“购买高蛋白质的农产品”和题项“购买微量元素多的农产品”，合并为题项“购买营养丰富的（如多维生素、高蛋白质、多微量元素等）农产品”；将

---

① Castano L E V, Perdomo-Ortiz J, Ocampo S D, et al. Socially responsible consumption: an application in Colombia [J]. Business Ethics: A European Review, 2016, 4 (25): 460-481.

题项“购买有助于体重控制的农产品”、题项“购买低胆固醇的农产品”和题项“购买低热量或脂肪的农产品”，合并为题项“购买健康的（如低脂肪、低热量、低胆固醇等）农产品”。最终，经过小组讨论的修改，农产品伦理购买行为测量题项为24个。

最后，小组成员重新审视了题项的措辞，确保消费者选择伦理购买是出于伦理因素而不是受其他因素（如潮流等）驱动；确保题项涉及的是具体的实际购买行为，而不是态度或意图。

三、专家访谈

本研究对5位专家进行了60～90分钟的个别深入访谈，其中包括3位市场营销学教授和2位商业伦理学教授。专家访谈的目的在于检测已提出的农产品伦理购买行为维度和题项与专家的看法是否一致，即量表是否具有内容效度，以及调查问题的表述是否清晰、用词是否精准。专家访谈分为两个步骤：第一，询问专家们对农产品伦理购买行为内涵的理解、农产品伦理购买行为的测评标准、农产品伦理购买行为应具备的特点以及农产品伦理购买行为的具体表现等问题；第二，请专家对已提出的24个农产品伦理购买行为测量题项在内容构造及用词表述上提出修改意见。5位专家对维度划分及所涉及的测量题项进行了判定，一致认为其符合农产品伦理购买行为范围，并能代表所涉及的研究问题，测量题项与被测内容是高度符合的。同时，专家也指出有些维度之间可能会缺乏区别效度，如“资源”与“环境”，以及“健康”与“营养”，因而本研究暂将其合并为“环境与资源”和“营养健康”。另外，专家还指出个别题项的用词缺乏分辨度，如题项“购买对身体有益的农产品”，本研究将其删除。经过专家的调整，本研究得到了农产品伦理购买行为的初始量表，共包括22个题项。

四、小范围调查

针对测量题项的可读性，本研究选取了有丰富农产品购买经历的15位消费者阅读题项，并请他们回答两个问题：第一，各个题项的意思是否清晰，有无表述不当或无法理解的较专业性的词汇；第二，对题项是否有补充。参与调查的15位消费者中有6位指出题项“购买无人工添加成分的农产品”中，他们对“人工添加成分”的理解较为模糊。在与消费者沟通后，本研究将其调整为“购买无人工添加成分（如防腐剂、漂白剂、着色剂、凝固剂等）的农产品”。另外，被调查的消费者均认为没有需要补充题项。

五、初始问卷的确定

初始问卷使用李克特量表形式，调查消费者在日常农产品购买行为中22项行为的发生情况，程度依次为“1”表示“从不”、“7”表示“总是”，具体题项内容如表3-2所示。

表3-2　农产品伦理购买行为待测题项列表

编号	题项
B1	购买无公害认证农产品
B2	购买绿色认证农产品
B3	购买有机认证农产品
B4	购买无人工添加成分（如防腐剂、漂白剂、着色剂、凝固剂等）的农产品
B5	购买季节性果蔬
B6	购买化肥、农药残留检测合格的农产品
B7	购买药物合理使用的农产品
B8	购买小份装的农产品
B9	只购买必需的农产品
B10	购买农户散养的家禽/蛋
B11	购买农户自种的果蔬
B12	购买非人工养殖的鱼虾
B13	购买遵循农作物/动物正常生长过程的农产品
B14	购买简易包装的农产品
B15	购买环境友好的农产品
B16	购买营养丰富的（如多维生素、高蛋白质、多微量元素等）农产品
B17	购买健康的（如低脂肪、低热量、低胆固醇等）农产品
B18	购买进行慈善捐赠的企业/零售商的农产品
B19	购买信息对称的企业/零售商的农产品

续表

编号	题项
B20	购买环保参与的企业/零售商的农产品
B21	购买参与社区建设的企业/零售商的农产品
B22	响应号召购买扶贫性质的农产品

表 3-1 和表 3-2 所示的农产品伦理购买行为结构与题项具备坚实的理论基础，有前人相关研究作为支撑，并历经小组讨论、专家访谈以及小范围调查的完善，具有内容的完整性和结构的清晰性，也符合中国的市场特征和伦理消费文化。当然，维度的划分和题项的最终确定还有待后续的探索性因子分析和验证性因子分析。

第三节 题项的前测和探索性因子分析

一、前测的数据收集

根据吴明隆（2000）的观点，前测的样本应为问卷中包含最多题项的分量表的 3～5 倍，同时也要考虑样本量是否足够进行因子分析，样本量越大，所呈现的因子组型（factor pattern）就会越稳定①。学者 Comrey（1988）指出，如果题项数小于 40，中等样本数约为 150，良好样本数约为 200②。因而，本研究计划收集前测样本 200 个。

前测的问卷发放主要通过熟人"滚雪球"的方式展开，利用问卷星专业调查网站进行网络在线调查，对象以湖北省消费者为主。操作过程为通过微信、QQ、E-mail 等方式邀请身边的熟人在线填答问卷，并发动他们向自己的熟人圈扩散。前测一共收回问卷 231 份，剔除整份问卷勾同一选项以及网络显示答题时间过短的无效问卷，共获取有效问卷 208 份，有效

---

① 吴明隆 . SPSS 统计应用实务 [M]. 北京：中国铁道出版社，2000.

② Comrey A L. Factor-analytic methods of scale development in personality and clinical psychology [J]. Journal of Consulting and Clinical Psychology，1988，56（5）：754-761.

率为90.04%，达到计划收集样本数。根据描述性统计结果，问卷各题项均无缺失值，具备进行前测的良好条件。

二、测评方法和标准

（一）项目分析

项目分析即对题项的区分度进行分析。具有良好区分度的题项，可以将不同水平的被试者区分开来。项目分析的结果是题项筛选或修改的依据。本研究采用“临界比率”的独立样本T检验、项目与总分的相关性检验、同质性检验3种方法对农产品伦理购买行为的初始量表进行项目分析。

“临界比率”的独立样本T检验：将前测量表的总分以27%作为界限分为两组：高分组（前27%）和低分组（后27%），运用独立样本T检验求出高低两组被试者在每一个题项上平均分数差异的显著性，即临界比率（critical ratio，CR）。如果题项的差异具有统计学显著性（$p<0.01$），则证明该题项能够鉴别出不同被测者的反应程度，题项有效；反之，题项无效，应予以删除。

项目与总分的相关性检验：用Pearson相关系数检验每个题项与整体量表的线性相关程度。题项与总分相关度高，则Pearson相关显著（$p<0.01$），证明该题项有效；反之，则删除该题项。

同质性检验：检测题项被删除后，整体量表信度的变化情况。如果删除了该题项，量表的整体信度比原量表的信度提高了，即内部一致性α系数增大了，则证明该题项与量表中其他题项的同质性不高，属性不一致，应予以删除。这也可以从CITC修正相关系数来判断，若删除题项后，更正项目总数相关值小于0.4，则表示该题项与量表中其他题项相关度低，应予以删除。

（二）探索性因子分析

因子（e）分析的目的在于检验量表的结构效度（construct validity），即量表实际能测到所要测量理论的结构或特质的程度。本研究用探索性因子分析找出量表的潜在结构，用主成分分析法将相关较大的变量聚合成一组，确定出具有共同代表性的因子的个数。其程序具体如下。

1. KMO（Kaiser-Meyer-Olkin）和 Bartlett's 球形检验

KMO 和 Bartlett's 球形检验的目的是检测整体量表是否适合进行因子分析。KMO 是用于比较变量间简单相关系数和偏相关系数的指标。KMO 值越接近 1，则意味着变量间的相关性越强，变量越适合做因子分析。Bartlett's 球形检验是用于检测变量是否为单位阵的指标，即各个变量是否各自独立。如果 Bartlett's 球形检验的结果拒绝原假设，p 值达到显著性水平（$p<0.01$），则认为适合进行因子分析。Kaiser（1974）给出了 KMO 和 Bartlett's 球形检验的 p 值度量标准①，详情见表 3-3。

表 3-3　KMO 和 Bartlett's 球形检验的判断区间

检测类别	取值范围	是否适合因子分析
KMO 值	≥0.9	非常适合
	[0.8，0.9)	适合
	[0.7，0.8)	比较适合
	[0.6，0.7)	勉强适合
	[0.5，0.6)	不太适合
	<0.5	不适合
Bartlett's p 值	≤0.01	适合

2. 主成分分析

利用降维的思想，把多个变量归结为少数几个公共因子，以最少的共同因素对总变异量做出最大的解释。常用的判断依据为特征值或碎石图（scree plot）。根据 Kaiser（1960），选取特征值大于 1 的因素。或者依据碎石图的因素变异量递减情况来决定②。根据 Cattell（1966），如果因素变异量图形由倾斜转为平坦，则平坦以后的共同因素可以删去③。抽取因子

① Kaiser H F. An index of factorial simplicity [J]. Psychometrika，1974（39）：31-36.

② Kaiser H F. The application of electronic computers to factor analysis [J]. Educational and Psychological Measurement，1960（1）：141-151.

③ Cattell R B. The scree test for the number of factors [J]. Multivariate Behavioral Research，1966，1（2）：245-276.

的累积解释变异量越大越好，根据荣泰生（2009）的标准，大于60%为理想标准①。

（三）信度分析

信度分析的目的是检测量表的可靠性和稳定性。常用的检测方法为内部一致性Cronbach's α 系数。根据吴明隆（2000）的观点，α 系数值界于0.80～0.90之间表示量表信度非常高；α 系数值界于0.70～0.80之间表示量表信度好；α 系数值界于0.65～0.70之间表示量表可以接受；α 系数值在0.65以下则表示量表不可以接受②。

三、项目分析的结果

运用SPSS 22.0进行分析，"临界比率"的独立样本T检验、项目与总分的相关性检验、同质性检验的结果显示，农产品伦理购买行为高分组与低分组的平均数差异均达到显著，$p<0.001$；农产品伦理购买行为测量的22个题项与总分的Pearson相关均达到显著，$p<0.001$；22个题项CITC均大于0.4，已删除的内部一致性 α 系数均小于初始量表 α 系数值0.921。这表明22个题项都具有高鉴别度，适合做因子分析。分析结果详见表3-4。

表3-4 农产品伦理购买行为初始量表各题项的项目分析结果

编号和题项	"临界比率"的独立样本T—检验	项目与总分的相关性检验	同质性检验		是否保留该题项
	显著性 $p<0.05$	相关系数 $p<0.05$	CITC>0.4	题项已删除的内部一致性 α 系数<原量表信度（初始量表 α 系数值为0.921）	
B1 购买无公害认证农产品	9.871***	0.661***	0.612	0.917	是

① 荣泰生．AMOS与研究方法［M］．重庆：重庆大学出版社，2009.

② 吴明隆．SPSS统计应用实务［M］．北京：中国铁道出版社，2000.

续表

编号和题项	“临界比率”的独立样本T—检验	项目与总分的相关性检验	同质性检验		是否保留该题项
	显著性 $p<0.05$	相关系数 $p<0.05$	CITC>0.4	题项已删除的内部一致性 α 系数<原量表信度（初始量表 α 系数值为0.921）	
B2 购买绿色认证农产品	9.656***	0.670***	0.629	0.917	是
B3 购买有机认证农产品	11.012***	0.645***	0.597	0.917	是
B4 购买无人工添加成分的农产品	10.014***	0.603***	0.552	0.918	是
B5 购买季节性果蔬	8.871***	0.666***	0.630	0.917	是
B6 购买化肥、农药残留检测合格的农产品	9.771***	0.611***	0.547	0.919	是
B7 购买药物合理使用的农产品	12.004***	0.746***	0.704	0.915	是
B8 购买小份装的农产品	8.243***	0.573***	0.521	0.919	是
B9 只购买必需的农产品	7.186***	0.521***	0.471	0.920	是
B10 购买农户散养的家禽/蛋	7.360***	0.529***	0.472	0.920	是
B11 购买农户自种的果蔬	6.501***	0.476***	0.417	0.921	是
B12 购买非人工养殖的鱼虾	7.183***	0.538***	0.486	0.919	是
B13 购买遵循农作物/动物正常生长过程的农产品	10.487***	0.677***	0.636	0.917	是
B14 购买简易包装的农产品	6.803***	0.539***	0.480	0.920	是
B15 购买环境友好的农产品	11.001***	0.676***	0.631	0.917	是
B16 购买营养丰富的农产品	8.662***	0.639***	0.600	0.917	是

续表

编号和题项	"临界比率"的独立样本T—检验	项目与总分的相关性检验	同质性检验		是否保留该题项
	显著性 $p<0.05$	相关系数 $p<0.05$	CITC>0.4	题项已删除的内部一致性 α 系数<原量表信度（初始量表 α 系数值为 0.921）	
B17 购买健康的农产品	8.422***	0.592***	0.550	0.918	是
B18 购买进行慈善捐赠的企业/零售商的农产品	8.223***	0.571***	0.517	0.919	是
B19 购买信息对称的企业/零售商的农产品	9.079***	0.629***	0.579	0.918	是
B20 购买环保参与的企业/零售商的农产品	10.551***	0.679***	0.635	0.916	是
B21 购买参与社区建设的企业/零售商的农产品	9.863***	0.672***	0.628	0.917	是
B22 购买扶贫性质的农产品	8.584***	0.638***	0.592	0.917	是

注：*** 表示 $p<0.001$。

四、探索性因子分析的结果

（一）KMO 和 Bartlett's 球形检验的结果

运用 SPSS 22.0 进行分析，结果显示 KMO 值为 0.885，Bartlett's 球形检验的值为 2461.114（自由度为 231），结果显著，这表明，总体的相关矩阵间有共同因素存在，适合进行因子分析。分析结果详见表 3-5。

表 3-5 KMO 和 Bartlett's 球形检验结果

Kaiser-Meyer-Olkin 测量取样适当性		
Bartlett's 球形检验	大约卡方值	0.885
	df	2461.114
	显著性	231

（二）主成分分析的结果和因子命名

本研究抽取特征值大于 1 的因子，采用"正交转轴"法中的最大变异法，并参考 Lederer 和 Sethi（1991）提出的原则删除不合格题项①。第一，每次只删除一题，每次删题后进行新的因子分析；第二，首先删除组成不稳定结构公因子（指标小于 3 个）的题项，其次删除因子载荷量小于 0.5 的题项，接着删除在两个及以上公因子中载荷均超过 0.4 的题项。本研究历经 3 次因子分析，删除了"B13 购买遵循农作物/动物正常生长过程的农产品"和"B8 购买小份装的农产品"两个项目。最终结果显示，特征值大于 1 的因子共有 5 个，其解释变异量分别为 17.045%、15.332%、12.924%、11.856%、11.470%。累积的解释变异量为 68.628%，大于 60% 的理想标准。分析结果详见表 3-6，以下题项采用简称形式。

表 3-6 探索性因子分析的结果

编号和题项	方差贡献率/（%）	累计方差贡献率/（%）	抽取的因子					
			因子 1	因子 2	因子 3	因子 4	因子 5	共同性
B22 扶贫性质			0.833					0.597
B20 环保参与			0.817					0.755
B19 信息对称	17.045	17.045	0.763					0.511
B18 慈善捐赠			0.720					0.749
B21 参与社区建设			0.664					0.766

① Lederer，Sethi. Critical dimensions of strategic information systems planning [J]. Decision Sciences，1991，2（4）：104-119.

续表

编号和题项	方差贡献率/(%)	累计方差贡献率/(%)	抽取的因子					
			因子 1	因子 2	因子 3	因子 4	因子 5	共同性
B7 药物合理使用				0.760				0.862
B6 化肥、农药残留检测合格				0.710				0.591
B15 环境友好	15.332	32.377		0.675				0.684
B14 包装简易				0.657				0.669
B9 只购买必需的农产品				0.582				0.494
B2 绿色认证					0.799			0.618
B3 有机认证					0.760			0.734
B1 无公害认证	12.924	45.301			0.721			0.681
B4 无人工添加成分					0.579			0.795
B17 健康						0.871		0.717
B5 季节性果蔬	11.856	57.157				0.761		0.508
B16 营养丰富						0.728		0.763
B11 农户自种							0.838	0.790
B10 农户散养	11.470	68.628					0.825	0.672
B12 非人工养殖							0.761	0.768
特征值			7.733	1.855	1.717	1.243	1.177	

根据探索性因子分析的结果，本研究对 5 个维度进行命名。因子 1 的 5 个题项包含了消费者自身的社会责任，如“扶贫性质”，以及消费者认为企业需要承担的社会责任，如“环保参与”、“信息对称”、“慈善捐赠”、

"参与社区建设"，故被命名为"社会责任"，意为消费者关注农产品企业/零售商的社会责任履行情况以及自身购买行为对社会的影响。因子2的5个题项包含两项内容：一为安全，如"药物合理使用"、"化肥、农药残留检测合格"；二为生态环保，如"环境友好"、"包装简易"、"只购买必需的农产品"。因而将因子2命名为"生态与安全"，表示消费者关注农产品在种植、养殖、加工、包装、运输、销售等过程中是否存在损害或威胁人体安全的有毒、有害物质，以及是否造成生态破坏和环境污染。因子3的4个题项包含了我国农产品和食品的三类认证：无公害认证、绿色认证、有机认证，还包含了农产品生产与加工标识说明。因而将因子3命名为"认证与标识"，表示消费者在农产品购买过程中对我国的食品认证以及食品说明的关注。因子4的3个题项"健康"、"季节性果蔬"、"营养丰富"均与健康和营养相关，故命名为"营养健康"，指消费者关注农产品对人体提供的能量和营养的充足程度，以及对身体健康的影响。因子5的3个题项"农户自种"、"农户散养"及"非人工养殖"均指向农产品的来源渠道问题，故命名为"自然渠道"，指消费者对农产品来源天然程度的偏向。

五、信度分析的结果

运用SPSS 22.0对农产品伦理购买行为总量表的信度以及5个构面的信度进行分析，结果显示Cronbach's α值均达到理想标准，详情见表3-7。

表3-7 农产品伦理购买行为总量表及分量表的Cronbach's α信度

量表及因子		Cronbach's α	题项数量
总量表		0.921	20
分量表	因子1	0.878	5
	因子2	0.808	5
	因子3	0.824	4
	因子4	0.853	3
	因子5	0.806	3

第四节　构成维度的验证性因子分析

一、正式调查的数据收集

样本的代表性对于调查结论的准确程度至关重要。越有代表性的样本其结构与总体结构就越相近，类推的总体性质就越正确。吴明隆（2000）认为，样本的高代表性取决于以下 3 个因素。第一，选取的样本量是足够的。在研究设计中，小样本容易导致收敛失败、违反估计、低估参数值及标准误出错等问题。然而，样本量要多大才算具有代表性，学者们并无统一结论。很多学者（Barclay 等人，1995；Chin，1998；Chin 和 Newsted，1999；Kahai 和 Cooper，2003）建议，样本数量和题目数量的比例至少为 10∶1，本研究将其作为基本要求。第二，样本选取的抽样方法要恰当①。本研究按照抽样调查的规范程序，使样本在地域和人口统计特征分布上达到广泛和均匀。第三，样本的数据获取要精确。本研究对调查的每个环节，包括前期准备、数据获取的过程和方式、数据的后期处理等进行严格掌控。

本研究采用实地问卷调查和网络问卷调查相结合的方式收集正式问卷数据。实地问卷调查的时间为 2019 年 1 月至 4 月。选拔了 12 位市场营销专业的大四本科生，他们都系统学习过社会调查方法的相关课程并具有问卷调查的经历。这 12 位调查者被分为 6 组，利用周末时间和寒假时间在学校所在城市和籍贯所在省市，选择农产品购买人流量较密集的地方，如生鲜超市、农贸市场、便利店、综合型超市等，采用与消费者面对面的街头拦截方式进行调查。调查人员现场发放问卷，简要说明研究目的，强调问卷的匿名性，承诺调查结果只用于学术研究而不作他用，并当场收回问卷。当消费者提出疑问时，调查人员耐心地进行解答，并在消费者填答时与他们保持一段距离以消除调查对象的心理防备。为了提高回收率，保证问卷填答的数量和质量，调查人员为每位参与调查的消费者提供了大约

① 吴明隆 .SPSS 统计应用实务［M］. 北京：中国铁道出版社，2000.

3～5元等值的小礼品。在收回问卷时，调查人员当场对问卷进行初步检查，对于遗漏项太多和填答时间过短的问卷进行及时剔除。本研究实地发放问卷600份，回收523份，有效回收率为87.17%，其中有效问卷为464份，有效率为88.72%。样本范围涉及湖北、广东、北京、江苏、江西、上海、河北等省市。问卷收回后，调查者对问卷进行了编号，以便后期核对数据使用。调查人员依据问卷内容将各个变量下的题项答案有序地输入SPSS 22.0软件中。在输入数据的同时对问卷进行逐份筛选，删除了填答时皆填同一选项或邻近题项答案大面积雷同的问卷，并对缺失值较少的问卷进行了数据插补处理。另外，为了使调查对象在地域分布和人口统计特征上（包括性别、年龄、职业、收入及受教育程度等方面）相对广泛和均匀，2019年5月调查者们还与专业的问卷调查公司进行了合作。本研究从问卷星网络调查公司获取到来自浙江、四川、黑龙江、贵州、山东等省市的样本共250份。因而，本研究总共有效问卷数量是714份，样本具有高的代表性。

二、测评方法与标准

（一）模型拟合度分析

模型拟合度用于进行模型评价。获取参数估计值后，要对样本协方差矩阵和模型协方差矩阵的适配程度进行判断，两个模型需要满足相似度高、差异小的拟合形式。常用的模型适配度指标主要为绝对拟合指数与增值拟合指数。绝对拟合指数用于解释样本协方差矩阵被模型协方差矩阵解释的比例。增值拟合指数用于解释模型的拟合度与统计基本模型（虚无模型）比较改善的程度。其具体要求总结如表3-8所示。

表3-8 AMOS常用拟合指数

拟合指数		标准	参考研究
绝对拟合指数	χ^2	样本量	Bollen（1989）
	χ^2/df	＜5.00	Marsh和Hocevar（1985）
	GFI	＞0.90	Joreskog和Sorbom（1989）
	AGFI	＞0.90	Byrne（2001）

续表

拟合指数		标准	参考研究
绝对拟合指数	SRMR	＜0.05	Byrne (2001)
	RMSEA	＜0.08	Byrne (1989); Joreskog 和 Sorbom (1989)
增值拟合指数	IFI	＞0.90	Byrne (2001)
	NNFI	＞0.90	Hu 等人 (1992)
	CFI	＞0.90	Bentler 和 Yuan (1999)

1. 绝对拟合指数

卡方值（χ^2）是最常报告的拟合度指标，但它没有绝对标准，因为其大小与样本量以及数据是否符合多元正态密切相关①。它与自由度一起使用可以说明模型正确性的概率，即卡方值比率（χ^2/df）。当模型中的题项增多时，模型需要估计的参数就会变多，自由度会变高；当样本量增大时，卡方值也会随之扩大。χ^2/df 指标同时考虑了卡方值和自由度的大小，提供了数据的相对有效性信息。根据 Marsh 和 Hocevar（1985）的建议，χ^2/df 的值在 5.00 之内是合理的②。拟合优度指数（GFI）和调整后的拟合优度指数（AGFI）表示能被模型所解释的方差和协方差的量，其值在 0～1 之间，越接近 1 表示拟合度越好。很多学者认为，GFI 或者 AGFI 的值在 0.80～0.90 之间可以接受，达到 0.90 以上表明拟合度好③。标准化的均方根残差（SRMR）通过测量预测相关和实际观察相关的平均残差来衡量模型的拟合程度。如果 SRMR 小于 0.05，则认为模型拟合度好。近似误差均方根（RMSEA）是评价模型不拟合的指数，受样本量影响较小，越接近 0 表示拟合度越好。RMSEA 等于 0 时，表示模型完全拟合；RMSEA 在 0.05～0.08 之间，表示模型拟合合理；RMSEA 在 0.08～

---

① Bollen K A. Structural equations with latent variables [M]. New York: Wiley and Sons Press, 1989.

② Marsh H W, Hocevar D. Application of confirmatory factory analysis to the study of self-concept: first- and higher-order factor models and their invariance across groups [J]. Psychological Bulletin, 1985, 97 (3): 562-582.

③ Doll W J, Xia W, Torkzadeh G. A Confirmatory factor analysis of the end-User computing satisfaction instrument [J]. MIS Quarterly, 1994, 18 (4): 453-461.

0.10之间，表示模型拟合一般；RMSEA大于0.10时，表示模型拟合较差。

2. 增值拟合指数

增量拟合指数（IFI）为常报告的拟合度指标之一，其理想值为大于0.90。非规范拟合指数（NNFI）的取值会超出0～1的范围，通常将大于0.90作为可以接受的标准，大于0.95则证明拟合较好。比较拟合指数（CFI）在对假设模型和独立模型进行比较时取得，能反映出所设定模型的变化，不容易受到样本量大小的影响，其值在0～1之间，越接近1表示模型拟合度越好，通常CFI需要大于0.90。

（二）信度分析

用验证性因子分析检测量表的可靠性和稳定性。首先对各分量表进行分析，检测题目信度（squared multiple correlations，SMC）。根据Chin（1998）的建议，单个题项的标准化因子负荷量要求达到0.6①，但Hair等人（2009）表示，当问卷为自行开发的量表时，这个标准可以放宽到0.5②。同时，模型拟合度指标需要达到表3-8的要求。接着，对构面信度即组成信度（composite reliability，CR）进行检验。组成信度是所有测量变量信度的组合，代表构面指标的内部一致性。组成信度越高，表示构面的内部一致性越高，根据Fornell和Larcker（1981）、Hair（2009）的建议，0.7是可以接受的门坎③④。

（三）效度分析

效度评判量表能准确测出问卷对所需测量事物的有效程度，它反映了

---

① Chin W. Commentary：issues and opinion on structural equation modlling［J］. MIS Quarterly，1998，22（1）：vii-xvi.

② Hair J F，Black W C，Babin B J，et al. Multivariate data analysis［M］. New Jersey：Englewood Cliffs Prentice Hall，2009.

③ Fornell C，Larcker D F. Structural equation models with unobservable variables and measurement error：algebra and statistics［J］. Journal of Marketing Research，1981，8（1）：382-388.

④ Hair J F，Black W C，Babin B J，et al. Multivariate data analysis［M］. New Jersey：Englewood Cliffs Prentice Hall，2009.

问卷的有效性和准确性，效度越高表示测量结果与需考察的内容越符合。常被用于效度评估的指标是内容效度（content validity）和结构效度（construct validity）。

内容效度测量测试问卷是否真实并充足地反映了构面所涉及的内容，即量表与所测量变量之间的契合度。一般而言，当量表的开发是以成熟理论为基础，其开发方法和过程客观而严谨，并得到专家认定，或借鉴前人研究中已得到验证的成熟量表时，即应被视为具有良好的内容效度。

结构效度主要包含收敛效度（convergence validity）和区别效度（discriminant validity），用于测量各构面量表的题项与因子之间的关系是否吻合。收敛效度要求同一构面下的题项间具有显著的相关性，而区别效度则要求某一构面的测量与其他构面的测量无关。收敛效度用平均方差萃取量（average of variance extracted，AVE）衡量，它计算了潜变量对测量变量解释能力的平均状况，AVE 值越高表示构面的收敛效度越高。根据 Fornell 和 Larcker（1981）的建议，AVE 值大于 0.5 说明收敛效度好，界于 0.36～0.5 之间为可接受①。区别效度的评判通过比较 AVE 值与构面之间的相关系数值来实现，构面内部的相关必须要大于构面与构面之间的相关。

三、一阶验证性因子分析的结果

（一）分量表的验证分析

1.“社会责任”因子

运用软件 AMOS 21.0 计算后的结果显示，“社会责任”因子 5 项指标的标准化因子载荷量均达到建议标准。然而，其模型拟合度却不佳，这是由于残差不独立造成的，即残差之间有相关。用 AMOS 21.0 的修正指标检测，删除影响最大的残差所对应的题项“B18 扶贫性质”。最终得到

① Fornell C，Larcker D F. Structural equation models with unobservable variables and measurement error：algebra and statistics [J]. Journal of Marketing Research，1981，8（1）：382-388.

“社会责任”构面由4项指标构成，具体见图3-2。拟合度指标有χ^2/df和RMSEA两项未达到标准，这可能是由于正式调查的样本数量较大而造成的，其他拟合指数均符合标准，总体拟合度良好，详情见表3-9。

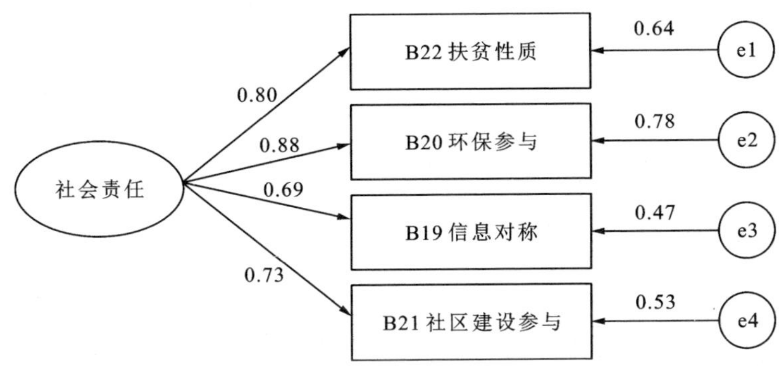

图3-2 维度“社会责任”的验证性因子分析结果

表3-9 “社会责任”验证性因子分析模型拟合度摘要

拟合指数	绝对拟合指数						增值拟合指数		
	χ^2	χ^2/df	GFI	AGFI	SRMR	RMSEA	IFI	NNFI	CFI
指标值	19.159	9.579	0.988	0.941	0.021	0.102	0.989	0.966	0.989
评价标准	小	<5.00	>0.90	>0.90	<0.05	<0.08	>0.90	>0.90	>0.90
是否拟合	是	接近	是	是	是	接近	是	是	是

2.“生态与安全”因子

运用软件AMOS 21.0计算后的结果显示，“生态与安全”因子5项指标的标准化因子载荷量有两项未达到标准，分别为“B9只购买必需的农产品”和“B14包装简易”。将其删除后该构面剩下3个题项，为恰好辨识，即自由度为0，只有唯一解，拟合度为100%，见图3-3。

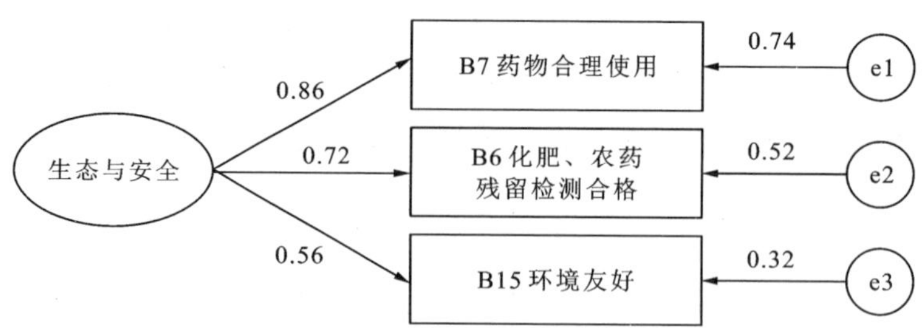

图 3-3 维度“生态与安全”的验证性因子分析结果

3. “认证与标识”因子

运用软件 AMOS 21.0 计算后的结果显示，“认证与标识”因子 4 项指标的标准化因子载荷量均达到建议标准，模型拟合度指标也都符合要求，详情见图 3-4 和表 3-10。

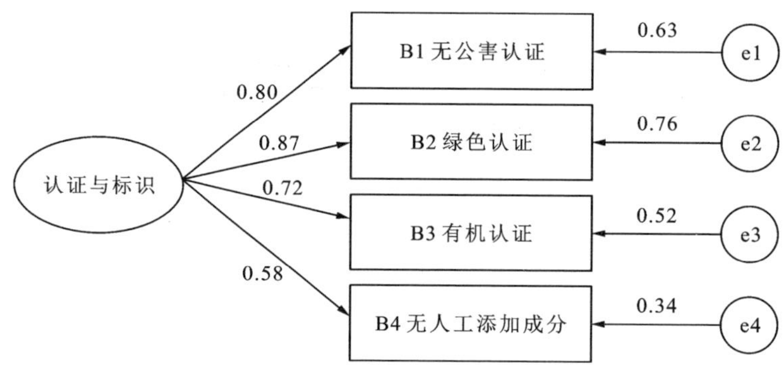

图 3-4 维度“认证与标识”的验证性因子分析结果

表 3-10 “认证与标识”验证性因子分析模型拟合度摘要

拟合指数	绝对拟合指数						增值拟合指数		
	χ^2	χ^2/df	GFI	AGFI	SRMR	RMSEA	IFI	NNFI	CFI
指标值	8.396	4.198	0.995	0.975	0.016	0.062	0.995	0.985	0.995
评价标准	小	<5.00	>0.90	>0.90	<0.05	<0.08	>0.90	>0.90	>0.90
是否拟合	是	是	是	是	是	是	是	是	是

4．“营养健康”因子

运用软件 AMOS 21.0 计算后的结果显示，“营养健康”因子 3 项指标的标准化因子载荷量均达到标准。该构面是 3 个题项，为恰好辨识，即自由度为 0，只有唯一解，拟合度为 100%，见图 3-5。

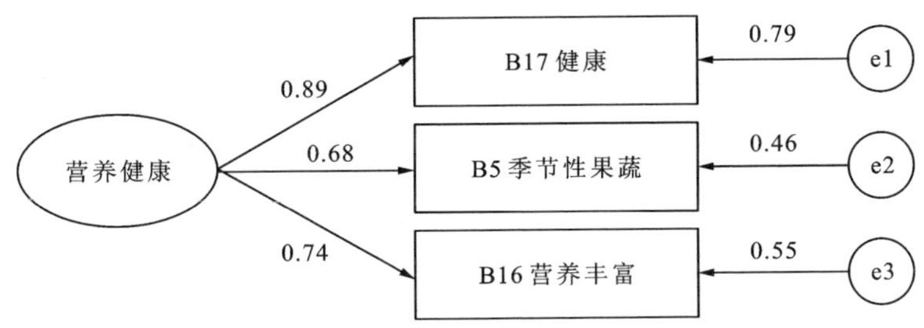

图 3-5　维度“营养健康”的验证性因子分析结果

5．“自然渠道”因子

运用软件 AMOS 21.0 计算后的结果显示，“自然渠道”因子 3 项指标的标准化因子载荷量均达到标准。该构面是 3 个题项，为恰好辨识，即自由度为 0，只有唯一解，拟合度为 100%，见图 3-6。

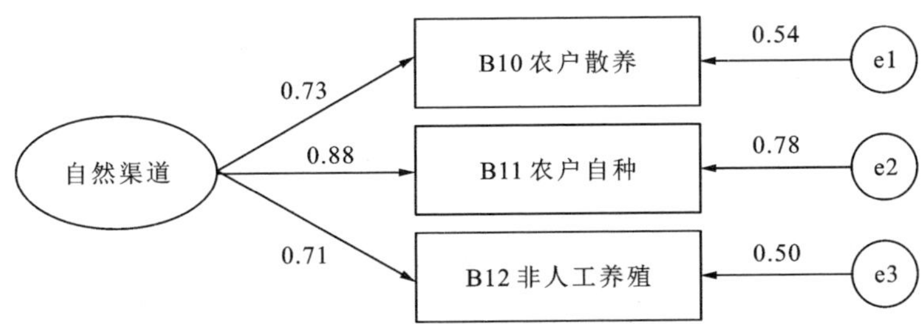

图 3-6　维度“自然渠道”的验证性因子分析结果

（二）整体量表的一阶验证性因子分析

运用软件 AMOS 21.0 对农产品伦理购买行为整体模型进行验证性因子分析，其结果显示，所有题项的标准化因子载荷量均达到要求。尽管样本量大会导致模型拟合度的部分指标不佳，但可以看到，农产品伦理购买行为模型拟合度的指标均非常接近标准或达到标准，符合研究要求。详情见图 3-7 和表 3-11。

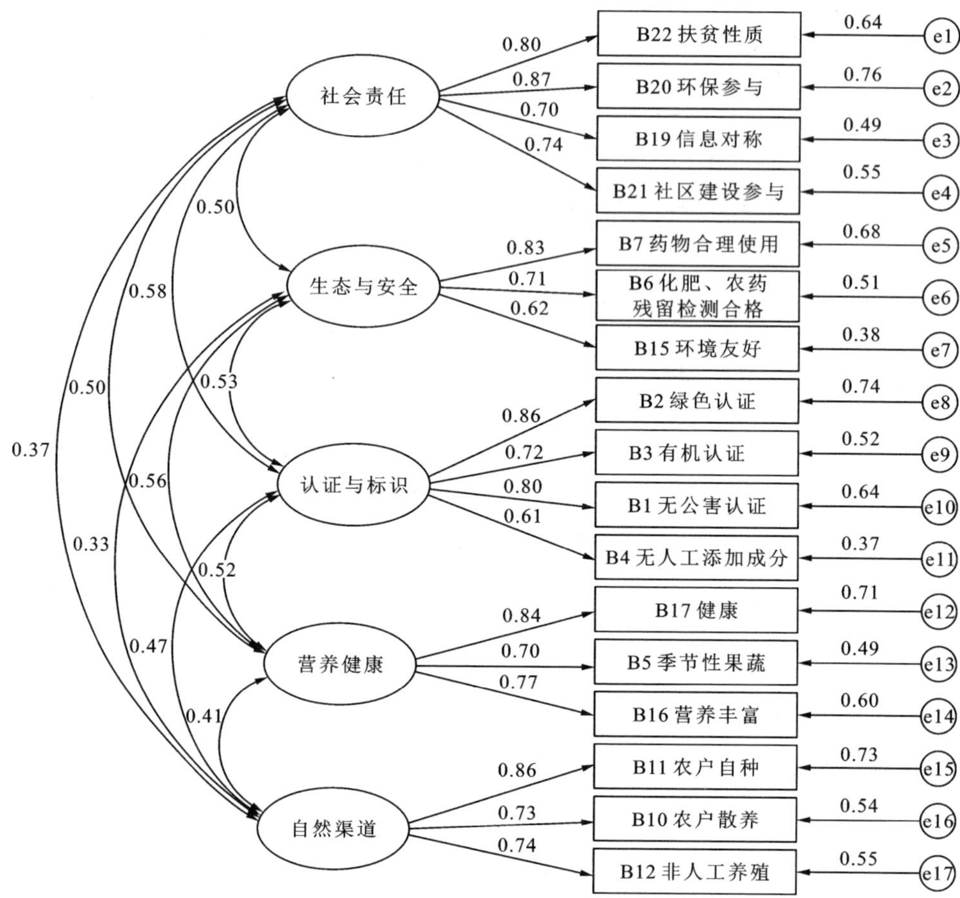

图 3-7 农产品伦理购买行为一阶验证性因子分析

表 3-11 农产品伦理购买行为一阶验证性因子分析模型拟合度摘要

拟合指数	绝对拟合指数						增值拟合指数		
	χ^2	χ^2/df	GFI	AGFI	SRMR	RMSEA	IFI	NNFI	CFI
指标值	659.674	6.052	0.915	0.880	0.059	0.078	0.917	0.897	0.917
评价标准	小	<5.00	>0.90	>0.90	<0.05	<0.08	>0.90	>0.90	>0.90
是否拟合	是	接近	是	接近	接近	是	是	接近	是

四、信度与效度检验的结果

（一）内容效度

本研究的农产品伦理购买行为测量量表以经典理论为基础，借鉴了前人的成熟量表，其内容效度在以往的研究中得到了很好的验证。并且，相关专家对问卷题目与所测变量的内容范围是否相符也进行了分析，判断出问卷题目很好地代表了所测变量的内容。因而，本研究的农产品伦理购买行为量表具有良好的内容效度。

（二）组成信度与收敛效度

从软件 AMOS 21.0 的运算结果可以看到，所有题项的非标准化因子载荷量（unstandard factor loading，Unstd.）均为正，非标准化因子载荷量与标准误（standard error，S. E.）的比值——Z 值均大于 1.96，p 值显著。所有题项的标准化系数均大于 0.5，标准化系数平方（standardized coefficient squared，SMC）均大于 0.25，表示具有题目信度。各维度的组成信度均大于 0.7，说明 5 个因子的指标内部一致性强，构面具有良好的组成信度。同时，各维度的平均方差萃取量均大于 0.5，表示量表具有良好的收敛效度。详情见表 3-12。

表 3-12　农产品伦理购买行为量表的组成信度与收敛效度

维度	题项编号	参数显著性估计				标准化因子载荷 Std.	题目信度	组成信度	收敛效度
		Unstd.	S. E.	Z-value	p		SMC	CR	AVE
社会责任	B22	1.000				0.799	0.638	0.859	0.607
	B20	1.176	0.046	25.677	***	0.883	0.780		
	B19	0.942	0.047	20.177	***	0.689	0.475		
	B21	0.919	0.042	21.643	***	0.731	0.534		

续表

维度	题项编号	参数显著性估计				标准化因子载荷 Std.	题目信度	组成信度	收敛效度
		Unstd.	S. E.	Z-value	p		SMC	CR	AVE
生态与安全	B7	1.000				0.862	0.743	0.764	0.526
	B6	0.934	0.065	14.290	***	0.721	0.520		
	B15	0.602	0.046	13.033	***	0.562	0.316		
认证与标识	B1	1.000				0.796	0.634	0.835	0.564
	B2	0.936	0.039	23.957	***	0.875	0.766		
	B3	0.862	0.042	20.722	***	0.718	0.516		
	B4	0.686	0.042	16.431	***	0.584	0.341		
营养健康	B17	1.000				0.892	0.796	0.817	0.601
	B5	0.727	0.041	17.660	***	0.676	0.457		
	B16	0.848	0.045	18.666	***	0.742	0.551		
自然渠道	B10	1.000				0.734	0.539	0.821	0.607
	B11	1.157	0.061	19.077	***	0.882	0.778		
	B12	0.921	0.049	18.661	***	0.710	0.504		

注：*** 表示 $p<0.001$。

（三）区别效度

从软件 AMOS 21.0 的运算结果可以看到，维度内所有题项的平均相关，即 AVE 的平方根均大于该维度与其他维度的相关系数，这表明，农产品伦理购买行为量表具有良好的区别效度，详情见表 3-13。

表 3-13 农产品伦理购买行为量表的区别效度

维度	自然渠道	营养健康	认证与标识	生态与安全	社会责任
自然渠道	0.779				

续表

维度	自然渠道	营养健康	认证与标识	生态与安全	社会责任
营养健康	0.415	**0.775**			
认证与标识	0.465	0.518	**0.751**		
生态与安全	0.326	0.560	0.534	**0.725**	
社会责任	0.365	0.498	0.578	0.503	**0.779**

注：表中对角线黑体字为 AVE 的平方根（构面内所有题目的平均相关），下三角为 Pearson 相关。

五、二阶验证性因子分析的结果

构建农产品伦理购买行为的二阶验证性因子分析模型。二阶构面代表了一阶构面的共同因素，二阶模型减少了估计参数，可以让结构模型更精简，但简化模型的代价是二阶模型的拟合度必定会比一阶模型差。根据 Marsh 和 Hocevar（1985）的观点，计算目标系数（target coefficient，T value）来检测是否存在一个符合要求的高阶，即用一阶模型卡方值和二阶模型卡方值的比率来决定数据的适配程度。如果 T 值接近 1，则证明二阶模型能够取代一阶模型。在本研究中，一阶模型的卡方值为 659.674，二阶模型的卡方值为 677.911，根据计算，目标系数 T 值为 0.97。这表明，二阶模型可以解释一阶模型的程度为 97%，非常接近 100%，因而可以用二阶替代一阶达到精简模型的目的。也就是说，“农产品伦理购买行为”这个高一级的构面能够很好地解释“社会责任”、“生态与安全”、“认证与标识”、“营养健康”、“自然渠道”这 5 个初级因素。在后面的结构方程模型研究中，笔者将采用农产品伦理购买行为的二阶模型。详情见图 3-8 和表 3-14。

表 3-14　农产品伦理购买行为二阶验证性因子分析模型拟合度摘要

农产品伦理购买行为二阶验证因素模式	χ^2	自由度（df）	χ^2/df	GFI	SRMR	RMSEA	CFI
一阶五因子模式	659.674	109	6.052	0.915	0.059	0.078	0.917
二阶因子模式	677.911	114	5.947	0.912	0.061	0.078	0.915

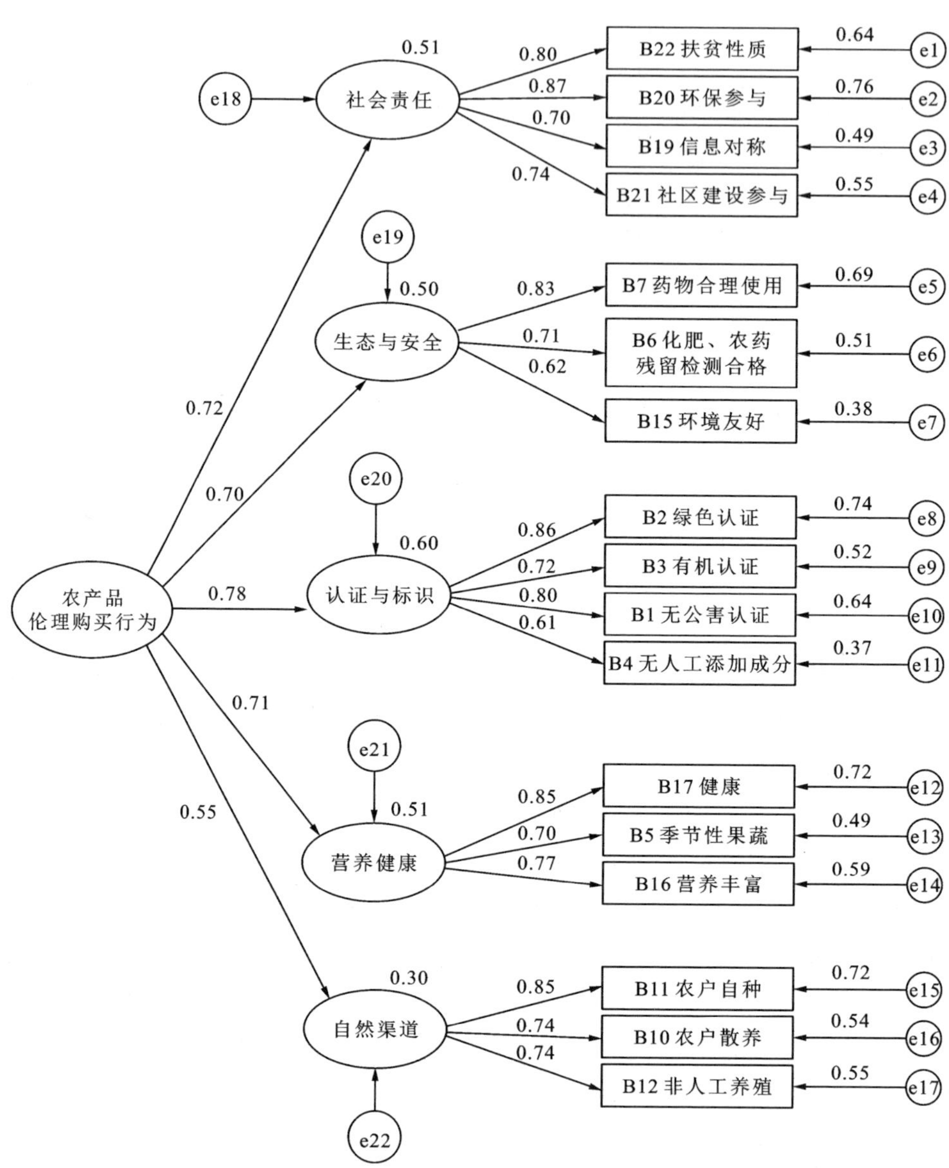

图 3-8 农产品伦理购买行为二阶验证性因子分析

第五节 结论与讨论

一、正式量表维度与题项的讨论

经过探索性因子分析和验证性因子分析得出的最终量表，符合以往研究对农产品伦理购买行为内涵的界定，也遵循了农产品伦理购买行为的价值导向。在确认的5个维度中，“营养健康”从属于个体视角下的利己主义价值导向；“生态与安全”、“认证与标识”、“自然渠道”从属于共同利益视角下的己他两利主义价值导向；“社会责任”从属于社会视角下的利他主义价值导向。另外，与专家推测的一致，量表设计过程中提出的部分维度会合并在一起，如与营养和健康相关的题项相互交织，与资源环境和生态安全相关的题项相互交织。

本研究的结论基本支持了国外学者 Cornish（2013）①、Hepting 等人（2014）②、Singhal（2017）③ 等人的研究结论，营养、安全、健康、环保、生态、社会责任等因素是构成农产品伦理购买的核心要素，但鉴于在不同的文化背景下农产品的消费习惯、特点和方式存在差异，本研究对这些核心要素的维度划分和测量题项进行了新的发展和丰富。另外，本研究提炼出了“认证与标识”和“自然渠道”两个新维度，开发了其具体的测量项目，这使得现有的研究更符合我国市场的特有属性和消费伦理的动态发展。提炼出的5个维度及题项具体解释如下。

第一，营养健康。健康需求是消费者在填答问卷时强调最多的因素，也是消费者实施农产品伦理购买行为的主要动机。当代消费者非常具有健

---

① Cornish L S. Ethical consumption or consumption of ethical products? an exploratory analysis of motivations behind the purchase of ethical products [J]. Advances in Consumer Research，2013（41）：337-341.

② Hepting D H，Jaffe J，Maciag T. Operationalizing ethics in food choice decisions [J]. Agricultural Environment Ethics，2014（27）：453-469.

③ Singhal N. A study of consumer behavior towards organic food and the moderating effects of health consciousness [J]. The IUP Journal of Marketing Management，2017（3）：45-79.

康意识，在挑选食物时对健康的考虑会理性地压倒其他因素。消费者明确指出有益于健康长寿的农产品是他们的最佳选择，并且他们愿意为其支付更高的费用。在中国，符合农产品生长规律的季节性果蔬、有助于体重控制和疾病防范的低脂肪、低胆固醇、低热量的农产品也深受广大家庭的欢迎。同时，随着生活水平的提高，消费者越来越关注营养和品质。消费者愿意选择高蛋白质、维生素丰富和微量元素多的农产品，他们认为，这些产品有更高的营养价值和更好的味道。

第二，生态与安全。很多消费者表示非常担心有害化学物质对农产品的不利影响，这源于消费者对疾病的担忧。媒体曾揭示出化学物质与某些癌症存在必然联系。过度依赖化学肥料和农药的现代化农业已经对人体安全、环境和资源构成了危害，而且这种危害具备隐蔽性和长期性的特点。伦理购买成为消费者避开有害化学物质的途径之一。很多消费者在日常农产品购买中会关注生鲜超市或农贸市场里的信息公告栏，查看农药及化肥的使用情况说明和农药残留检测情况说明等关键信息。同时，消费者也关注有害化学物质在农产品的种植和养殖过程中对自然环境的破坏，更倾向于购买能有效防止污染的环境友好型农产品。

第三，认证与标识。这一维度的题项是本研究根据中国情境开发出来的。我国的农产品和食品认证始于20世纪90年代，目前已有三类，分别为无公害农产品、绿色食品和有机食品，级别由低到高。这三类认证的标准基于农产品和食品的产地环境、生产标准、生产方式、生产过程、安全、营养和品质等问题。无公害农产品认证的焦点在于对有毒有害物质的控制，确保农药及肥料的合理使用及农药残留符合标准；绿色食品认证关注农产品产地生态优良，产品优质营养；有机食品认证则对农产品生产基地和加工过程的要求更加严格，通常要求在生产过程中不使用农药、化肥、转基因技术、抗生素、生长调节剂等，更加天然、健康和环保。另外，我国也颁布和实施了专门的农产品包装和标识管理办法，规定有分级标准或者使用添加剂的产品必须标明产品质量等级或者添加剂名称。在信息不对称的情况下，国家认证和产品标识是消费者对农产品等级进行识别从而做出购买决策的有效方式之一。

第四，自然渠道。这一维度是本研究提炼出来的新维度。欧美发达国家的消费者在产品来源地问题上关注的焦点为是否本地生产①②，其出发点是支持本土或本地的农业生产，以及降低由长途运输带来的环境污染问题。而中国消费者在农产品来源问题上关注的是天然因素。与发达国家的农产品生产及加工的标准、过程和监管等环节的严控相比，我国存在较大差距。为了追求短期效应，人工养殖滥用违禁药和抗生素、使用催熟剂或其他激素类药物达到催熟和保鲜效果的现象屡禁不止，食用人工养殖的禽类或鱼虾致使儿童早熟、成人疾病等报道常见于各类媒体。因而，消费者更青睐农户自种果蔬、农户散养的家禽/蛋、非人工养殖的鱼虾等具备天然因素的农产品。例如，消费者偏好难以进行人工养殖的深海鱼，或者体型瘦长、反应迅速、光泽正常的淡水野生鱼虾。同时，消费者也认为，自然生长的农产品在口感和营养上更佳。例如消费者认为，农户散养的家禽/蛋在自然环境下生长，自由散漫，生长期较长，肉味鲜美，而养殖场的家禽/蛋主要食用饲料，营养成分和口感均受到影响。另外，消费者还关注人工养殖对生态环境造成的破坏。例如，在某些水域进行掠夺式鱼虾养殖会导致环境严重负荷；在局部水域进行结构单一的密集养殖会导致生态系统严重失衡。

第五，社会责任。消费者进行伦理购买的社会责任维度包含两部分：一为消费者对自身的社会责任要求；二为消费者对企业的社会责任要求。当前，消费者的购买模式发生了巨大转变。消费者已经做好了成为良好市民的准备，积极地支持伦理消费③，并在购买决策过程中以责任消费为导向④。例如，消费者会购买扶贫性质的农产品。同时，消费者也认为企业/零售商的经营活动有义务对环境、社会发展和公众带来积极

---

① Yan J, She Q. Developing a trichotomy model to measure socially responsible behaviour in China [J]. International Journal of Market Research, 2011, 53 (2): 253-274.

② Perez-Barea J J, Montero-Simo M J, Araque-Padilla R. Measurement of socially responsible consumption: lecompte's scale spanish version validation [J]. Int Rev Public Nonprofit Mark, 2015 (12): 37-61.

③ Maignan I, Ferrell O C. Nature of corporate responsibilities: perspectives from American, French, and German consumers [J]. Journal of Business research, 2003, 56 (1): 55-67.

④ Freestone O M, McGoldrick P J. Motivations of the ethical consumer [J]. Journal of Business Ethics, 2008, 79 (4): 445-67.

影响，企业/零售商需要履行社会责任，包括支持环保、参与社区建设、信息公开和披露等。

通过描述性统计分析，本研究计算出受访消费者在农产品伦理购买行为中各个维度的均值，具体见表3-15。其中，“营养健康”的得分排在首位，其次是“生态与安全”，再接下来是“认证与标识”和“自然渠道”，得分相对最低的是“社会责任”。这说明，在我国消费者的日常农产品购买伦理价值层次中，与健康、营养等因素相关的利己主义价值导向（egoistic value orientation）重要于与社会责任等因素相关的利他主义价值取向（altruistic value orientation）。

表3-15　农产品伦理购买行为量表各维度均值

维度	社会责任	生态与安全	认证与标识	营养健康	自然渠道
均值	4.320	4.800	4.722	5.123	4.628

二、被删除题项的讨论

农产品伦理购买行为量表的因子分析结果显示，最终被删除的题项共有5个，分别为：“B8购买小份装的农产品”、“B9只购买必需的农产品”、“B13购买遵循农作物或动物正常生长过程的农产品”、“B14购买简易包装的农产品”以及“B18购买进行慈善捐赠的企业/零售商的农产品”。

设计题项“B8购买小份装的农产品”、“B9只购买必需的农产品”和“B14购买简易包装的农产品”的目的在于考察消费者对农产品理性消费的实施情况。从理论分析上看，减少食物购买量、购买必需的农产品、购买简易包装等行为是拒绝浪费、适度消费、节约资源的重要途径，但实证分析却没有支持。可能的解释是，这些指标没能符合农产品在中国的消费情境。在西方饮食习惯中，食用冷冻食品的比例较高，食品购买频率少但单次购买量大，购买地点通常为超市。因此，西方消费者经常会面对购买大份装还是小份装以及购买何种包装的食品选择问题，消费能否做到理性很关键。而中国公众偏爱生鲜农产品，消费方式是日常购买，购买场所更偏好农贸市场。对于中国消费者而言，日常购买的农产品在数量和种类上是否达到理性并不是值得重视的问题，况且在农贸市场中，农产品量通常是自选，没有固定的小份装或大份装，也没有包装是否简易的问题，这导致相关测量题项在中国情境下失效。

题项“B13 购买遵循农作物/动物正常生长过程的农产品”被删除的原因在于其与“季节性果蔬”、“农户散养”、“非人工养殖”、“农户自种”等题项均有关联，导致该题项负荷在多个因子上归属性模糊。

题项“B18 购买进行慈善捐赠的企业/零售商的农产品”原旨在评估消费者对企业承担社会责任情况的行为反应。在西方文献中，“慈善捐赠”是被频繁应用的评估指标之一，消费者据此判断企业是否承担了社会责任，从而确定自身的伦理购买决策。前人的研究显示，伦理消费者会倾向于选择购买那些实施过慈善行为的企业的产品。然而本研究的结果却显示，此题项并不具备良好的代表性。可能的解释是，在中国消费者的伦理意识中，实施捐赠行为的伦理利己因素要远远大于利他因素，企业并不是出于完全的真心实意。这验证了我国学者邓新明等人（2011）的观点，在其对消费者伦理响应机制所进行的研究中指出，相当一部分消费者对捐赠这样的企业伦理行为产生负响应，认为捐赠是一种伪善的营销策略，具有商业目的却披着慈善的外衣，是彻底的“做秀”和“沽名钓誉”①。另一个可能的解释是，由于目前我国慈善捐赠的具体运作情况并没有做到完全公开和透明，多数消费者对企业所承诺捐赠的实施情况并不了解。于是，消费者会产生诸多疑问：企业是真的进行了捐赠还是“诈捐”？捐赠金额究竟是多少？捐赠款项的具体用途和详细使用情况如何？这些疑问导致消费者对企业捐赠并没有做出正向响应。

值得注意的是，在探索性因子分析中，被删除题项的旋转后因子负荷量非常接近临界值。在验证性因子分析中，被删除题项的检验计算值也十分接近临界值。这提示我们，当检测的样本量增大时，这些题项是否可列入量表讨论范围内需要做进一步的观察和评估。

三、管理启示

本研究构建了一个结构清晰、内容完整的中国情境下的农产品伦理购买行为量表，这有助于界定农产品伦理购买行为的内涵和结构层次，对深

---

① 邓新明，田志龙，刘国华，等．中国情景下企业伦理行为的消费者响应研究[J]．中国软科学，2011（2）：132-153.

入理解农产品购买的特殊性有重要的理论价值。同时，农产品伦理购买行为测量研究也对企业制定和实施有效的伦理营销策略、政府实施有针对性的管理和调控有重要的实践意义。

第一，量表有助于生产企业对伦理消费者细分市场进行深入了解，明晰他们的具体伦理需求，从而开发具有吸引力的伦理经营策略。例如，在营销实践中突出无污染、纯天然、营养丰富、履行社会责任等差异化的伦理特点，升级品牌形象，吸进目标顾客。另外，农产品伦理购买行为量表为企业进行自我测评，发现营销道德的薄弱环节提供了依据。量表能让企业明晰自身道德行为对营销绩效的影响，主动提升生产和营销的伦理水平，从而获得消费者的信赖和支持。

第二，从消费者的问卷结果来看，农产品伦理购买 5 个维度的均值界于 4.320～5.123 之间，这表明，现阶段我国消费者对农产品购买较为重视。并且，消费者的实际购买行为揭示了“营养健康”、“生态与安全”居于首要地位，其次是“认证与标识”和“自然渠道”，接着是“社会责任”。可见，人们更加重视对农产品卖家的约束防范性要求，即不侵害消费者的利益，保证食品健康、营养、安全。再次是认证、渠道等方面的要求。最后才是社会回报等进取性行为的要求。这给企业传递的信息是，在营销过程中，首要任务是踏踏实实、不折不扣地履行最基本也是最重要的义务。例如，严格执行安全标准认证，提升农产品的安全和可追溯性。公众对食品安全、营养健康的评判是建立在长期观察与体会基础之上的，企业不能妄图在短期内通过某些一时行为，如在某段时间里强力宣传来获取消费者青睐。另外，企业要加强对产品认证的重视，规范产品标识，并且积极承担和履行社会责任，参与环保，承担社区建设，参加公益事业。

第三，根据农产品伦理购买行为量表，政府可以有针对性地对企业进行调控，例如，加强对农产品供应链各个环节的监督和管理、建立和完善农产品可追溯制度；对企业的社会责任决策和行为施加影响；鼓励大型超市、现代化农贸市场等规范化的农产品零售商的发展；增加消费者的选择空间，保障消费者的知情权。实践证明，大型超市和现代化农贸市场的商品种类、配套服务、农产品信息披露、购买舒适度等方面显著影响消费者的伦理购买。

第六节　本章小结

中国自古强调“民以食为天”，农产品消费的重要性在我国居民的日常生活中体现得淋漓尽致。然而，伦理消费主义是在西方文化和价值观下产生、发展和传播而来的。农产品消费的习惯、特点和方式在不同的文化背景下会有差异。因此，我国的农产品伦理消费研究不能完全套用西方模式。开发中国文化背景下的农产品伦理购买行为量表是必要和重要的，高质量的测量量表是实证研究的基础。

本研究对农产品伦理购买行为量表的开发采用了科学的程序和方法。第一阶段基于农产品伦理购买行为的内涵界定和价值导向，结合国内外伦理购买的相关成果和已成熟的农产品伦理购买行为量表，提出初始题项；第二阶段运用小组讨论、专家访谈、小范围调查等方式修正测量维度和题项；第三阶段展开问卷调查，采用量化的方法对前期结论做进一步的探索和验证，通过因子分析和信效度分析对前测数据和大样本调查数据进行检测，形成正式量表。

本研究最终确定农产品伦理购买行为包括 5 个维度：生态与安全、营养健康、认证与标识、社会责任、自然渠道，共 17 项指标，测量量表有较好的信度和效度，具备内容整体性和结构清晰性，具体见表 3-16。

表 3-16　农产品伦理购买行为的构成维度和正式题项

维度	题项编号	正式题项
社会责任	B19	购买信息对称的企业/零售商的农产品
	B20	购买环保参与的企业/零售商的农产品
	B21	购买参与社区建设的企业/零售商的农产品
	B22	购买扶贫性质的农产品
生态与安全	B6	购买化肥、农药残留检测合格的农产品
	B7	购买药物合理使用的农产品
	B15	购买环境友好的农产品

续表

维度	题项编号	正式题项
认证与标识	B1	购买无公害认证农产品
	B2	购买绿色认证农产品
	B3	购买有机认证农产品
	B4	购买无人工添加成分（如防腐剂、漂白剂、着色剂、凝固剂等）的农产品
营养健康	B5	购买季节性果蔬
	B16	购买营养丰富（如多维生素、高蛋白质、多微量元素）的农产品
营养健康	B17	购买健康（如低脂肪、低热量、低胆固醇含量）的农产品
自然渠道	B10	购买农户散养的家禽/蛋
	B11	购买农户自种的果蔬
	B12	购买非人工养殖的鱼虾

第四章

农产品伦理购买行为影响因素研究模型的构建与假设的提出

本章基于社会心理学和伦理决策相关理论以及国内外研究文献，在理论上梳理农产品伦理购买行为的影响因素并分析其可能的影响路径，从而构建农产品伦理购买行为影响因素研究模型。具体分为3个部分：首先，在现有研究成果的基础上提取农产品伦理购买行为影响因素并进行适当修正，同时结合中国文化背景和农产品消费实际状况引入可能对农产品伦理购买行为产生影响的新解释变量；其次，根据各个解释变量之间的关系和其对农产品伦理购买行为的影响路径提出本研究的假设；最后，对构建出的农产品伦理购买行为影响因素研究模型给予综合分析。

第一节　农产品伦理购买行为影响因素的提取

现有的研究文献显示，在消费者行为研究领域，研究者运用认知模型来解释购买决策过程，其中最常用的是计划行为理论①，它从社会心理学角度揭示了购买行为产生的影响因素。而在伦理决策研究领域，Hunt 和 Vitell（1986、1993）的模型被广泛地应用于评价消费者伦理。计划行为理论的创始人 Ajzen（1991）曾表示，把伦理决策理论与计划行为理论结合起来是合理的，这样可以增加 TPB 模型对伦理问题的解释和预测力度②。本研究以计划行为理论和 Hunt 和 Vitell（1986、1993）的伦理决策模型为基本的研究框架，针对农产品的特点和中国的文化背景，对消费者伦理购买的影响因素进行梳理。

一、计划行为理论和伦理决策理论研究框架下的变量

（一）农产品伦理购买态度

根据 Ajzen（1991、2002），个体会对行为产生正面或负面的感觉，行为的态度是指个体对实施某项行为的综合评价③。Fishbein 和 Ajzen（1975）采用信息处理的方法来研究态度的形成，认为行为的态度是由个体对行为所持有的信念发展而来的。人们会通过把一种行为与某些属性或特质联系起来以此形成对它的信念，而每种信念会将行为与其行为结果（如实施这种行为所带来的效益或产生的成本）联系起来。人们会对行为结果达到自身期望的行为给予支持态度，而对那些结果达不到自身期望的行为给予不利态度。这也就是说，态度受到对行为可能结果的信念以及对这些可能结果评价的影响。每种信念与信念属性的主观评价结果乘积之和为综合信念指数。个体对行为的态度与这个综合信念指数成正比。Hunt 和 Vitell（1993）的伦理决策模型中用道德评判（ethical judgment）来指代态度，它受到道义论和目的论的双重影响④。

---

① Carrington M J，Neville B A，Whitwell G J. Lost in translation：exploring the ethical consumer intention-behavior gap［J］. Journal of Business Research，2014，67（1）：2759-2767.

② Ajzen I. The Theory of planned behavior［J］. Organizational Behavior and Human Decision Processes，1991（50）：179-211.

③ Ajzen I. Residual effects of past on later behavior：Habituation and reasoned action perspectives［J］. Personality and Social Psychology Review，2002（6）：107-122.

④ Hunt S D，Vitell S. Ethics in marketing［M］，Homewood，IL：Irwin，1993.

态度在行为研究中一直受到高度重视，它被作为行为倾向或意图的最重要的直接前因变量之一。消费者的道德信念对其消费行为具有很大影响①，对伦理产品拥有一个积极的态度是进行伦理消费的重要起点②。Magistris 和 Gracia（2008）认为，持有有机食品更健康、质量更好信念的消费者对有机食品会产生积极态度，继而正向影响他们的伦理购买决策③。另外，鉴于消费者的价值态度通常会与行为保持一致④，当消费者持有做一个承担责任的公民的伦理态度时，消费者也会产生与这种自我形象一致的行为，从而成为伦理消费者⑤。

本研究认为，农产品伦理购买态度（ethical purchasing attitude toward agricultural products）是指消费者对实施农产品伦理购买行为的综合评价。如果消费者持有伦理农产品更健康、更环保、对社会的可持续发展更有益、公民需要肩负社会责任等信念，并期望获得这些结果，那么消费者对伦理农产品的综合信念指数值就高。综合信念指数值越高，消费者对农产品伦理购买的态度就越积极。对伦理农产品持积极态度的消费者更有可能形成购买它的强烈意图，从而实施伦理购买行为。故而，本研究将农产品伦理购买态度列为消费者农产品伦理购买行为的影响因素之一。

（二）感知行为控制

感知行为控制是 Ajzen（1985）对理性行为理论进行完善后引入的一个新变量。它是指个体对实施某项行为难易程度的感知，反映了个体过去

---

① Brunk K H. Exploring origins of ethical company/brand perceptions—a consumer perspective of corporate ethics [J]. Journal of Business Research，2010，63（3）：255-262.

② Vermeir I，Verbeke W. Sustainable food consumption：exploring the consumer "attitude-behavioral intention" gap [J]. Journal of Agricultural and Environmental Ethics，2006（19）：169-194.

③ Magistris T D，Gracia A. The decision to buy organic food products in Southern Italy [J]. British Food Journal，2008（110）：929-947.

④ Prentice D. Psychological correspondence of possessions，attitudes and values [J]. Journal of Personality and Social Psychology，1987，53（6）：993-1003.

⑤ Berne-Manero C，Pedraja-Iglesias M，Ramo-Saez P A. Measurement model for the socially responsible consumer [J]. Int Rev Public Nonprofit Mark，2014（11）：31-46.

的经验以及预期的阻碍①。Ajzen（2002）将感知行为控制概念转化为可控性（controllability）和自我效能（self-efficacy）两方面②。可控性是指消费者对购买行为是否能够进行的把控程度，如购买便利、产品相关知识的信息来源等；自我效能是指个人规划、实施和变更购买行为的难易程度，如时间、自控力、技巧、能力等。Hunt 和 Vitell（1993）的伦理决策模型中也有行为控制因素（action control），它是指在特定情境下，个体能实施意图的实际控制能力③。

在本研究中，感知行为控制（perceived behavioral control，PBC）是指消费者对实施农产品伦理购买行为难易程度的感知。当消费者获得伦理农产品的资源与机会多且阻力少时，消费者对农产品伦理购买的感知行为控制就强，其伦理购买意向会随之增强，伦理购买行为最终实施的可能性就大。比如，当消费者能通过多种渠道获取关于伦理农产品的信息，对伦理购买相关知识的理解、记忆和掌握能力强，用伦理标准进行实际购买行为的可能性高，则消费者就容易进行伦理购买。相反，当消费者认为实施伦理购买行为很难操控时，其感知行为控制弱，伦理购买意向也会随之减弱，伦理购买行为最终实施的可能性就低。比如，当伦理农产品未得到充分的知识推广和市场推广而导致消费者缺乏资源和购买机会时，或农贸市场和生鲜超市里稀缺伦理农产品而导致消费者购买不便利时，又或是伦理农产品溢价过高而消费者没有足够的经济实力时，消费者就很难形成规律性购买。

鉴于此，本研究认为，这种体现在对情境控制程度（外部）的评估和对自身能力（内部）的评估两方面④的感知行为控制对消费者农产品伦理购买意图和行为存在着重要的影响，故而将其纳入本研究的影响因素模型中。

---

① Ajzen I. From intentions to actions：a theory of planned behavior [J]. Advances in Experimental Social Psychology，1985，22（8）：11-39.

② Ajzen I. Residual effects of past on later behavior：habituation and reasoned action perspectives [J]. Personality and Social Psychology Review，2002（6）：107-122.

③ Hunt S D，Vitell S. Ethics in marketing [M]. Homewood，IL：Irwin，1993.

④ Mark，Conner，Christopher. Extending the theory of planned behavior：a review and avenues for further research [J]. Journal of Applied Social Psychology，1998（1）：3-13.

(三) 农产品伦理购买意图

在计划行为理论、Hunt 和 Vitell (1986、1993)、Jones (1991) 等众多伦理决策模型中，意图都是行为的前置因素。Ajzen 和 Icek (1973) 认为，行为意图是指为了得到预期目标，在特定情境下实施某一具体行动的意愿①。Ferrell 和 Gresham (1985) 把意图定义为参与伦理或非伦理行为的潜在目的②。Hunt 和 Vitell (1986) 认为，意图是指人们做出特定行为选择的可能性③。

大量的现有研究表明，态度往往是行为的劣质预测者④，而强烈的意图却是目标导向行为的核心预测因素⑤。意图的形成体现了目标的设定，表明了人们致力于达到想要的结果或致力于实施想要的行为，它是通往行为道路上的第一道门⑥。意图若不强烈，那么行为实施的可能性就会变得薄弱。

综上所述，本研究将农产品伦理购买意图定义为消费者实施农产品伦理购买行为的意愿和可能性，并将其列为农产品伦理购买行为的重要影响因素之一。

二、中国文化背景下基于计划行为理论的修正变量

尽管计划行为理论模型被认为是解释和预测消费者购买意图和行为的强有力的理论模型之一，但也有一些学者提出，该模型是建立在美国消费

---

① Ajzen I, Icek. Attitudinal and normative variables as predictors of specific behaviors [J]. Journal of Personality and Social Psychology, 1973, 27 (1): 41-57.

② Ferrell O C, Gresham L G. A contingency framework for understanding ethical decision making in marketing [J]. Journal of Marketing, 1985, 49 (3): 87-96.

③ Hunt S D, Vitell S. A general theory of marketing ethics [J]. Journal of Macromarketing, 1986 (6): 5-15.

④ Ajzen I. Residual effects of past on later behavior: habituation and reasoned action perspectives [J]. Personality and Social Psychology Review, 2002 (6): 107-122.

⑤ Armitage C J, Conner M. Efficacy of the theory of planned behaviour: a meta-analytic review [J]. British Journal of Social Psychology, 2001 (40): 471-499.

⑥ Gollwitzer P M. Implementation intentions: strong effects of simple plans [J]. American Psychologist, 1999, 54 (7): 493-503.

者行为理论基础上的，具有西方文化偏见①，在针对其他国家和文化背景时，需要进行一定程度的修改②。对计划行为理论模型进行的跨文化研究显示，伦理消费行为在不同的价值体系背景下的表现是具有差异性的，这取决于特定国家和地区的价值观、原则和社会经济条件③。Maignan（2001）发现，拉丁美洲消费者的价值观正由传统转向理性，消费者倡导自我表达和公民责任，对环境保护以及参与经济和政治决策的要求增高④。Lee 和 Shin（2010）指出，在中国香港，伦理消费是身份的象征，青年人购买伦理产品和服务的重要原因之一是满足自身心理需求和期望被高层次群体接受⑤。Yan 和 She（2011）发现，亚洲国家更加突出民族主义特征，强调企业家精神作为国家发展和伦理进步的引擎⑥。Perez-Barea 等人（2015）指出，美国、法国和西班牙消费者的伦理购买行为表现不同。例如，适度购买这一因素对西班牙消费者更重要⑦。经很多学者证实，跨文化修正后的计划行为理论模型对行为的解释力会更好⑧。鉴于此，本研究将反映中国消费文化特点的变量群体依从和面子意识引入计划行为理论模型中，建立中国背景下的计划行为理论的修正模型。

---

① Tuten T L，Urban D J. Specific responses to unmet expectations：the value of linking Fishbein's theory of reasoned [J]. International Journal of Management，1999（3）：11-21.

② Lee，Chol，Robert T. Green，cross-cultural examination of the Fishbein behavioral intentions model [J]. Journal of International Business Studies，1991（2）：289-304.

③ Castano L E V，Perdomo-Ortiz J，Ocampo S D，et al. Socially responsible consumption：an application in Colombia [J]. Business Ethics：A European Review，2016，4（25）：460-481.

④ Maignan I. Consumers' perceptions of corporate social responsibilities：a cross-cultural comparison [J]. Journal of Business Ethics，2001，30（1）：57-72.

⑤ Lee K H，Shin D. Consumers responses to CSR activities：the linkage between increased awareness and purchase intention [J]. Public Relations Review，2010，36（2）：193-195.

⑥ Yan J，She Q. Developing a trichotomy model to measure socially responsible behaviour in China [J]. International Journal of Market Research，2011，53（2）：253-274.

⑦ Perez-Barea J J，Montero-Simo M J，Araque-Padilla R. Measurement of socially responsible consumption：lecompte's scale spanish version validation [J]. Int Rev Public Nonprofit Mark，2015（12）：37-61.

⑧ 李东进，吴波，武瑞娟. 中国消费者购买意向模型——对 Fishbein 合理行为模型的修正 [J]. 管理世界，2009（1）：24-39.

（一）群体依从

Ajzen（1991）认为，个体在实施或不实施某项行为时会感受到一系列的社会压力，即主观规范。这种压力源于重要他人、相关群体以及社会规范，而压力的大小取决于个体对压力源的看重程度以及遵从它们的可能性①。

在消费领域，Belk（1975）指出，消费者在购物活动中会受到他人和社会规范因素的影响，如家人的预期，以及朋友、同事和熟人的看法、社会主流价值观等②。Pool 和 Schwegler（1998）的研究显示，消费者坚信重要他人的行为是合理的，尤其是在自身不确定的情况下。消费者具有遵从群体规范的动机，他们认为社会外界给予的行为规范是重要标杆③。

在伦理决策领域，Ferrell 和 Gresham（1985）指出，道德决策行为会受到重要他人或相关群体的影响④。Vermeir 和 Verbeke（2006）指出：一部分之前对农产品伦理购买态度不积极的消费者会在同龄人购买行为的压力下产生购买意图；一部分消费者声称他们会购买伦理农产品是源于他们对社会规范的信仰；一部分消费者进行农产品伦理购买是因为他们觉得朋友和家人会对自己这样的行为非常赞赏；还有一部分消费者购买伦理农产品是出于社交需求⑤。Cornish（2013）在对消费者的访谈中发现，人际关系是进行伦理消费的强有力的促进因素。很多消费者购买伦理产品是因为社会同化、社会规范或取悦于重要他人。比如，有些消费者表示，因为自己的孩子在学校里学习了伦理购买的相关知识，回家要求他们购买伦理

① Grimmer M，Miles M P. With the best of intentions：a large sample test of the intention-behaviour gap in pro-environmental consumer behaviour [J]. International Journal of Consumer Studies，2017（41）：2-10.

② Belk R. Situational variables and consumer behaviour [J]. Journal of Consumer Research，1975（2）：157-164.

③ Pool G J，Schwegler A F. Differentiating among motives for norm conformity [J]. Basic and Applied Social Psychology，1998（29）：47-60.

④ Ferrell O C，Gresham L G. A contingency framework for understanding ethical decision making in marketing [J]. Journal of Marketing，1985，49（3）：87-96.

⑤ Vermeir I，Verbeke W. Sustainable food consumption：exploring the consumer "attitude-behavioral intention" gap [J]. Journal of Agricultural and Environmental Ethics，2006（19）：169-194.

产品，他们便会欣然答应并行动①。Grimmer 和 Miles（2017）的研究显示，如果环保购买行为在消费者的朋友和家人中有足够的支持，消费者就更容易去执行他们的环保购买计划②。

中国具有注重集体主义、和谐和群体导向的文化特征，消费者的伦理购买行为更很容易受到群体规范的影响。Yau 和 Oliber（1988）指出，在中国的文化价值体系中，社会关系主要由 4 种成分构成，分别是敬重权威、群体依从、相互依赖和面子意识③。李东进等人（2009）也提出，中国文化在社会关系中最重要的体现为群体导向和面子意识④。《2019 中国可持续消费报告》的调研结果显示，44.13%的消费者表示伦理购买受到家人或朋友的影响，超过 33.3%的消费者表示，当伦理消费成为社会时尚的生活方式时，他们会进行伦理购买⑤。

本研究认为，在农产品的伦理购买上，中国消费者会受到群体规范的影响从而服从他人或群体的期望。原因如下：第一，伦理农产品在中国是一个新鲜的概念，在不确定的情况下，消费者倾向于向周围人和社会寻求最有效的行动信息，规避不确定性；第二，东方文化下的中国消费者更害怕嘲笑，害怕被孤立，常常采取与周围人和社会一致的行为以得到认同，满足社会期望，得到归属感，获得奖励或避免惩罚⑥；第三，中国消费者希望周围的人能对自己的伦理消费水准和伦理消费方式给予积极的评价，希望周围的人知晓并认可自己的伦理消费行为所反映出来的社会身份和角色。

---

① Cornish L S. Ethical consumption or consumption of ethical products? an exploratory analysis of motivations behind the purchase of ethical products [J]. Advances in Consumer Research，2013（41）：337-341.

② Grimmer M，Miles M P. With the best of intentions：a large sample test of the intention-behaviour gap in pro-environmental consumer behaviour [J]. International Journal of Consumer Studies，2017（41）：2-10.

③ Yau，Oliber H M. Chinese cultural values：their dimensions and marketing implications [J]，European Journal of Marketing，1988，22（5）：44-57.

④ 李东进，吴波，武瑞娟. 中国消费者购买意向模型——对 Fishbein 合理行为模型的修正 [J]. 管理世界，2009（1）：24-39.

⑤ 2019 中国可持续消费研究报告 [EB/OL]. http：//www. syntao. com/newsinfo/2171428. html.

⑥ Bao Y Q，Zheng Z，Su C Q. Face consciousness and risk aversion：do they affect consumer decision-making? [J]. Psychology and Marketing，2003，20（8）：733-755.

综上所述，本研究将群体依从（group norm）定义为消费者服从群体进行农产品伦理购买的意愿，并将之列为中国文化背景下影响消费者农产品伦理购买行为的解释变量之一。

（二）面子意识

中国消费者在进行购买决策时除了受到态度和群体依从的影响，也会单独考虑面子问题[①]，面子、态度、群体依从属于同一层次的变量，它们都会对消费者的购买意图产生直接影响。

面子内涵丰富，是一种复杂的社会心理现象，也是中国人最看重的价值维度之一。林语堂和郝志东（1994）指出，脸面是一种符号资本，触及中国人心里微妙而细腻的地方[②]。人们渴望良好的自我形象和有利的社会形象，面子意识所引发的身份定位和身份表达会影响消费者的购买决策[③]。

研究者们认为，面子概念包括“脸”和“面”，体现着自我要求（“我”怎样看自己）和社会要求（“他们”怎么看“我”）两个方面。“脸”是一种自我要求的心理建构，是自我形象在社会中的投射，源自内化的自我制约，代表着个体对道德规范的重视和对自我成就的期许。“脸”是道德性面子，通过道德情感和道德情绪的愉悦，促使消费者实施亲近环境与亲近社会购买行为；而“面”是一种社会要求的外在建构，源自社会群体的赋予，代表着个体对社会身份和地位、社会声望、社会赞许和成就的期望。“面”是社会性面子，通过社会形象的展示，促使消费者在其支付能力允许的情况下，做出更高生活品质的购买行为[④]。

从心理学角度来看，面子代表着个体的自尊、自我形象和认定，正如Early（1997）将面子定义为对自身行为是否符合道德规范以及自身在社会

---

① 宋晓兵．感知面子对行为意向影响的跨文化比较研究［J］．预测，2012，31（4）：9-14.

② 林语堂，郝志东．中国人［M］．上海：学林出版社，1994.

③ Sun G，Chen J，Li J. Need for uniqueness as a mediator of the relationship between face consciousness and status consumption in China［J］. International Journal of Psychology，2017，52（5）：349-353.

④ 施卓敏，郑婉怡，邝灶英．中国人面子观在RM和FM模型中的测量差异及其对绿色产品偏好的影响研究［J］．管理学报，2017，14（8）：1208-1218.

结构中所处地位的自我评价①；从社会学角度来看，面子代表着社会认可、成就认同和尊敬顺从，正如 Goffman（1967）将面子解释为一种被认可和被尊重的意象，是个体极力争取的社会正向价值②。我国学者施卓敏等人（2017）将这两种观念进行了融合，把面子意识解释为一种效应，它反映了个体对自身行为是否合乎道德，以及自身行为在周围人心中形象的在意③。结合前人的观点，本研究将面子意识定义为消费者在购买过程中所产生的自我认定和社会认可的感知价值，它既包括消费者的主观自我诉求价值，也包括消费者被他人感知的社会形象价值。

面子是东方文化下消费者购买决策研究强有力的切入点，近年来越来越多地被作为重要概念运用于对中国消费者的购买行为研究中④。以往，关于面子的研究局限于其对奢侈品（如昂贵的手表和箱包）等的炫耀性消费研究。然而，随着经济的飞速增长和消费结构的深刻变革，面子的影响具有了普遍性，它体现在日常消费的各个方面，包括农产品购买。正如 Sun 和 Collins（2006）指出的那样，消费者对食物的追求不仅停留在基本的生存性需要上，还体现在社会地位和声望需要上⑤。本研究将面子意识列为农产品伦理购买行为的影响因素之一。

三、引入可能的新解释变量

计划行为理论从个体的认知过程出发分析了影响行为的内部因素，对行为意图的产生做出了较好的阐释，但它却无法对现实消费中存在的“意图—行为”差距给予合理的解释。Sutton（1998）指出，计划行为理论中

---

① Early P C. Face，harmony，and social structure：an analysis of organizational behavior across cultures [M]. Oxford：Oxford University Press，1997.

② Goffman E. On face-work：an analysis of ritual elements in social interaction [M]. New York：Interaction Ritual Anchor Books，1967.

③ 施卓敏，郑婉怡，邝灶英．中国人面子观在 RM 和 FM 模型中的测量差异及其对绿色产品偏好的影响研究 [J]. 管理学报，2017，14（8）：1208-1218.

④ 郭晓林，林德荣．中国本土消费者的面子意识与消费行为研究述评 [J]. 国外经济与管理，2015，37（11）：63-71.

⑤ Sun X，Collins R. Chinese consumer response to imported fruit：intended uses and their effect on perceived quality [J]. International Journal of Consumer Studies，2006，30：179-188.

的“态度”、“主观规范”和“感知行为控制”对“意图”的解释方差达到40%～50%，而“意图”和“感知行为控制”对“行为”的解释方差仅为19%～38%①。计划行为理论受到了大量的批评，学者们深刻地意识到从“意图”到“行为”的中间过程尚处于未开发阶段②。同时，计划行为理论也未将外部环境，如营销刺激等变量，纳入行为的影响因素中，导致其对行为的解释并不充分。本研究对“意图—行为”差距做出了进一步思考，引入由“意图”到“行为”过程中起到重要作用的新解释变量，力图对农产品伦理购买行为做出更完善的解释。

（一）农产品伦理购买执行意图

决策由两部分构成：意图和执行意图。前者为决策者对特定目标的自我承诺，后者为决策者对如何达到目标制定的具体规划③。这也就是说，购买意图仅仅是一个信号，表明消费者产生了目标愿望，而执行意图则表明了消费者要将这个愿望付诸实践，包含具体的实施愿望的计划。

Ajzen（2002）指出，弱的态度、不稳定的意图和不充分的行为控制会导致预期行为的失败，造成计划行为理论的解释力降低，需要引入执行意图变量④。执行意图（implementation intention）一词源于社会心理学领域，最早由Gollwitzer（1993）提出，它反映了人们对意图进行详细规划的过程⑤。它是一种自我监管策略或计划，通过将意图与具体预期情境相结合的方式带来更好的目标实现。它帮助个体改变习惯，达成目标行为的实施。执行意图与两个因素相关：第一，行为意向；第二，具体的情境。例如，当消费者产生伦理购买意图“我打算购买放心猪肉”时，表明

① Sutton S. Predicting and explaining intentions and behavior：how well are we doing? [J]. Journal of Applied Social Psychology，1998（28）：1317-1338.

② Eagly A H，Chaiken S. The psychology of attitudes [M]. TX：Harcourt Brace Jovanovich，1993.

③ Dholakia U M，Bagozzi R，Gopinath M. How formulating implementation plans and remembering past actions facilitate the enactment of effortful decisions [J]. Journal of Behavioural Decision Making，2007（20）：343-364.

④ Ajzen I. Residual effects of past on later behavior：habituation and reasoned action perspectives [J]. Personality and Social Psychology Review，2002（6）：107-122.

⑤ Gollwitzer P M. Goal achievement：the role of intentions [J]. European Review of Social Psychology，1993，4（1）：141-185.

消费者具有了行为意向，但这个行为意向可能会比较抽象与模糊，当它与具体的情形“家乐福周六打折”联系起来时，就容易形成执行意图“我打算周六下午去购买 3 斤家乐福里的‘放心猪肉’，因为他们每周六都会打折”。

形成执行意图的作用在于：第一，事先预想一个具体的情境，在脑海里记忆和强化，帮助人们有效地将目标转化为行为，也帮助消费者打破固有的传统购买习惯，使伦理购买更容易①；第二，将目标与情境结合，避免购物中的分心。当好时机来临时，人们更容易识别，行为会自动被激发出来②。

执行意图变量被广泛地应用于伦理消费行为研究中，主要用于解释“意图—行为”差距。Gollwitzer（1997）的研究表明，执行意图比意图要更容易导致行为的产生。在其实验中发现，执行意图提升了目标的达成率，明显地帮助受测者开始了他们的行动③。Carrington 等人（2010）指出，在伦理消费情境中，执行意图或计划是意图和行为的关键中间环节④，随后的众多研究支持了这个主张⑤⑥。执行意图是形成道德习惯的必要条件。具体的计划一旦制订和形成，并通过反复实施，使伦理购买逐渐变成

---

① Carrington M J, Neville B A, Whitwell G J. Lost in translation: exploring the ethical consumer intention-behavior gap [J]. Journal of Business Research, 2014, 67 (1): 2759-2767.

② Webb T, Sheeran P, Luszczynska A. Planning to break unwanted habits: habit strength moderates implementation intention effects on behavior change [J]. British Journal of Social Psychology, 2009 (48): 507-523.

③ Gollwitzer P M. Implementation intentions and effective goal pursuit [J]. Journal of Personality and Social Psychology, 1997 (2): 34-42.

④ Carrington M J, Neville B A, Whitwell G J. Why ethical consumers don't walk their talk: towards a framework for understanding the gap between the ethical purchase intentions and actual buying behaviour of ethically minded consumers [J]. Journal of Business Ethics, 2010 (97): 139-158.

⑤ Hassan L M, Shiu E, Shaw D. Who says there is an intention-behavior gap? assessing the empirical evidence of an intention behavior gap in ethical consumption [J]. Business Ethics, 2016 (136): 219-236.

⑥ Grimmer M, Miles M P. With the best of intentions: a large sample test of the intention-behaviour gap in pro-environmental consumer behaviour [J]. International Journal of Consumer Studies, 2017 (41): 2-10.

习惯。相反，没有经过计划的意图会触发非道德习惯，取代伦理意图①。

综上所述，本研究将农产品伦理购买执行意图（ethical purchasing implementation intention toward agricultural products）定义为消费者将农产品伦理购买意图转化为行动的具体实施计划，并将其纳入农产品伦理购买行为影响因素模型中的解释变量。本研究认为，消费者产生购买意图后，执行意图会驱使消费者完成一系列购买决策，包括伦理购买问题识别、信息收集、评价可供选择的方案、做出决定以及进行购后评价。在这个决策过程中，消费者会具体计划购买哪些伦理农产品、选择哪种品牌、在哪里购买、什么时候购买以及购买数量是多少等具体事项。

（二）购买情境

"意图—行为"差距不仅仅由消费者的认知过程决定，还受到大脑之外的环境因素的影响。根据 Belk（1975）的定义，情境（situation）是指在特定时间里，个体所经历的由总体环境带来的短暂遭遇②。在消费者行为背景下，情境是指购物环境中的瞬时的偶然因素，这些因素会促进或阻止伦理购买行为的产生。

在 Trevino（1986）的个人与情境交互作用模型中，情境因素被认定为影响道德决策的最主要的因素之一③。Sutton（1998）将运用计划行为理论模型的文献进行了汇总与分析，建议研究者把更多的注意力放在情境因素上④。科特勒和凯勒（2017）指出，根据"刺激—行为主体—行为"（stimulus-organism-response，SOR）反应模型，消费者的购买行为会受到外部刺激的影响⑤。Antonetti 和 Maklan（2015）的研究也表明，消费

---

① Carrington M J，Neville B A，Whitwell G J. Lost in translation：exploring the ethical consumer intention-behavior gap [J]. Journal of Business Research，2014，67（1）：2759-2767.

② Belk R. Situational variables and consumer behaviour [J]. Journal of Consumer Research，1975（2）：157-164.

③ Trevino L K. Ethical decision making in organizations：a person-situation interactionist model [J]. Academy of Management Review，1986，11（3）：601-617.

④ Sutton S. Predicting and explaining intentions and behavior：how well are we doing? [J]. Journal of Applied Social Psychology，1998（28）：1317-1338.

⑤ 科特勒，凯勒．营销管理 [M]. 王永贵，何佳讯，陈荣，等，译．上海：格致出版社，2017.

者会对营销刺激产生积极的反应，从而产生购买行为①。根据 Belk (1975)② 和 Carrington 等人（2010）③ 的研究，环境因素分为五大部分：物质环境，即营销环境的物理特征，如商店地址、产品陈列及其可见性、灯光、声音、店内装饰、替代产品的价格比较等；社会环境，即在购物或消费活动中的人际互动情况，反映了他人对消费者的购物影响，如是否有其他人在场、他们与消费者的角色关系是什么、他们与消费者的互动是怎样的等；时间因素，即与情境参与者的时间相关的情况，反映了消费发生的时机和消费者可以支配时间的充裕程度，如购买时间限制、自上次购买到现在的时间跨度等；购买任务，即消费者购买或获取产品的目的、具体要求或产品使用场合，如消费者购买产品是为了自己使用还是赠送他人、消费者是有意购买还是为了收集产品相关信息等；先行状态，即消费者购买前的短期情绪，如焦虑、兴奋、愉快、敌意等，或瞬间状态，如疲倦、疾病、缺乏现金等。这五大环境因素均对消费者购买行为产生显著影响。其中，时间因素、购买任务和先行状态是企业无法或很难控制与影响的因素。物质环境与社交环境是企业可以掌控或施加影响的因素，属于营销情境，它们是本研究探讨的焦点。

由此，本研究将购物情境（purchasing situation）定义为消费者在农产品购买过程中所感知的购物环境，并将其列入农产品伦理购买行为影响因素之一。

综上所述，通过对相关经典理论和国内外研究文献的分析与总结，结合农产品伦理购买影响因素及其作用机制研究的需要，笔者提取了农产品伦理购买态度、群体依从、面子意识、感知行为控制、农产品伦理购买意图、农产品伦理购买执行意图、购买情境 7 个因素作为解释变量纳入研究

---

① Antonetti P，Maklan S. How categorisation shapes the attitude-behaviour gap in responsible consumption [J]. International Journal of Market Research，2015，57 (1)：51-72.

② Belk R. Situational variables and consumer behaviour [J]. Journal of Consumer Research，1975 (2)：157-164

③ Carrington M J，Neville B A，Whitwell G J. Why ethical consumers don't walk their talk：towards a framework for understanding the gap between the ethical purchase intentions and actual buying behaviour of ethically minded consumers [J]. Journal of Business Ethics，2010 (97)：139-158.

模型中，而将农产品伦理购买行为作为研究模型中的被解释变量，详情见表 4-1。

表 4-1 研究模型中的变量及其内涵

变量	内涵
农产品伦理购买态度	消费者对实施农产品伦理购买行为的综合评价
群体依从	消费者服从群体进行农产品伦理购买的意愿
面子意识	消费者在购买过程中所产生的自我认定和社会认可的感知价值
感知行为控制	消费者对实施农产品伦理购买行为难易程度的感知
农产品伦理购买意图	消费者实施农产品伦理购买行为的意愿和可能性
农产品伦理购买执行意图	消费者将农产品伦理购买意图转化为行动的具体实施计划
购买情境	消费者在农产品购买过程中所感知的购物环境
农产品伦理购买行为	消费具有正面伦理属性或伦理价值的农产品

第二节 变量之间的关系和假设提出

一、农产品伦理态度、群体依从、面子意识、感知行为控制、农产品伦理购买意图、农产品伦理购买行为的假设路径

（一）直接效应假设

根据计划行为理论，意图由独立的 3 个因素决定：态度、主观规范、感知行为控制。Ajzen（1991）指出，个体对某项行为的态度越积极，那么个体实施该项行为的意图就越强①。Grunert 和 Juhl（1995）指出，消费者的环保意愿越强烈，它就越有可能购买有机食品②。邓新明（2012）

① Ajzen I. The Theory of planned behavior [J]. Organizational Behavior and Human Decision Processes，1991（50）：179-211.

② Grunert S C，Juhl H J. Values，environmental attitudes，and buying of organic foods [J]. Journal of Economic Psychology，1995，16（1）：39-62.

运用大样本问卷调研法，考察了中国消费者伦理购买意向的影响因素，研究结果发现，行为态度会对消费者的伦理购买意图产生显著影响①。Carrington 等人（2014）对 13 名消费者进行了长达 9 个月的浸入式调查研究，结果显示，对伦理消费持强烈态度、一般态度和无所谓态度的消费者，其购买意图具有明显差异②。盛光华等人（2019）利用 TPB 扩展模型对中国消费者的绿色购买意愿形成进行了实证检验，发现态度对消费者的绿色购买意愿具有显著的正向影响③。

本研究认为，如果消费者对伦理农产品的态度是正向时，如认为它的味道更好、品质更高、更安全、有利于健康和环境时，其购买意图会增加；当消费者对伦理农产品的态度是负面时，如认为它价格高、购买不方便、具有争议等时，其购买意图会降低。故本研究提出以下假设。

H1：农产品伦理购买态度对农产品伦理购买意图具有正向影响。

Ajzen（1991）认为，态度在特定情境下可能会对行为的预测效果不佳，但可以通过增加主观规范的作用对意图和行为进行解释。本研究将主观规范细化为具有中国特色两个变量：群体依从和面子意识。Connolly 和 Prothero（2008）发现，进行绿色购买的消费者将他们的消费行为看作是一种身份，这种身份是通过个体与社会他人的相互作用构建的④。Szmigin 等人（2009）指出，有伦理购买意图的消费者做出道德选择，在很大程度上归因于他们对周围人愿望的满足⑤。李东进等人（2009）指出，接受群体影响能够帮助消费者规避不确定性、实现带有归属感的社交需求以及自

---

① 邓新明．中国情景下消费者的伦理购买意向研究——基于 TPB 视角［J］．南开管理评论，2012，15（3）：22-32.

② Carrington M J，Neville B A，Whitwell G J. Lost in translation：exploring the ethical consumer intention-behavior gap［J］. Journal of Business Research，2014，67（1）：2759-2767.

③ 盛光华，龚思羽，解芳．中国消费者绿色购买意愿形成的理论依据与实证检验——基于生态价值观、个人感知相关性的 TPB 拓展模型［J］．吉林大学社会科学学报，2019（1）：140-151.

④ Connolly J，Prothero A. Green consumption：life-politics，risk，and contradictions［J］. Journal of Consumer Culture，2008（1）：117-145.

⑤ Szmigin I，Carrigan M，McEachern M G. The conscious consumer：taking a flexible approach to ethical behavior［J］. International Journal of Consumer Studies，2009（33）：224-231.

我价值最大化的需求①。邓新明（2012）运用大样本问卷调研法，考察了中国消费者伦理购买意图的影响因素，研究结果发现，主观规范是消费者伦理购买意图最有影响的预测变量②。邓新明（2014）对234位受访者的材料进行了质性和量化分析发现，相对于西方消费者的个人主义，中国的消费者注重他人对自己消费行为的看法，在意自身行为是否合群，认为与身边亲人和朋友的伦理消费态度保持一致很重要。因而，中国消费者更倾向于遵从群体规范，即服从亲人、相关群体和社会的期望③。盛光华等人（2019）利用TPB扩展模型对中国消费者的绿色购买意愿形成进行了实证检验，结果显示，主观规范对消费者的绿色购买意图具有显著的正向影响④。

本研究认为，中国是高情境文化的代表，注重人情、遵从群体导向、讲究和谐与融洽，因此，消费者的伦理购买意图会比较容易受到群体规范的影响。当重要他人或群体，如家人、朋友、同事、邻居等对伦理农产品消费持支持和赞赏态度或进行农产品伦理购买，或政府、媒体网络、消费者团体大力号召消费者购买伦理农产品时，消费者的农产品伦理购买意图会提高。反之，若重要他人或群体对农产品伦理购买持质疑或否定态度，而农产品伦理购买的公共来源又缺乏时，消费者的农产品伦理购买的意图会降低。故本研究提出以下假设。

H2：群体依从对农产品伦理购买意图具有正向影响。

消费活动是一种重要的认同过程，体现了个体的自我角色定位和社会评价期望。消费者将伦理购买看成是一种影响身份建构的社会嵌入⑤，积极的、正面的认同通过日常伦理购买进行表达和传播。消费者所表现出来

---

① 李东进，吴波，武瑞娟．中国消费者购买意向模型——对Fishbein合理行为模型的修正［J］．管理世界，2009（1）：24-39.

② 邓新明．中国情景下消费者的伦理购买意向研究——基于TPB视角［J］．南开管理评论，2012，15（3）：22 32.

③ 邓新明．消费者为何喜欢“说一套，做一套”——消费者伦理购买“意向—行为”差距的影响研究［J］．心理学报，2014，46（7）：1014-1031.

④ 盛光华，龚思羽，解芳．中国消费者绿色购买意愿形成的理论依据与实证检验——基于生态价值观、个人感知相关性的TPB拓展模型［J］．吉林大学社会科学学报，2019（1）：140-151.

⑤ Carrington M J，Neville B A，Canniford R. Seeking the coherent moral self：a process of alignment［M］. Vancouver：North American Association of Consumer Research，2012.

的亲近环境和亲近社会的消费行为与面子所期望展现的自我形象和社会地位密切相关。面子意识影响着消费内容和消费形式，激发消费者的社会期望行为。

一系列的实证研究表明，面子是中国消费者购买行为产生的重要动机之一。Bao 等人（2003）证实了面子意识和风险规避对消费者购买决策制定具有显著影响①。李东进等人（2009）的研究显示，在集体主义文化背景下，中国消费者的面子意识对购买意图产生重要影响，具体体现在面子意识会驱动消费者产生为自己争取面子、避免丢失面子和事后挽回面子的购买意图②。Hoare 等人（2011）对 20 名中国消费者的用餐态度和意图进行了深度访谈，总结出 3 项中国消费者最重视的因素：面子、信任、和谐，其中面子是最为关键的要素③。Somogyi 等人（2011）对 36 名中国消费者进行了焦点访谈，证实了面子影响着中国消费者对葡萄酒的购买意向④。宋晓兵（2012）验证了感知面子对消费者的行为意图具有显著的正向影响⑤。王勇（2014）将面子分为获得性面子和保护性面子两个维度，并用实证分析验证了其对消费者购物金钱支出和非金钱支出均产生显著的正向影响⑥。薛海波等人（2014）认为，消费者会将中华文化中的仁义、道德、能力成就、获得社会认可等因素作为有面子的体现，而面子意识对消费者重视品牌、享受购物过程、追求完美、培养购物习惯和忠诚、追逐

---

① Bao Y Q，Zheng Z，Su C Q. Face consciousness and risk aversion：do they affect consumer decision-making? [J]. Psychology and Marketing，2003，20（8）：733-755.

② 李东进，吴波，武瑞娟．中国消费者购买意向模型——对 Fishbein 合理行为模型的修正 [J]. 管理世界，2009（1）：24-39.

③ Hoare R J，Butcher K，O' Brien D. Understanding Chinese diners in an overseas context：a Cultural perspective [J]. Journal of Hospitality and Tourism Research，2011，35（3）：358-380.

④ Somogyi S，Li E，Johnson T. The underlying motivations of Chinese wine consumer behaviour [J]. Asia Pacific Journal of Marketing and Logistics，2011，23（4）：473-485.

⑤ 宋晓兵．感知面子对行为意向影响的跨文化比较研究 [J]. 预测，2012，31（4）：9-14.

⑥ 王勇．面子对中国消费者购物行为的影响 [J]. 西安交通大学学报：社会科学版，2014，34（1）：49-53.

消费新颖和潮流等方面具有显著的正向影响①。施卓敏等人（2014）的研究显示，面子意识对生态消费具有很强的预测效果②。Hsu 和 Chen（2014）的研究表明，面子因素对中国消费者的有机食品购买意图起到重要作用③。王建明和吴龙昌（2015）指出，情感的 3 个维度——自豪、愧疚、赞赏对绿色购买行为具有显著的预测作用，而自豪这一维度的效用最大。绿色购买行为的积极因素在个人角度上体现为消费者自身会产生自豪感，而在他人角度上体现为他人对消费者的赞赏④。施卓敏等人（2017）对 231 名消费者进行了绿色产品偏好的研究，结果显示，面子意识促使消费者增强绿色产品购买动机⑤。

农产品伦理购买代表了消费者的经济地位和道德觉悟，体现了消费者的理性和品位，满足了消费者增强自我形象和社会形象的心理诉求。具有较高面子意识的消费者会更加关注农产品的伦理属性，他们将农产品伦理购买定位为更好的或更高一级的消费行为。这种“高级”不仅能够满足消费者对自身能力的证明和自我道德的约束，而且亲近环境和亲近社会的购买特征还能提高周围人对消费者生活品质和品格的评价，促使消费者在人际关系中处于有利地位。因而，消费者的面子意识越强就会越依赖购买行为给自己带来的满足感，从而越容易产生农产品伦理购买意图。基于上述分析，本研究提出以下假设。

H3：面子意识对农产品伦理购买意图具有正向影响。

Ajzen（1991）认为，许多行为的实施困难并不仅是由主观意志导致的，还受到实际行为控制能力的限制。在某种程度上，感知行为控制可以作为实际控制的“代理者”用于对行为的预测。个体对某项行为的感知行

---

① 薛海波，符国群，江晓东．面子意识与消费者购物决策风格：一项 70 后、80 后和 90 后的代际调节作用研究［J］．商业经济与管理，2014（6）：65-75.

② 施卓敏，吴路芳，邝灶英．面子意识如何逆转自私行为？——社会价值取向对生态消费的影响［J］．营销科学学报，2014，10（2）：59-81.

③ Hsu C L，Chen M C. Explaining consumer attitudes and purchase intentions toward organic food：contributions from regulatory fit and consumer characteristics［J］. Food Quality and Preference，2014，1（35）：6-13.

④ 王建明，吴龙昌．多维度绿色购买情感对绿色购买行为的影响［J］．城市问题，2015（10）：94-103.

⑤ 施卓敏，郑婉怡，邝灶英．中国人面子观在 RM 和 FM 模型中的测量差异及其对绿色产品偏好的影响研究［J］．管理学报，2017，14（8）：1208-1218.

为控制越强，那么个体实施该项行为的意图就越强。感知行为控制既通过意图间接影响行为，也直接影响行为①。

Robinson 和 Smith（2002）证实，感知行为控制对可持续性食品的购买意愿产生影响②。Vermeir 和 Verbeke（2006）的研究结论证实，高的感知可获得性，加上积极的态度和意图，会导致农产品伦理购买行为的产生，而低的感知可获得性是造成农产品伦理消费的阻碍因素之一③。Vermeir 和 Verbeke（2008）指出，当消费者感到获取或购买伦理食品很容易时，他们的购买意图越明显，当消费者感知购买受到阻碍时，购买意图就会降低④。另外，当消费者相信通过他们的个人努力能够购买到符合要求的伦理食品时，他们的购买意图会增加。邓新明（2012）运用大样本问卷调研法，考察了中国消费者伦理购买意图的影响因素，结果显示，感知行为控制一方面直接显著作用于伦理购买行为，另一方面也通过伦理购买意图对伦理购买行为产生间接影响⑤。盛光华等人（2019）利用 TPB 扩展模型对中国消费者的绿色购买意图形成进行了实证检验，发现感知行为控制对消费者的绿色购买意图具有显著的正向影响⑥。

研究显示，人们识别伦理产品的困难依然存在，很多消费者对自己的

① Ajzen I. The Theory of planned behavior [J]. Organizational Behavior and Human Decision Processes，1991（50）：179-211.

② Robinson R，Smith C. Psychosocial and demographic variables associated with consumer intention to purchase sustainable produced foods as defined by the Midwest Food Alliance [J]. Journal of Nutrition Education and Behaviour，2002，34（6）：316-325.

③ Vermeir I，Verbeke W. Sustainable food consumption：exploring the consumer "attitude-behavioral intention" gap [J]. Journal of Agricultural and Environmental Ethics，2006（19）：169-194.

④ Vermeir I，Verbeke W. Sustainable food consumption among young adults in Belgium：theory of planned behavior and the role of confidence and values [J]. Ecological Economics，2008，64（3）：542-553.

⑤ 邓新明．中国情景下消费者的伦理购买意向研究——基于 TPB 视角 [J]. 南开管理评论，2012，15（3）：22-32.

⑥ 盛光华，龚思羽，解芳．中国消费者绿色购买意愿形成的理论依据与实证检验——基于生态价值观、个人感知相关性的 TPB 拓展模型 [J]. 吉林大学社会科学学报，2019（1）：140-151.

食品质量评价能力缺乏信心，尤其是伦理食品①。另外，伦理购买需要消费者在金钱、时间、精力等个人因素方面付出较大成本，很多消费者却并不具备购买能力。这些因素都会导致消费者购买意图不强、购买行为缺失等。本研究认为，若农产品伦理购买可获得的信息越多、越清晰、越可靠、消费者对其购买能力越有信心，则感知行为控制就越强，继而消费者就越倾向于产生购买意图和购买行为；反之，则不倾向于产生购买意图和购买行为。基于上述分析，本研究提出以下假设。

H4：感知行为控制对农产品伦理购买意图具有正向影响。

H5：感知行为控制对农产品伦理购买行为具有正向影响。

Fishbein 和 Ajzen（1975）的理性行为理论和 Ajzen（1991）的计划行为理论通过引入一个至关重要的中间变量——意图，改变了人们直接把态度当成行为的观点。行为意图能够直接预测行为，行为意图越强烈，行为发生的可能性就越大。Hunt 和 Vitell（1986、1993）的伦理决策模型也显示意图是行为的直接前因。意图对行为产生正向影响已经被广泛证实②。鉴于此，本研究提出如下假设。

H6：农产品伦理购买意图对农产品伦理购买行为具有正向影响。

（二）单因子中介效应假设

基于计划行为理论的观点和上述对各项直接效应假设的分析，本研究提出如下单因子中介假设。

H7：农产品伦理购买态度通过农产品伦理购买意图影响农产品伦理购买行为。

H8：群体依从通过农产品伦理购买意图影响农产品伦理购买行为。

H9：面子意识通过农产品伦理购买意图影响农产品伦理购买行为。

---

① Vermeir I，Verbeke W. Sustainable food consumption among young adults in Belgium：theory of planned behavior and the role of confidence and values [J]. Ecological Economics，2008，64 (3)：542-553.

② Hassan L M，Shiu E，Shaw D. Who says there is an intention-behavior gap? assessing the empirical evidence of an intention behavior gap in ethical consumption [J]. Business Ethics，2016 (136)：219-236.

H10：感知行为控制通过农产品伦理购买意图影响农产品伦理购买行为。

综合上述H1—H10的内容，笔者对农产品伦理购买态度、群体依从、面子意识、感知行为控制、农产品伦理购买意图的假设路径进行了综述。根据计划行为理论，人类行为受到3种因素的影响：对行为可能的结果所持有的信念以及对这些结果的评价（行为信念）、对规范期望的信念以及遵守这些规范期望的动机（规范性信念）、对可能促进或阻碍行为的存在因素的信念以及对这些因素的感知控制能力（控制信念）。在各自的聚合中，行为信念对行为产生有利的或不利的态度；规范性信念导致感知社会压力或主观规范（群体依从和面子意识）；控制信念引起感知行为控制。态度、主观规范（群体依从和面子意识）和感知行为控制3个前因，最终会决定意图和行为。行为态度和主观规范（群体依从和面子意识）越有利，感知行为控制越大，个体实施行为的意图就越强烈。在预测意图时，态度、主观规范（群体依从和面子意识）和感知行为控制的相对重要性因具体行为和情况而有所不同。行为态度、主观规范（群体依从和面子意识）、感知行为控制通常可以高度准确地预测行为意图，而意图和感知行为控制相结合可以在相当大的程度上解释行为①。本研究认为，在伦理农产品的购买决策过程中，农产品伦理购买态度、群体依从、面子意识、感知行为控制对农产品伦理购买意图具有正向影响（H1—H4）；感知行为控制、农产品伦理购买意图对农产品伦理购买行为具有正向影响（H5—H6）；农产品伦理购买意图中介农产品伦理购买态度、群体规范、面子意识、感知行为控制和农产品伦理购买行为之间的关系（H7—H10）。具体情况如图4-1所示。

二、农产品伦理购买意图、农产品伦理购买执行意图、农产品伦理购买行为的假设路径

Orbell（1996）指出，意图是一种意愿状态，表示决策者渴望实施目

① Ajzen I. Residual effects of past on later behavior: habituation and reasoned action perspectives [J]. Personality and Social Psychology Review, 2002 (6): 107-122.

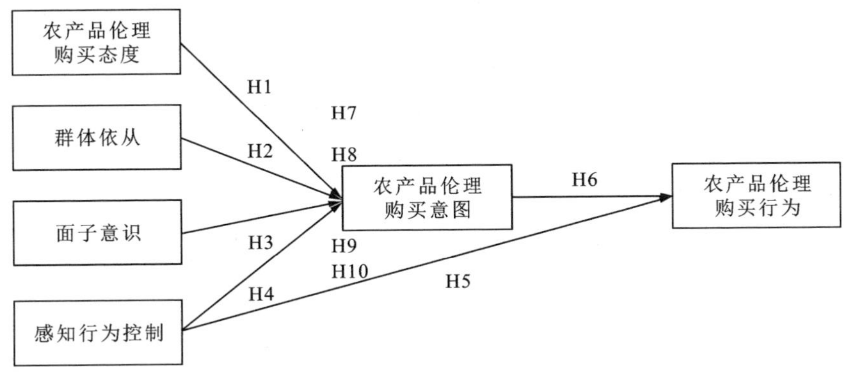

图 4-1 修正的计划行为理论下的假设路径

标行为，而执行意图是一种计划状态，反映决策者实施特定行为的具体步骤①。这也就是说，意图决定了决策者是否实施行为，而执行意图展示了决策者如何实施行为。

意图可能随着时间和情境的改变而发生变化，决策者对意图的承诺强弱会直接影响执行意图的效果。如果意图不明显或很容易就被舍弃，那么，执行意图就不会有效；反之，一旦具有强有力的目标意图，执行意图会立即发挥作用，它将对决策者何时、何地以及用何种方式开始行为实施进行详细计划②。根据前人的研究结论，意图是执行意图的前置因素③，农产品伦理购买执行意图需要建立在强烈的农产品伦理购买意图基础之上。因而，本研究提出如下假设。

H11：农产品伦理购买意图对农产品伦理购买执行意图具有正向影响。

Gollwitzer 和 Sheeran（2006）对 94 项包含执行意图变量的研究进行了分析和总结，发现执行意图对个体目标的实现具有很强的正向效果。有

---

① Orbell S. Cognition and affect after cervical screening：the role of previous test outcome and personal obligation in future uptake expectations [J]. Social Science and Medicine，1996，43（8）：1237-1243.

② Gollwitzer P M. Implementation intentions：strong effects of simple plans [J]. American Psychologist，1999，54（7）：493-503.

③ Carrington M J，Neville B A，Whitwell G J. Why ethical consumers don't walk their talk：towards a framework for understanding the gap between the ethical purchase intentions and actual buying behaviour of ethically minded consumers [J]. Journal of Business Ethics，2010（97）：139-158.

具体规划的执行意图要比模糊的目标更能达到行为预期①。前人的实验也表明，执行意图会使行动自动开始②。Gollwitzer（1993）指出，一旦符合条件的情境产生，预期目标导向就会让行为在无意识的情况下立即且有效地进行，有执行意图的决策者完成预期目标的效果是没有执行意图的决策者完成预期目标效果的两倍③。

有时候，行为的执行过程会因为习惯反应受到挫折。例如，消费者已经有了购买伦理型农产品的打算，却习惯性地购买了他们日常光顾的生鲜超市里熟知的非伦理型农产品。由于伦理购买并不是人们长期以来的消费习惯或消费常态，因而伦理购买意图在实施的过程中被消费者遗忘了。执行意图可以抑制惯有的信念和偏见，创造即时习惯（instant habits）④。当目标的实施过程中受到习惯思维和惯有行为的威胁时，执行意图可以作为一个有效的自律工具。例如，执行意图会帮助消费者识别出重要刺激（生鲜超市的有机蔬菜宣传），然后将之与新的目标相连（购买伦理型农产品），阻止习惯反应产生的自动行为（去购买熟悉的非伦理型农产品），从而完成对传统农产品购买习惯反应的抑制。一旦形成了执行意图，消费者会长期保持伦理购买的心理准备，并有意识地抓住可以实施行为的机会有效地做出实际行动。执行意图的形成有助于消费者建立新的伦理消费的常态，使伦理消费行为成为自动⑤。

另外，执行意图会使消费者产生"心理演排"（mentally rehearsing），帮助消费者有效地面对目标实施过程中会遇到的种种阻碍，减少不利因

---

① Gollwitzer P M，Sheeran P. Implementation intentions and goal achievement：a meta-analysis of Effects and processes [J]. Advances in Experimental Social Psychology，2006，38：69-119.

② Gollwitzer P M. Implementation intentions and effective goal pursuit [J]. Journal of Personality and Social Psychology，1997（2）：34-42.

③ Gollwitzer P M. Goal achievement：the role of intentions [J]. European Review of Social Psychology，1993，4（1）：141-185.

④ Orbell S，Hodgkins S，Sheeran P. Implementation intentions and the theory of planned behavior [J]. Personality and Social Psychology Bulletin，1997，23（9）：945-954.

⑤ Carrington M J，Neville B A，Whitwell G J. Why ethical consumers don't walk their talk：towards a framework for understanding the gap between the ethical purchase intentions and actual buying behaviour of ethically minded consumers [J]. Journal of Business Ethics，2010（97）：139-158.

素，如坏心情、不良环境、其他有冲突的目标等的影响①。在伦理消费决策过程中，消费者容易受到意外的干扰。在保护消费者受到外界干扰的作用上，经过武装后的执行意图会让行为实施的可能性和效果性更强。执行意图通过两个因素有效阻止分散因素对行为的不利影响：第一，分散抑制（distraction-inhibiting），即当有分散因素产生时，控制自我忽略它们；第二，任务促进（task-facilitating），即当分散因素产生时，增加自我努力来完成目前的计划任务②。

综上所述，行为的实现要求决策者为完成目标做准备，即人们不能仅仅把意图停留在原地，而要规划如何实施。有了明确的规划后，人们才更容易选择最有效的途径和最恰当的时机来实施行为。执行意图帮助消费者开始制订行动计划，防止负向影响，避免冲突，实施有效的行为③。因而，本研究提出以下假设。

H12：农产品伦理购买执行意图对农产品伦理购买行为具有正向影响。

综合 H11—H12 的内容，农产品伦理购买意图对农产品伦理购买执行意图有显著的正向影响；农产品伦理购买执行意图对农产品伦理购买行为具有显著的正向影响（见图 4-2）。

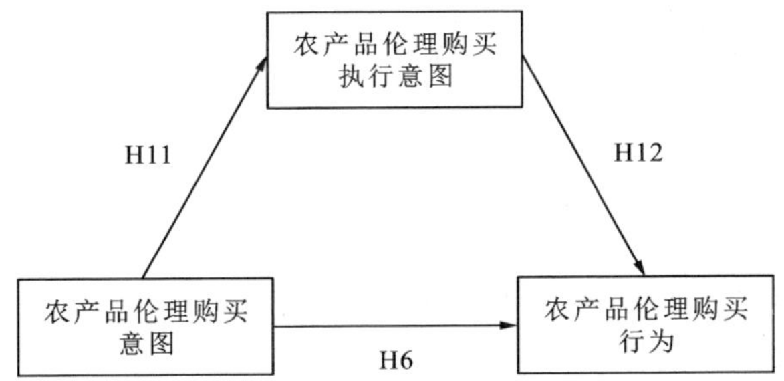

图 4-2 农产品伦理购买意图、农产品伦理购买执行意图、农产品伦理购买行为的假设路径

① Dholakia U M，Bagozzi R，Gopinath M. How formulating implementation plans and remembering past actions facilitate the enactment of effortful decisions [J]. Journal of Behavioural Decision Making，2007（20）：343-364.

② Gollwitzer P M. Implementation intentions：strong effects of simple plans [J]. American Psychologist，1999，54（7）：493-503.

③ Gollwitzer P M，Sheeran P. Implementation intentions and goal achievement：a meta-analysis of Effects and processes [J]. Advances in Experimental Social Psychology，2006（38）：69-119.

三、意图和执行意图的二因子因果中介效应假设路径

大量的对于计划行为理论的实证研究表明，我们没有理由怀疑良好愿望对于行为的作用是无效果的或是负效果的。然而，意图和行为的关系会受到具体行为类型的影响①。伦理消费领域的研究表明，意图对行为的解释方差只有不到三分之一②，“意图—行为”差距确实存在而且巨大③。意图是行为的必要条件，但它通常不是行为的充分条件④。这也就是说，尽管消费者有购买伦理型农产品的意图或美好愿望，但是这种意图和愿望转化成实际消费行为的有效性并不完美。“良好的意图”有个“坏名声”，把良好的意图当作自我管理的有效途径并没有完全的保障⑤。Ajzen（2002）指出，研究者有责任确保从意图到行为之间存在紧密联系。如果这种关系很薄弱，必须采取措施加强。迄今为止，最有效的手段之一是诱导个体形成执行意图，即形成具体的行动实施计划，详细规划何时、何地以及如何进行所需要实施的行为⑥。制订计划使人们更容易实施其预期行为。很多研究把执行意图引入计划行为理论的模型中，并证实了从意图到行为的实现需要执行意图将具体的计划、合适的时机与目标导向行为相连，执行意图能够很好地调节意图和行为之间的关系⑦。

Dholakia 等人（2007）详细分析了执行意图在意图到行为转化过程中

---

① Gollwitzer P M. Implementation intentions：strong effects of simple plans [J]. American Psychologist，1999，54（7）：493-503.

② Sheeran P. Intention-behavior relations：a conceptual and empirical review [J]. European Review of Social Psychology，2002（12）：1-36.

③ Carrington M J，Neville B A，Whitwell G J. Lost in translation：exploring the ethical consumer intention-behavior gap [J]. Journal of Business Research，2014，67（1）：2759-2767.

④ Gollwitzer P M，Oettingen G. The emergence and implementation of health goals [J]. Psychology and Health，1998，13（4）：687-715.

⑤ Gollwitzer P M. Implementation intentions：strong effects of simple plans [J]. American Psychologist，1999，54（7）：493-503.

⑥ Ajzen I. Residual effects of past on later behavior：habituation and reasoned action perspectives [J]. Personality and Social Psychology Review，2002（6）：107-122.

⑦ Grimmer M，Miles M P. With the best of intentions：a large sample test of the intention-behaviour gap in pro-environmental consumer behaviour [J]. International Journal of Consumer Studies，2017（41）：2-10.

的作用，提出了执行意图的两种自律策略：一是制订一个详细的实施计划；二是回忆过去的成功经历，促使自己不断实施相似的过程。根据自动动机理论（auto-motive theory），某个目标一旦形成并持续在某一个既定情境中被反复实施，那么，在无主观意识的情况下，这个情境也会引发目标的执行。Dholakia 等人（2007）把目标分为两种——主观愿意的目标和被动安排的目标，并把与意图和行为紧密联系的变量分为两类——目标相关变量（远端）和行动相关变量（近端）。研究者们进行了 3 项实验，结果显示，针对不同的目标类型，执行意图的两种自律策略对“意图—行为”的转化作用是有区别的，但对远端变量和近端变量都起到显著作用①。

综上所述，即使人们存在行为意图并做出了目标承诺，目标设定与目标结果通常也存在大的差距。目标的成功达成需要经历开始—持续—目标完成 3 个阶段，问题才会被有效解决②，而执行意图就是将意图持续到行为结束的中坚力量。

基于上述观点和各项直接效应假设以及各项单因子中介效应假设的分析，本研究提出如下二因子中介（远程）假设（见图 4-3）。

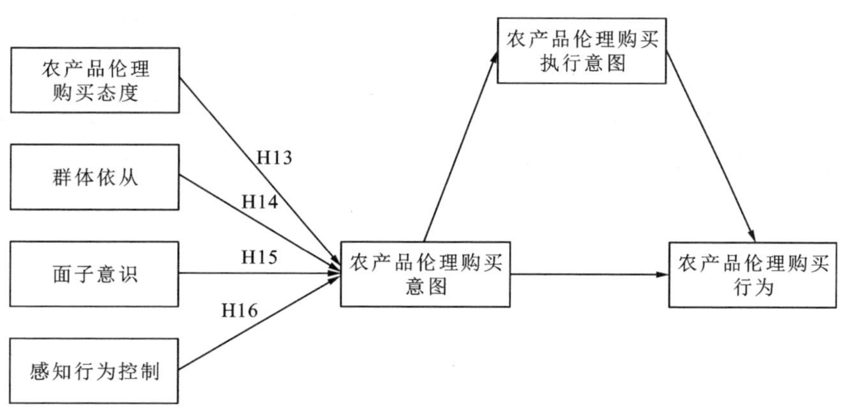

图 4-3　二因子假设路径

① Dholakia U M, Bagozzi R, Gopinath M. How formulating implementation plans and remembering past actions facilitate the enactment of effortful decisions [J]. Journal of Behavioural Decision Making, 2007 (20): 343-364.

② Gollwitzer P M. Implementation intentions: strong effects of simple plans [J]. American Psychologist, 1999, 54 (7): 493-503.

H13：农产品伦理购买态度通过农产品伦理购买意图影响农产品伦理购买执行意图，继而影响农产品伦理购买行为。

H14：群体依从通过农产品伦理购买意图影响农产品伦理购买执行意图，继而影响农产品伦理购买行为。

H15：面子意识通过农产品伦理购买意图影响农产品伦理购买执行意图，继而影响农产品伦理购买行为。

H16：感知行为控制通过农产品伦理购买意图影响农产品伦理购买执行意图，继而影响农产品伦理购买行为。

四、购买情境的调节效应假设路径

Bagozzi（2000）开发了消费行为模型，在认知决策模型的基础上纳入情境因素①。Kim 等人（2012）的研究指出，消费者在购买过程中会面临来自外部环境的抑制因素，从而阻碍他们的伦理购买行为，企业需要在消费者购物过程中给予营销环境方面的满足②。盛光华等人（2019）认为，在消费者的实际购买过程中，产品因素、传播因素等外部情境因素会处于消费决策的首要因素，不利的外部因素往往会阻碍消费者的伦理购买计划转换成实际的消费行为③。

更为具体的相关研究有：Zaltman（2003）认为，微妙的香味、灯光效果等情境因素对购买行为具有影响④；Hawkins 等人（2003）表示，在实际购买情境中，促销人员的建议会在不经意间对消费者产生影响，消费者对产品的价值感知会在促销人员的推荐、展示、提醒、说服与暗示中得

---

① Bagozzi R P. The poverty of economic explanations of consumption and an action theory alternative [J]. Managerial and Decision Economics，2000（21）：95-109.

② Kim S Y，Yeo J，Sohn S H，et al. Toward a composite measure of green consumption：an exploratory study using a Korean sample [J]. Fam Econ Iss，2012（33）：199-214.

③ 盛光华，龚思羽，解芳．中国消费者绿色购买意愿形成的理论依据与实证检验——基于生态价值观、个人感知相关性的 TPB 拓展模型 [J]. 吉林大学社会科学学报，2019（1）：140-151.

④ Zaltman G. How customers think：essential insights into the mind of the market [M]. Boston，MA：Harvard Business School Press，2003.

到显著提升①。Carrington 等人（2010）认为，积极的购买情境会令消费者购买计划向购买行为转变的更顺畅；反之，不利的购买情境则会弱化这种转变②。邓新明（2014）认为，伦理购买行为会受到不由消费者主观控制的购买情境的影响，他运用深度访谈探讨了消费者伦理购买意图和行为差距的深层次影响因素，研究结果显示情境因素对消费者的伦理购买意图和行为之间有显著的调节影响③。伦理产品营销的物质环境特性越明显，消费者购买的执行意图就越容易转化为实际购买行动。同时，购物地点的氛围，如终端展示、营销人员的推销操作等越能刺激和打动消费者，消费者的购买计划转化为购买行为的概率也越大。

科特勒和凯勒（2017）指出，消费者成本除了显见的金钱成本外，还包含更隐晦的时间成本、精力成本和精神成本④。良好的营销情境会降低消费者的农产品购买成本，从而更容易地让消费者的购买执行意图变为现实。例如，便利的购物场所可以避免消费者专门绕路购买伦理农产品，陈列得当可以免除消费者从一大堆货架上艰难地挑选出伦理农产品，舒适的营销环境会给消费者带来精神上的愉快。当消费者意识到农产品伦理购买行为并没有增加的额外成本时，计划更容易会变为实际行动。

理想的情况是，购买场所购买便利、环境良好、农产品陈列整齐、伦理农产品的促销信息和促销人员得力等，但现实的情况很可能是具有农产品伦理购买计划的消费者进入生鲜超市或农贸市场后，已经开始有意识地寻找有机蔬菜和水果等农产品，却发现这些伦理农产品的物质要素特征并不明显，他们没有信息来源或无法进行有效的伦理信息识别，又或受到了来自传统农产品促销的诱惑，不愿意付出额外的伦理消费努力或增加成

---

① Hawkins D，Best R，Coney K. Consumer behavior：building marketing strategy [M]. McGraw-Hill/Irwin Press，2003.

② Carrington M J，Neville B A，Whitwell G J. Why ethical consumers don't walk their talk：towards a framework for understanding the gap between the ethical purchase intentions and actual buying behaviour of ethically minded consumers [J]. Journal of Business Ethics，2010，97：139-158.

③ 邓新明. 消费者为何喜欢“说一套，做一套”——消费者伦理购买“意向—行为”差距的影响研究 [J]. 心理学报，2014，46（7）：1014-1031.

④ 科特勒，凯勒. 营销管理 [M]. 王永贵，何佳讯，陈荣，等，译. 上海：格致出版社，2017.

本，于是最终选择放弃购买伦理农产品。也就是说，即便人们有了执行意图，开始寻找恰当地时机实施行为，最终的行为也可能因为购买情境因素的阻碍而未能实施或延缓实施。购买情境改变了伦理农产品购买计划和行为之间的关系强度。因此，本研究提出假设 H17（见图 4-4）。

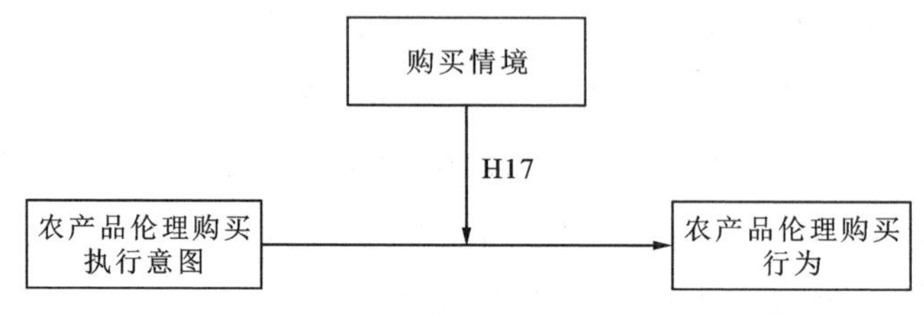

图 4-4 调节效应假设路径

H17：购买情境对农产品伦理购买执行意图与农产品伦理购买行为之间的关系产生调节作用。

即在实体环境较好和营销刺激较大的购买情境中，农产品伦理购买执行意图对农产品伦理购买行为的影响要高于在实体环境较差和营销刺激不佳的购买情境中的影响。

第三节 农产品伦理购买行为影响因素的研究模型

一、研究模型的架构

通过对相关经典理论和国内外文献的回顾，本研究对消费者的农产品伦理购买影响因素进行了梳理和提取，并将前人的研究结论与本书的研究内容相结合，分析这些影响因素的作用路径，构建了农产品伦理购买影响因素及其作用机制概念模型（见图 4-5）。

研究模型的基础框架是计划行为理论和 Hunt-Vitell 的伦理决策模型。计划行为理论为处理人类复杂的社会行为提供了有用的概念框架。该理论结合了社会科学和行为科学中的一些核心概念，并从预测和解释行为的角度给这些概念下了定义。它不仅仅是预测行为，它的目标是解释行为。Hunt-Vitell 模型结合了道义论和目的论，是被广泛地应用于评价消费者行为的经典伦理决策理论。它展示了完整的消费者伦理决策过程。二者的结

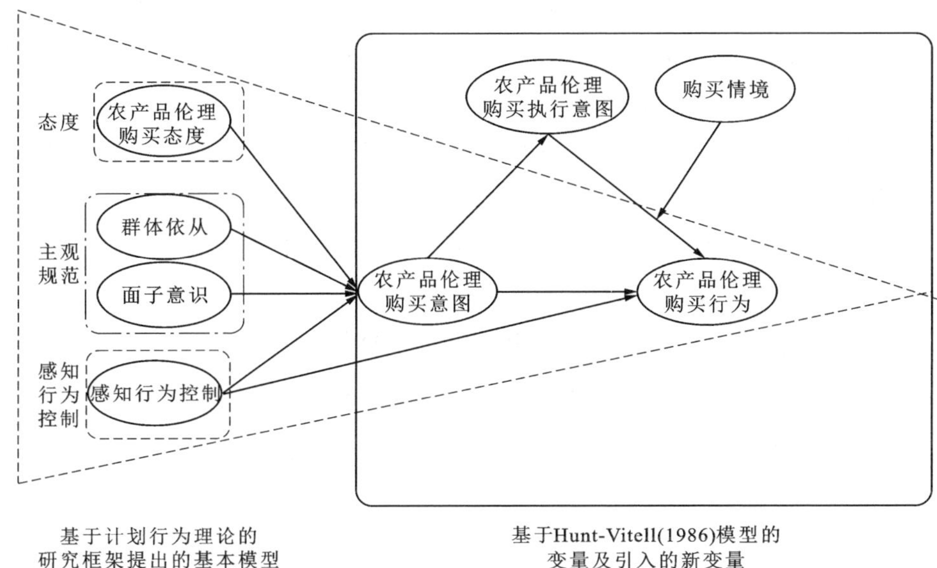

图 4-5　研究模型的框架

合能够更好地对消费者的伦理行为影响因素及其作用机制进行阐释。本研究保留了引用的经典理论中的态度、感知行为控制、意图和行为等变量，具体到农产品伦理购买影响因素研究模型中，将其具体表述为农产品伦理购买态度、感知行为控制、农产品伦理购买意图、农产品伦理购买行为。本研究将引用的经典理论中的主观规范变量修正为中国文化背景下群体依从和面子意识两个变量，并加入了可能的新解释变量——执行意图和购买情境。

二、研究模型的描述

（一）研究模型中涉及的变量

农产品伦理购买行为影响因素研究模型中包括 8 个变量，分为四大类：外生变量、中介变量、调节变量、内生变量，如表 4-2 所示。

外生变量（exogenous variables）：用于影响其他变量的自变量。本研究中的外生变量主要是指影响农产品伦理购买行为的前因变量。本研究一共考察 4 个外生变量，分别为农产品伦理购买态度、群体依从、面子意识、感知行为控制。

中介变量（mediators）：解释自变量和因变量之间“如何”以及“为何”相关的变量。本研究一共考察2个中介变量，分别为农产品伦理购买意图、农产品伦理购买执行意图。

调节变量（moderators）：影响自变量和因变量之间关系的方向和强度的变量。本研究的调节变量为购买情境。

内生变量（endogenous variables）：被自变量估计的因变量。本研究的内生变量为农产品伦理购买行为。

表 4-2 研究模型中涉及的变量

序号	研究模型中的变量	外生变量	中介变量	调节变量	内生变量
1	农产品伦理购买态度	√			
2	群体依从	√			
3	面子意识	√			
4	感知行为控制	√			
5	农产品伦理购买意图		√		
6	农产品伦理购买执行意图		√		
7	购买情境			√	
8	农产品伦理购买行为				√

（二）研究模型中涉及的假设

研究模型中提出的假设总结如表4-3所示。

表 4-3 研究模型中的假设

类型	提出的假设	
直接效应	H1	农产品伦理购买态度对农产品伦理购买意图具有正向影响
	H2	群体依从对农产品伦理购买意图具有正向影响
	H3	面子意识对农产品伦理购买意图具有正向影响
	H4	感知行为控制对农产品伦理购买意图具有正向影响
	H5	感知行为控制对农产品伦理购买行为具有正向影响
	H6	农产品伦理购买意图对农产品伦理购买行为具有正向影响
	H11	农产品伦理购买意图对农产品伦理购买执行意图具有正向影响
	H12	农产品伦理购买执行意图对农产品伦理购买行为具有正向影响

续表

类型	提出的假设	
单因子中介效应	H7	农产品伦理购买态度通过农产品伦理购买意图影响农产品伦理购买行为
	H8	群体依从通过农产品伦理购买意图影响农产品伦理购买行为
	H9	面子意识通过农产品伦理购买意图影响农产品伦理购买行为
	H10	感知行为控制通过农产品伦理购买意图影响农产品伦理购买行为
二因子因果中介效应	H13	农产品伦理购买态度通过农产品伦理购买意图影响农产品伦理购买执行意图，继而影响对农产品伦理购买行为
	H14	群体依从通过农产品伦理购买意图影响农产品伦理购买执行意图，继而影响对农产品伦理购买行为
	H15	面子意识通过农产品伦理购买意图影响农产品伦理购买执行意图，继而影响对农产品伦理购买行为
	H16	感知行为控制通过农产品伦理购买意图影响农产品伦理购买执行意图，继而影响对农产品伦理购买行为
调节效应	H17	购买情境对农产品伦理购买执行意图与农产品伦理购买行为之间的关系产生调节作用

第四节　本章小结

本章的研究内容主要分为 3 个部分。

第一部分：影响因素的提取与内涵的界定。

以第二章相关理论和文献综述为基础，将计划行为理论与 Hunt-Vitell 伦理决策模型相结合，引用和修正了经典模型中的变量，并根据研究所需引入了新的解释变量，最终确定农产品伦理购买态度、群体依从、面子意识、感知行为控制、农产品伦理购买意图、农产品伦理购买执行意图、购买情境 7 个因素为农产品伦理购买行为的影响因素。

第二部分：变量之间的关系和假设提出。

参考相关理论和国内外文献，结合本研究的具体内容，在提取的影响因素之间提出了 17 项研究假设。其中包括直接效应假设、中介效应假设和调节效应假设。

第三部分：农产品伦理购买行为影响因素研究模型的构建。

结合影响因素和研究假设，构建了农产品伦理购买行为影响因素模型。在后面的研究中，将通过实证研究对模型拟合与相关假设进行检测、分析与评价。

第五章

研究设计与数据收集

上一章提出了农产品伦理购买行为影响因素研究模型和研究假设，本章将进行研究设计与数据收集。本章首先介绍研究模型中变量的测量，并在此基础上对问卷进行设计；接着借助小规模访谈对研究量表进行调整，在预测后进行二次调整；最后用正式问卷实施问卷调查，对数据进行收集和整理并说明样本和数据的概况。本章为下一章的模型拟合与假设检验做好前期准备。

第一节　实证研究设计

一、变量的测量

（一）"农产品伦理购买态度"变量的初始题项

Ajzen（2002）对计划行为理论量表的编制提出了建议，指出态度的测量可以分为两种不同类型的评价指标。第一种类型对了解本质有帮助，如此项行为是有益的/有害的；第二种类型更具体验性，如此项行为是有乐趣的/无聊的。同时，为了更好地抓住被测者对此项行为的整体评价，需要包含此项行为是正确的/错误的这样综合性的评价指标①。Hassan 等人（2016）用 4 个双极标度对伦理购买态度进行了测量，分别为：坏—好、负向的—正向的、有害的—有益的、反对的—赞成的②。Yoon（2011）使用计划行为理论对非伦理行为进行分析，将态度的测量题项设定为：愚蠢的/明智的、有害的/有益的、坏的/好的、不利的/有利的③。Vermeir 和 Verbeke（2008）测量消费者的伦理食品消费态度时采用李克特量表，包含 6 对两极形容词：好与坏、好品质与坏品质、有吸引力与没有吸引力、道德与不道德、性价比高与性价比低、尊重人类和动物与不尊重人类和动物④。李东进等人（2009）在研究中国消费者购买意向模型时，对态度的测量采用李克特量表形式，用愚蠢的、正确的、理智的 3 个形容词描述⑤。类似地，邓新明（2012）对购买伦理产品的行为态度进行测量时也使用了这 3 个词语⑥。

本研究依照 Ajzen（2002）的建议，参照前人的态度量表，并结合本研究的具体情况，采用 5 个题项对农产品伦理购买态度变量进行测量。其中，“T1 农产品伦理购买是明智的”、“T2 农产品伦理购买是重要的”、“T4 购买伦理农产品对大家是有益的”、“T5 农产品伦理购买是值得的”可以反映出消费者对农产品伦理购买态度的本质；“T3 农产品伦理购买是正确的”可以反映出消费者对农产品伦理购买的整体评价。这 5 个题项的

---

① Ajzen I. Residual effects of past on later behavior：Habituation and reasoned action perspectives [J]. Personality and Social Psychology Review，2002（6）：107-122.

② Hassan L M，Shiu E，Shaw D. Who says there is an intention-behavior gap? assessing the empirical evidence of an intention behavior gap in ethical consumption [J]. Business Ethics，2016（136）：219-236.

③ Yoon C. Theory of planned behavior and ethics theory in digital piracy：an integrated model [J]. Journal of Business Ethics，2011（100）：405-417.

④ Vermeir I，Verbeke W. Sustainable food consumption among young adults in Belgium：theory of planned behavior and the role of confidence and values [J]. Ecological Economics，2008，64（3）：542-553.

⑤ 李东进，吴波，武瑞娟．中国消费者购买意向模型——对 Fishbein 合理行为模型的修正 [J]. 管理世界，2009（1）：24-39.

⑥ 邓新明．中国情景下消费者的伦理购买意向研究——基于 TPB 视角 [J]. 南开管理评论，2012，15（3）：22-32.

测量采用李克特量表形式，程度从“非常不同意”到“非常同意”。具体如表 5-1 所示。

表 5-1 农产品伦理购买态度的初始题项

变量	题项编号	初始题项	参考文献
农产品伦理购买态度	T1	农产品伦理购买是明智的	Vermeir 和 Verbeke (2008)；李东进等人 (2009)；邓新明 (2012)；Hassan 等人 (2016)
	T2	农产品伦理购买是重要的	
	T3	农产品伦理购买是正确的	
	T4	购买伦理农产品对大家是有益的	
	T5	农产品伦理购买是值得的	

(二)“群体依从”变量的初始题项

Ajzen (2002) 建议对群体依从的测量既要包括重要他人对个体实施某项行为看法的影响，如大多数对我而言重要的人都觉得我应该实施某项行为，还要包括重要他人的行为对个体实施某项行为的影响，如大多数对我来说重要的人会实施某项行为①。Vermeir 和 Verbeke (2008) 衡量社会依从的方法是用李克特量表测量 5 个陈述：对我重要的人/家人/社会的号召/朋友/我在意的人认为我应该购买可持续食品②。Hassan 等人 (2016) 用 2 个题项来测评群体规范：重要他人认为我应该/不应该做、重要他人将对我的行为表示支持/反对③。李东进等人 (2009) 认为，群体一

① Ajzen I. Residual effects of past on later behavior: habituation and reasoned action perspectives [J]. Personality and Social Psychology Review, 2002 (6): 107-122.

② Vermeir I, Verbeke W. Sustainable food consumption among young adults in Belgium: theory of planned behavior and the role of confidence and values [J]. Ecological Economics, 2008, 64 (3): 542-553.

③ Hassan L M, Shiu E, Shaw D. Who says there is an intention—behavior gap? assessing the empirical evidence of an intention behavior gap in ethical consumption [J]. Business Ethics, 2016 (136): 219-236.

致的测量指标是重要他人的看法和重要他人的行为①。邓新明（2012）在对伦理购买行为的研究中，将依从动机变量用3个指标进行测量：重要他人的看法、重要他人的行为、社会的号召②。

根据群体依从变量的定义和前人的相关量表，本研究确定了3项测量题项。其中，题项“N1 如果周围绝大部分家人/朋友/同事/邻居购买伦理农产品，我应该和他们一样”是示范性依从，反映了消费者的相关群体所接受认同的消费模式；题项“N2 如果周围绝大部分家人/朋友/同事/邻居认为应该购买伦理农产品，我则会进行农产品伦理购买”是继承性依从，反映了消费者的相关群体加以肯定的消费模式；题项“N3 如果政府机构/媒体网络/消费者团体经常号召消费者购买伦理农产品，我则会进行农产品伦理购买”是诱导性依从，反映了媒体和政府所宣传的消费模式。题项的测量采用李克特量表形式，程度从“非常不同意”到“非常同意”。具体如表5-2所示。

表5-2 群体依从的初始题项

变量	题项编号	初始题项	参考文献
群体依从	N1	如果周围绝大部分家人/朋友/同事/邻居购买伦理农产品，我应该和他们一样	Vermeir 和 Verbeke（2008）； 李东进等人（2009）； 邓新明（2012）； Hassan 等人（2016）
	N2	如果周围绝大部分家人/朋友/同事/邻居认为应该购买伦理农产品，我则会进行农产品伦理购买	
	N3	如果政府机构/媒体网络/消费者团体经常号召消费者购买伦理农产品，我则会进行农产品伦理购买	

① 李东进，吴波，武瑞娟．中国消费者购买意向模型——对 Fishbein 合理行为模型的修正［J］．管理世界，2009（1）：24-39.

② 邓新明．中国情景下消费者的伦理购买意向研究——基于 TPB 视角［J］．南开管理评论，2012，15（3）：22-32.

（三）“面子意识”变量的初始题项

尽管面子被认为是抽象且不可捉摸的，但学者们仍然用反映型指标对其进行了测量。具有代表性的是 Bao 等人（2003）开发的面子量表，包含 4 个题项①。很多相关研究借用此量表，近期的如 Jiang 和 Shan（2016）在奢侈品购买行为研究中对面子的测量②、Yin 等人（2018）在共享单车消费行为研究中对面子的测量等③。Chan 等人（2009）研究了人际面子对消费者的影响，采用 8 项指标来测量面子意识④。李东进等人（2009）在手机购买意图和购买行为的研究中采用 4 项指标对面子意识进行测量⑤。Zhang 等人（2011）开发了面子量表，该量表由获得面子的欲望和失去面子的恐惧两个维度构成，共 11 个题项⑥。张新安（2012）在对中国人面子意识和炫耀性消费行为研究中将面子意识划分为希望获得面子和害怕失去面子两个方面，共 11 项测量指标⑦。宋晓兵（2012）根据对消费者的访谈结果开发了感知面子的测量量表，包括 6 个题项⑧。王勇（2014）将面子

---

① Bao Y Q，Zheng Z，Su C Q. Face consciousness and risk aversion：do they affect consumer decision-making? [J]. Psychology and Marketing，2003，20（8）：733-755.

② Jiang L，Shan J. Counterfeits or shanzhai? the role of face and brand consciousness in luxury copycat consumption [J]. Psychological Reports，2016，119（1）：181-199.

③ Yin J L，Qian L X，Singhapakdi A. Sharing sustainability：how values and ethics matter in consumers' adoption of public bicycle-sharing scheme [J]. Journal of Business Ethics，2018（149）：313-332.

④ Chan H，Wan L C，Sin L Y M. The contrasting effects of culture on consumer tolerance：interpersonal face and impersonal fate [J]. Journal of Consumer Research，2009，36（2）：292-304.

⑤ 李东进，吴波，武瑞娟．中国消费者购买意向模型——对 Fishbein 合理行为模型的修正 [J]. 管理世界，2009（1）：24-39.

⑥ Zhang X A，Gao Q，Grigoriou N. Consciousness of social face：the development and validation of a scale measuring desire to gain face versus fear of losing face [J]. The Journal of Social Psychology，2011，151（2）：129-149.

⑦ 张新安．中国人的面子观与炫耀性奢侈品消费行为 [J]．营销科学学报，2012，8（10）：76-94.

⑧ 宋晓兵．感知面子对行为意向影响的跨文化比较研究 [J]. 预测，2012，31（4）：9-14.

分为获得性面子和保护性面子两个维度，共 6 个题项①。He 等人（2016）认为，面子因素在中国消费者非绿色购买行为中起到关键影响作用，并用 11 项指标进行测量②。施卓敏等人（2017）分析了面子观对绿色产品偏好的影响，将面子分为道德型面子、能力型面子、地位型面子、关系型面子 4 个维度，共 17 个测量题项③。王秀宏和孙静（2017）对理性消费和炫耀心理进行了研究，在对消费者的问卷调查中采用了 2 个维度共 11 项指标对面子进行了测量④。

本研究借鉴前人相关量表，并结合农产品伦理购买行为特征，确定了面子意识的 4 项测量题项。题项“F1 家人/朋友/同事/邻居会对我购买伦理农产品表示赞许”和题项“F2 经常进行农产品伦理购买能赢得家人/朋友/同事/邻居的尊重”体现的是关系型面子需要所引发的伦理购买。消费者希望和谐融洽的人际关系，渴望在群体中有归属感，期望得到群体成员的尊重和认可，甚至能够在群体中发挥领头作用。如果他人对自己农产品伦理购买行为的反应是积极的、赞许的，消费者就会对自己目前的形象和角色产生自信，处于轻松和满意的状态，伦理购买意图会更强烈。反之，消费者则会陷入认同危机，产生怀疑、彷徨和焦虑，伦理购买意图会削弱。题项“F3 购买伦理农产品很有面子”和题项“F4 是否进行农产品伦理购买是人与人之间不同层次的体现之一”体现的是能力型面子需要和地位型面子需要所引发的伦理购买。消费者希望社会能够认同自身的经济能力以及由此所衍生的成就、地位等。消费者对能力与地位展现的期望越大，农产品伦理购买意图就越强烈。题项的测量采用李克特量表形式，程度从“非常不同意”到“非常同意”。具体如表 5-3 所示。

---

① 王勇．面子对中国消费者购物行为的影响［J］．西安交通大学学报：社会科学版，2014，34（1）：49-53.

② He A Z，Cai T，Deng T X，et al. Factors affecting non-green consumer behaviour：an exploratory study among Chinese consumers［J］．International Journal of Consumer Studies，2016（40）：345-356.

③ 施卓敏，郑婉怡，邝灶英．中国人面子观在 RM 和 FM 模型中的测量差异及其对绿色产品偏好的影响研究［J］．管理学报，2017，14（8）：1208-1218.

④ 王秀宏，孙静．理性消费与炫耀心理对轻奢品牌购买意愿的研究［J］．管理现代化，2017，37（4）：78-81.

表 5-3 面子意识的初始题项

变量	题项编号	初始题项	参考文献
面子意识	F1	家人/朋友/同事/邻居会对我购买伦理农产品表示赞许	Bao 等人（2003）；李东进等人（2009）；He 等人（2016）；施卓敏等人（2017）
	F2	经常进行农产品伦理购买能赢得家人/朋友/同事/邻居的尊重	
	F3	购买伦理农产品很有面子	
	F4	是否进行农产品伦理购买是人与人之间不同层次的体现之一	

(四)“感知行为控制”变量的初始题项

感知行为控制是 Ajzen（1985）对理性行为理论进行完善后引入的一个新变量①。Sparks 和 Shepherd（1992）指出，感知行为控制分为内部控制因素（如自我效能）和外部控制因素（如感知障碍)②。Ajzen（2002）提出，感知行为控制可以从可控性和自我效能两方面进行考察③。Grimmer 和 Miles（2017）采用 9 个题项对伦理消费者的行为控制进行测量，其中 3 个题项用于测量可控性，6 个题项用于测量自我效能④。Hassan 等人（2016）用 5 个项目测量消费者伦理购买的感知行为控制⑤。Vermeir

① Ajzen I. From intentions to actions：a theory of planned behavior [J]. Advances in Experimental Social Psychology，1985，22（8）：11-39.

② Sparks P，Shepherd R. Self-identity and the theory of planned behavior：assessing the role of identification with green consumerism [J]. Social Psychology Quarterly，1992，55（4）：388-399.

③ Ajzen I. Residual effects of past on later behavior：Habituation and reasoned action perspectives [J]. Personality and Social Psychology Review，2002（6）：107-122.

④ Grimmer M，Miles M P. With the best of intentions：a large sample test of the intention-behaviour gap in pro-environmental consumer behaviour [J]. International Journal of Consumer Studies，2017（41）：2-10.

⑤ Hassan L M，Shiu E，Shaw D. Who says there is an intention-behavior gap? assessing the empirical evidence of an intention behavior gap in ethical consumption [J]. Business Ethics，2016（136）：219-236.

和 Verbeke（2008）指出，可持续性食品购买的感知行为控制分为感知到的获得性便利（是否方便购买）和感知到的行为有效程度（是否有能力购买）两个部分，共 8 个题项[①]。Yoon（2011）采用 4 个指标对消费者的感知行为控制进行测量，包含外控因素和自身能力因素[②]。邓新明（2012）将消费者伦理购买的感知行为控制分为控制信念和便利性感知两大类，共 6 项测量指标[③]。

本研究针对农产品伦理购买的特点，参考前人的相关量表，共设计了 4 个题项测量感知行为控制。题项“L1 我有信心让自己买到伦理农产品”、题项“L2 我有能力进行农产品伦理购买”、题项“L3 我有条件进行农产品伦理购买”测量的是消费者的自身能力情况，如对农产品伦理购买成本的承受能力、伦理购买的知识掌握能力和实际购买行动能力、购买自控力等内部因素。题项“L4 对我而言，进行农产品伦理购买没有什么障碍”测量的是消费者对购买的感知障碍，如伦理农产品的信息识别难度、伦理农产品的信息来源可靠度、伦理农产品购买便利度、伦理农产品供给量充足度等外部因素。具体如表 5-4 所示。

表 5-4 感知行为控制的初始题项

变量	题项编号	初始题项	参考文献
感知行为控制	L1	我有信心让自己买到伦理农产品	Vermeir 和 Verbeke（2008）； 邓新明（2012）； Grimmer 和 Miles（2017）
	L2	我有能力进行农产品伦理购买	
	L3	我有条件进行农产品伦理购买	
	L4	对我而言，进行农产品伦理购买没有什么障碍	

① Vermeir I, Verbeke W. Sustainable food consumption among young adults in Belgium: theory of planned behavior and the role of confidence and values [J]. Ecological Economics, 2008, 64 (3): 542-553.

② Yoon C. Theory of planned behavior and ethics theory in digital piracy: an integrated model [J]. Journal of Business Ethics, 2011 (100): 405-417.

③ 邓新明．中国情景下消费者的伦理购买意向研究——基于 TPB 视角 [J]. 南开管理评论，2012，15 (3)：22-32.

（五）“农产品伦理购买意图”变量的初始题项

Ajzen（2002）将意图的测量分为3个层级：我想去做、我将尝试去做、我计划去做①。Yoon（2011）使用计划行为理论对非伦理行为进行分析，用我打算去做、如果有机会我将会去做、我不会去做3个测量题项衡量行为意图②。Hassan等人（2016）对伦理购买行为意图的测量分为3个指标：可能去做、将会去做、有强烈的意愿去做③。Vermeir和Verbeke（2008）用7分制的3对双极形容词来衡量人们对伦理食品消费的意图：微小与良好的机会、不太可能与可能、不确定与不确定④。李东进等人（2009）和邓新明等人（2011）对伦理产品购买意图的测量采用两个题项：下次购物时会购买伦理产品、下次购物时首先会考虑购买伦理产品⑤⑥。

本书参考了前人伦理购买行为意图的量表，结合此次研究的实际需要，使用4个题项对农产品伦理购买意图变量进行测量，分别为题项“I1如果有机会，我会进行农产品伦理购买”、题项“I2我会优先考虑购买伦理农产品”、题项“I3我进行农产品伦理购买的可能性很大”、题项“I4我会在不久的将来进行农产品伦理购买”。题项的测量采用李克特量表形式，程度从“非常不同意”到“非常同意”。具体如表5-5所示。

---

① Ajzen I. Residual effects of past on later behavior：habituation and reasoned action perspectives［J］. Personality and Social Psychology Review，2002（6）：107-122.

② Yoon C. Theory of planned behavior and ethics theory in digital piracy：an integrated model［J］. Journal of Business Ethics，2011（100）：405-417.

③ Hassan L M，Shiu E，Shaw D. Who says there is an intention-behavior gap? assessing the empirical evidence of an intention behavior gap in ethical consumption［J］. Business Ethics，2016（136）：219-236.

④ Vermeir I，Verbeke W. Sustainable food consumption among young adults in Belgium：theory of planned behavior and the role of confidence and values［J］. Ecological Economics，2008，64（3）：542-553.

⑤ 李东进，吴波，武瑞娟．中国消费者购买意向模型——对Fishbein合理行为模型的修正［J］. 管理世界，2009（1）：24-39.

⑥ 邓新明，田志龙，刘国华，等．中国情境下企业伦理行为的消费者响应研究［J］. 中国软科学，2011（2）：132-153.

表 5-5　农产品伦理购买意图的初始题项

变量	题项编号	初始题项	参考文献
农产品伦理购买意图	I1	如果有机会，我会进行农产品伦理购买	Vermeir 和 Verbeke (2008)；李东进等人（2009）；邓新明等人（2011）；Hassan 等人（2016）
	I2	我会优先考虑购买伦理农产品	
	I3	我进行农产品伦理购买的可能性很大	
	I4	我会在不久的将来进行农产品伦理购买	

(六)“农产品伦理购买执行意图”变量的初始题项

很多社会心理学文献对执行意图的测量都采用了简单的二元项，如询问个体是否对完成意愿有明确的执行意图①。直到 Dholakia 等人（2007）突破了这一测量限制，将执行意图的测量衍生到实施的强烈程度、实施准备工作的完整性等方面②。之后的很多研究均以此作为参照来测量执行意图，如 Hassan 等人（2016）中对抵制血汗制衣厂而进行伦理购买执行意图的测量③、Grimmer 和 Miles（2017）中对消费者环保购买执行意图的测量等④。

根据研究的相关定义和前人的量表，本研究确定农产品伦理购买执行意图由 4 个测量题项构成。两项用于衡量农产品伦理购买计划是否存在：“P3 我制定好了进行农产品伦理购买的具体步骤”和“P4 我做好了下次购买伦理农产品的前期准备”。另两项用于衡量农产品伦理购买计划的实力：

---

① Carrington M J，Neville B A，Whitwell G J. Why ethical consumers don't walk their talk：towards a framework for understanding the gap between the ethical purchase intentions and actual buying behaviour of ethically minded consumers [J]. Journal of Business Ethics，2010 (97)：139-158.

② Dholakia U M，Bagozzi R，Gopinath M. How formulating implementation plans and remembering past actions facilitate the enactment of effortful decisions [J]. Journal of Behavioural Decision Making，2007 (20)：343-364.

③ Hassan L M，Shiu E，Shaw D. Who says there is an intention-behavior gap? assessing the empirical evidence of an intention behavior gap in ethical consumption [J]. Business Ethics，2016 (136)：219-236.

④ Grimmer M，Miles M P. With the best of intentions：a large sample test of the intention-behaviour gap in pro-environmental consumer behaviour [J]. International Journal of Consumer Studies，2017 (41)：2-10.

“P1 我确切地知道该如何进行农产品伦理购买”和“P2 关于什么时候进行农产品伦理购买，我有明确的想法”。4 个题项的测量采用李克特量表形式，程度从“非常不同意”到“非常同意”。具体如表 5-6 所示。

表 5-6 农产品伦理购买执行意图的初始题项

变量	题项编号	初始题项	参考文献
农产品伦理购买执行意图	P1	我确切地知道该如何进行农产品伦理购买	Gollwitzer（1999）；Dholakia 等人（2007）；Carrington 等人（2010）；Hassan 等人（2016）；Grimmer 和 Miles（2017）
	P2	关于什么时候进行农产品伦理购买，我有明确的想法	
	P3	我制定好了进行农产品伦理购买的具体步骤	
	P4	我做好了下次购买伦理农产品的前期准备	

（七）“购买情境”变量的初始题项

消费者在农产品伦理消费中身处的购买情境包括零售店实体环境和营销环境。零售店实体环境指农产品生鲜超市或农贸市场等零售点的物质环境，如地理位置、农产品陈列、店内布置等；营销环境指消费者所受到的营销刺激，如人员推销、销售促进、广告等。

科特勒和凯勒（2017）的消费者购买决策模型中，消费者会受到一系列外部刺激的影响，这些刺激形成了消费者实施购买行为的重要驱动力。其中，企业市场营销因素带给消费者的刺激包括产品刺激、价格刺激、分销刺激和促销刺激 4 个部分①。在农产品伦理购买情境下，产品刺激是指通过农产品本身品质的提高增加消费者购买，伦理农产品的安全、生态、营养、健康、美味等特质能够为消费者带来购买动力；价格刺激是指通过伦理农产品在价格上给消费带来的成本优势或通过伦理农产品的价格变动激发消费者实施购买行为；分销刺激是指通过增加伦理农产品的分销渠道和分销网点给消费者带来的购买便利，从而促进消费者购买；促销刺激是指通

① 科特勒，凯勒．营销管理［M］．王永贵，何佳讯，陈荣，等，译．上海：格致出版社，2017.

过广告、销售促进、人员推销等方式获得伦理农产品销售的提升。邓新明（2014）将伦理购买情境识别为物质环境、社会环境、购买任务、现行状态4个组成部分，并给出了代表性例句①。Grimmer 和 Miles（2017）在环保消费行为进行的研究中用5个题项对营销情境进行了测量②。

根据本研究购买情境的定义和前人的相关量表，并结合农产品的购买特征，本研究确定了7项测量题项。其中，实体环境的测量指标有2项，分别为“S3 我购买陈列整齐/干净的伦理农产品”和“S4 我去音乐/色彩/灯光/气味舒服的零售店购买伦理农产品”；营销环境的测量指标有5项，分别为“S1 我关注店内的伦理农产品海报信息”（海报展示伦理农产品特性从而给予消费者产品刺激）、“S2 我接受促销员推荐的伦理农产品”（促销员介绍和宣传伦理农产品从而给予消费者产品刺激和促销刺激）、“S5 我优先选择进行价格促销的伦理农产品”（价格刺激和促销刺激）、“S6 我优先选择店内首推/宣传的伦理农产品”（促销刺激）、“S7 我选择便利的场所购买伦理农产品”（分销刺激）。7个题项的测量采用李克特量表形式，程度从“从不”到“总是”。具体如表5-7所示。

表 5-7　购买情境的初始题项

变量	题项编号	初始题项	参考文献
购买情境	S1	我关注店内的伦理农产品海报信息	Belk（1975）；Carrington 和 Neville（2010）；Coleman 等人（2011）；邓新明（2014）；Grimmer 和 Miles（2017）
	S2	我接受促销员推荐的伦理农产品	
	S3	我购买陈列整齐/干净的伦理农产品	
	S4	我去音乐/色彩/灯光/气味舒服的零售店购买伦理农产品	
	S5	我优先选择进行价格促销的伦理农产品	
	S6	我优先选择店内首推/宣传的伦理农产品	
	S7	我选择便利的场所购买伦理农产品	

① 邓新明．消费者为何喜欢“说一套，做一套”——消费者伦理购买“意向—行为”差距的影响研究［J］．心理学报，2014，46（7）：1014-1031.

② Grimmer M，Miles M P. With the best of intentions：a large sample test of the intention-behaviour gap in pro-environmental consumer behaviour［J］. International Journal of Consumer Studies，2017（41）：2-10.

综合上述变量的测量和第三章中对农产品伦理行为购买变量的测量，本研究的初始问卷共包含题项 58 个，分别为：农产品伦理购买态度、群体依从、面子意识、感知行为控制为研究模型里的 4 个外生变量，共 16 个题项；农产品伦理购买意图和农产品伦理购买执行意图为研究模型里的 2 个中介变量，共 8 个题项；购买情境为研究模型里的调节变量，共有 7 个题项；农产品伦理购买行为为研究模型的内生变量，在第三章已经确定为 5 个维度，共 22 个初始题项；另外，人口统计变量为 5 个题项。

二、问卷的设计

伦理消费主义文献表明，该领域赞成和偏好定量研究，尤其是自我报告式的问卷调查①。当然，问卷调查中普遍存在的一些问题会使人们对研究结果的可靠性产生怀疑，如受访者很可能会撒谎、夸大或误解自身的实际购买行为，但它却比较适用于影响因素的分析、干扰效果的评价以及结果预测等问题的研究②。本研究探讨的农产品伦理购买行为影响因素模型是由一系列外生变量、中介变量、调节变量和内生变量构建而成的关系模型，本研究将采用问卷调查的方法作为实证研究的主要工具，而这些变量的测量指标则构成了本研究问卷调查的主体。

为了最大限度地减少问卷调查的缺陷给实证研究带来的负面影响，本研究在问卷的设计和发放上尤其注意以下问题。第一，避免由于歧义导致的消费者语义理解偏差。本研究观测变量的题项，凡来自国外研究量表的均进行了往返翻译，即将量表的英文版翻译成中文，然后再将中文版回译为英文，让两者做到意思无差异，以防止模糊或不当的措辞造成的错误答案，且全部设计为简洁明了的正向表意，确保题项措辞的正确性和直观性。另外，考虑到消费者对“农产品”和“伦理购买”的理解存在疑问和理解差异，本研究在调查问卷的指导语中对这两个专业名词进行了解释并

---

① Auger P, Devinney T M. Do what consumers say matter? the misalignment of preferences with unconstrained ethical intentions [J]. Journal of Business Ethics, 2007 (76): 361-383.

② 克雷斯威尔．研究设计与写作指导：定性、定量与混合研究的路径 [M]. 崔延强，译．重庆：重庆大学出版社，2007.

举例说明。在问卷的主体部分，本研究将同一变量的测量题项安排在一起，便于受访者思维上的连贯，并且题项的难度排列顺序也是由浅入深，便于受访者理解。第二，消除虚拟情境问题。以往的伦理测试中往往提供与实际情况完全不相符的案例情境让被测者做出回应，然而，被测者在虚拟情境下的回答在很大程度上是没有意义的。本研究的调查问卷不涉及任何虚拟情境问题，以确保被测者回答的有用性，促使后期的分析与预测更加具有说服性。第三，不设置隐射问题。非常多的伦理研究在设计问题时都会用隐射的方法，即“第三方”问题，这会让答案存在偏差。例如，“你认为这个消费者的行为是道德（或不道德）的吗?”，如果这个问题换为“在同样的情形下，你会怎么做?”，问题的答案可能就有所不同。本研究的调查问卷针对消费者本人提出问题，不涉及第三方，以确保被测者回答的真实性。第四，缩小样本选择偏差。目前，在实证研究中一个恼人而又增长的趋势是使用学生作为研究样本。无论是在网络还是在实体店，道德决策都是在交易情境中进行的，让缺乏经验的学生作为消费者被测试是不适合的①。本研究的实地问卷调查采用与消费者面对面的街头拦截方式，而网络调查问卷则与专业的问卷调查公司合作，尽力使样本在地域分布和人口统计特征上（包括性别、年龄、职业、收入及受教育程度等方面）相对广泛和均匀。第五，减少社会期望偏差。本研究在调查问卷指导语中明确表明研究目的和数据去向，强调“调查题项的答案没有对错之分”以及“问卷的全部结果仅用于学术研究”。同时，向受访者做出“不必在调查中写明身份，您的回答也将被保密”的郑重承诺。另外，在调查问卷的设计上，本研究将人口统计变量的相关题项放在了调查问卷的最后，以免受访者在答题开始时就对敏感的伦理问题产生防范和抵触心理。第六，遵循兼容性原则。Ajzen（1988）提出对相同类别的变量的测量要满足兼容性原则（principle of compatibility），即测量目标、测量时间、测量情境、测量实施过程必须在同一个水平上。如若不然，可能会导致变量的解释力低下②。本研究除类别变量外，连续变量的测量都使用了相似的措辞形式、相同的点级量表和相匹配的难易程度。初始问卷使用李克特量表形式，连

① Hunt S D，Vitell S. The general theory of marketing ethics：a revision and three questions [J]. Journal of Macromarketing，2006，26（2）：143-153.

② Ajzen I. Attitude，personality and behaviour [M]. Chicago：Dorsey，1988.

续变量“农产品伦理购买行为”与变量“购买情境”填答要求中：“1”表示“从不”，“2”表示“很少”，“3”表示“较少”，“4”表示“有时”，“5”表示“较多”，“6”表示“经常”，“7”表示“总是”。其他连续变量的填答要求均为：“1”表示“非常不同意”，“2”表示“不同意”，“3”表示“有点不同意”，“4”表示“中立”，“5”表示“有点同意”，“6”表示“同意”，“7”表示“非常同意”。

三、小规模访谈

本研究邀请了5位相关学科的教授和经济管理学院的6位博士研究生对初始问卷进行了试答，请他们在填答完毕后对本问卷提出意见和建议，并有针对性地进行了仔细的讨论，包括问卷的指导语、题项的内容、题项的数量、题项的设置难度、题项的分布、题项的表述和措辞等。经过反复思考和斟酌后，我们对初始问卷做出了如下调整：题项“I4 我会在将来进行农产品伦理购买”修改为“I4 我会在不久的将来进行农产品伦理购买”，题项“P1 我知道该如何进行农产品伦理购买”修改为“P1 我确切地知道该如何进行农产品伦理购买”，对农产品伦理购买行为测量题项的修改在第三章第二小节中已做阐述。

四、预测与量表的调整

预测的问卷发放通过熟人“滚雪球”的方式开展，利用问卷星专业调查网站进行网络在线调查，对象以湖北省消费者为主，共获取有效问卷208份，具体内容在第三章第三节中已做阐述。

（一）项目分析的结果

本研究采用“临界比率”的独立样本T检验、项目与总分的相关性检验、同质性检验3种方法对农产品伦理购买行为影响因素的初始量表进行项目分析。运用SPSS 22.0进行分析，“临界比率”的独立样本T检验、项目与总分的相关性检验、同质性检验的结果显示，农产品伦理购买行为影响因素高分组与低分组的平均数差异均达到显著，$p<0.001$；农产品伦理购买行为影响因素测量的29个题项与总分的Pearson相关均达到显著，$p<0.001$；29个题项CITC均大于0.4，项已删除的内部一致性α系数均

小于初始量表α系数值0.921。这表明，29个题项都具有高鉴别度，适合做因子分析。详请见表5-8。

表5-8 农产品伦理购买行为影响因素初始量表各题项的项目分析结果

编号和题项	"临界比率"的独立样本T检验	项目与总分的相关性检验	同质性检验		是否保留该题项
	显著性 $p<0.05$	相关系数 $p<0.05$	CITC>0.4	项已删除的内部一致性α系数<原量表信度（初始量表α系数值为0.958）	
T1 明智的	10.008***	0.662***	0.634	0.957	是
T2 重要的	13.014***	0.711***	0.688	0.957	是
T3 正确的	11.574***	0.755***	0.735	0.956	是
T4 有益的	12.273***	0.750***	0.732	0.957	是
T5 值得的	11.472***	0.757***	0.737	0.957	是
F1 赞许	14.456***	0.744***	0.723	0.957	是
F2 尊重	13.252***	0.733***	0.709	0.957	是
F3 有面子	11.144***	0.644***	0.607	0.958	是
F4 高层次	10.775***	0.564***	0.521	0.958	是
N1 周围人购买	10.576***	0.717***	0.691	0.957	是
N2 周围人认为应该购买	11.415***	0.714***	0.687	0.957	是
N3 政府号召购买	11.896***	0.774***	0.753	0.956	是

续表

编号和题项	"临界比率"的独立样本T检验	项目与总分的相关性检验	同质性检验		是否保留该题项
	显著性 $p<0.05$	相关系数 $p<0.05$	CITC>0.4	项已删除的内部一致性α系数<原量表信度（初始量表α系数值为0.958）	
L1 有信心	13.256***	0.726***	0.698	0.957	是
L2 有能力	13.919***	0.738***	0.710	0.957	是
L3 有条件	13.430***	0.731***	0.703	0.957	是
L4 无障碍	11.878***	0.703***	0.672	0.957	是
I1 若有机会则购买	9.205***	0.750***	0.730	0.957	是
I2 优先购买	10.710***	0.762***	0.742	0.956	是
I3 购买可能性大	11.128***	0.765***	0.745	0.956	是
I4 不久的将来会购买	11.447***	0.749***	0.728	0.956	是
P1 知道如何购买	11.603***	0.737***	0.709	0.957	是
P2 有明确想法	13.518***	0.749***	0.723	0.956	是
P3 制定了步骤	10.121***	0.649***	0.612	0.958	是

续表

编号和题项	"临界比率"的独立样本T检验	项目与总分的相关性检验	同质性检验		是否保留该题项
	显著性 $p<0.05$	相关系数 $p<0.05$	CITC>0.4	项已删除的内部一致性 α 系数<原量表信度（初始量表 α 系数值为 0.958）	
P4 有前期准备	12.112***	0.715***	0.684	0.957	是
Y1 社会责任	8.493***	0.651***	0.623	0.957	是
Y2 生态与安全	6.741***	0.493***	0.451	0.958	是
Y3 认证与标识	6.641***	0.532***	0.497	0.958	是
Y4 营养健康	6.216***	0.505***	0.474	0.958	是
Y5 自然渠道	5.558***	0.405***	0.401	0.958	是

注：*** 表示 $p<0.001$。

（二）探索性因子分析的结果

1. KMO 和 Bartlett's 球形检验的结果

运用 SPSS 22.0 进行分析，结果显示 KMO 值为 0.916，Bartlett's 球

形检验的值为5196.025（自由度为406）达显著，表明总体的相关矩阵间有共同因素存在，适合进行因子分析。分析结果详见表5-9。

表5-9　KMO和Bartlett's球形检验结果

Kaiser-Meyer-Olkin 测量取样适当性		0.916
Bartlett's 球形检验	大约卡方值	5196.025
	d*f*	406
	显著性	0.000

2. 主成分分析的结果

本研究设定因子固定数量为7进行抽取，采用“正交转轴”法中的最大变异法，并参考Lederer和Sethi（1991）提出的原则删除不合格题项。第一，每次只删除一题，每次删题后进行新的因子分析；第二，首先删除组成不稳定结构公因子（指标小于3个）的题项，其次删除因子载荷量小于0.5的题项，接着删除在2个及以上公因子中载荷均超过0.4的题项①。历经因子分析，本研究删除了不满足条件的因子“F4是否进行农产品伦理购买是人与人之间不同层次的体现之一”。分析结果详见表5-10。

表5-10　探索性因子分析结果

编号和题项	主成分分析法正交转轴后的因子载荷							分量表信度
	因子1	因子2	因子3	因子4	因子5	因子6	因子7	
T2 重要的	0.887							0.949
T3 正确的	0.867							
T5 值得的	0.851							
T4 有益的	0.849							0.949
T1 明智的	0.791							
P3 制定了步骤		0.869						0.938
P4 有前期准备		0.863						

① Lederer，Sethi. Critical dimensions of strategic information systems planning［J］. Decision Sciences，1991，2（4）：104-119.

续表

编号和题项	主成分分析法正交转轴后的因子载荷							分量表信度
	因子 1	因子 2	因子 3	因子 4	因子 5	因子 6	因子 7	
P1 知道如何购买		0.807						0.938
P2 有明确想法		0.789						
L3 有条件			0.833					0.913
L2 有能力			0.827					
L4 无障碍			0.773					
L1 有信心			0.672					
I4 不久的将来会购买				0.718				0.939
I3 购买可能性大				0.713				
I1 若有机会则购买				0.699				
I2 优先购买				0.695				
N2 周围人认为应该购买					0.873			0.898
N1 周围人购买					0.802			
N3 政府号召购买					0.748			
Y3 认证与标识						0.815		0.802
Y2 生态与安全						0.790		
Y1 社会责任						0.757		
Y4 营养健康						0.734		
Y5 自然渠道						0.639		
F2 尊重							0.623	0.795
F3 有面子							0.618	
F1 赞许							0.569	

3. 信度分析的结果

运用 SPSS 22.0 对农产品伦理购买行为总量表的信度以及各个构面的信度进行分析，结果显示，Cronbach's α 值均达到理想标准。

通过探索性因子分析，本研究在初始问卷的基础上删除了一个题项“F4 是否进行农产品伦理购买是人与人之间不同层次的体现之一”，其余题项保持不变。

第二节 数据收集

一、正式问卷样本单位数的确定和发放

很多学者建议，样本数量和题目数量的比例至少为 10∶1[①]。也有学者指出，如果从结构方程模型中测量变量的数量来确定问卷样本数，则问卷样本数量与题目数量之间的比例要在 10∶1 至 15∶1 之间，且不少于 200。具体来说，如果量表的数据遵循多元正态分布，那么，样本量需要达到量表题项的 5 倍，但如果量表的数据不遵循多元正态分布，则样本需要达到量表题项的 10～15 倍，且不少于 200[②]。

根据变量测评的结果和农产品伦理购买行为影响因素模型的研究设计，可能进入模型运算的潜变量的题项为 43 个，按照样本数量和题目数量的比例至少为 10∶1 的要求，本研究至少需要收集样本 430 个，按照 15∶1 的要求，则要收集样本 645 份。本研究按照样本收集原则中较严格的要求进行样本收集。

本研究以消费者为研究对象，数据采集的主要方法是问卷调查。正式问卷的数据采用实地问卷调查和网络问卷调查相结合的方式进行收集，总共发放的样本数量为 850 份，实际有效问卷数量是 714 份，具体内容在第三章第四小节中已做阐述。

---

① Kahai S S，Cooper R B. Exploring the core concepts of media richness theory：the impact of cue multiplicity and feedback immediacy on decision quality [J]. Journal of management information systems，2003，20 (1)：263-299.

② Mueller R O. Structural equation modeling：back to basics [J]. Structural Equation Modeling，1997 (4)：353-369.

二、样本概况

本次问卷调查的被访者性别分布、年龄分布、学历分布、职业分布、收入分布信息如表 5-11 所示，可以看到，样本具有良好的普遍性。

表 5-11 正式问卷调查的人口统计特征信息

人口统计变量	分类	样本数目（个）	百分比（%）
性别	男	343	48.04
	女	371	51.96
年龄	18 岁以下	3	0.42
	18～25 岁	87	12.18
	26～35 岁	168	23.53
	36～45 岁	125	17.51
	46～55 岁	183	25.63
	56 岁及以上	148	20.73
最高学历	初中及以下	63	8.82
	高中	225	31.51
	大专或本科	314	43.98
	研究生	112	15.69
职业	政府职员	52	7.28
	企业职员	213	29.83
	学生	31	4.34
	教育科研、医疗	113	15.83
	个体经营者	55	7.70
	离退休人员	101	14.15
	专职家庭者	47	6.58
	其他	102	14.29
月收入	2000 元及以下	58	8.12
	2001～4000 元	167	23.39

续表

人口统计变量	分类	样本数目（个）	百分比（%）
月收入	4001～6000 元	198	27.73
	6001～8000 元	107	14.99
	8001～10000 元	103	14.43
	10000 元以上	81	11.34

第三节　本章小结

上一章提出了农产品伦理购买行为影响因素模型，本章针对此模型进行了研究设计与数据收集。

第一部分：研究设计。

首先，以国内外相关研究量表为基础，结合本研究的实际，设计变量的测量题项，形成初始量表。接着，经过小规模访谈对问卷提出意见和建议，并予以修正。然后，进行预测并根据预测结果对量表进行二次调整，形成正式问卷量表。

第二部分：数据收集。

本研究按照样本收集原则中较严格的要求进行样本收集，样本数量和题目数量的比例高于 15∶1，共获取有效问卷 714 份。最后，本章对样本概况进行了描述，样本具有良好的普遍性。

第六章

模型拟合与假设检验

在第五章中，本研究对变量的测量依据进行了阐述，确定了最终量表并发放了正式问卷。本章依据问卷的各项数据对农产品伦理购买影响因素模型的研究假设进行检验。首先，本章将对模型的分析方法和分析工具进行介绍；其次，对回收的正式问卷的有效数据进行描述性统计分析、同源误差检验、验证性因子分析，确保量表和研究数据的信度与效度；接着，利用样本数据对结构方程模型进行拟合评价与修正、潜变量的路径分析、中介效应分析、调节效应分析；最后，对研究结果进行讨论与机理分析。

第一节　研究方法介绍

一、结构方程模型

结构方程模型（structural equation model，SEM）是多变量数据分析的重要工具。被广泛地应用于管理学、心理学、社会学等学科的研究中，这些研究通常包含较多难以直接准确测量的变量（即潜变量）。本研究将会运用到结构方程模型的验证性因子分析、高阶因子分析、路径及因果分析等功能。

（一）结构方程模型的特点①

1. 结构方程模型具有理论先验性

SEM 研究模型必须建立在一定的理论基础上。SEM 用于验证理论或假设，它是一种验证性而非探索性的统计工具。

2. 结构方程模型可以同时处理测量与分析

SEM 可以估计测量过程中的测量误差，评估测量的信度与效度。同时，SEM 还可以分析观察变量之间、潜变量之间以及观察变量与潜变量之间的复杂关系。

3. 结构方程模型整合了因素分析与路径分析两种统计方法

一个完整的结构方程模型分为测量模型和结构模型。测量模型主要反映观察变量与潜变量之间的关系，而结构模型则反映各项潜变量之间的关系。SEM 可以同时处理测量模型（构面代表性）与结构模型（潜变量之间的关系）。

4. 结构方程模型注重协方差的运用

SEM 是基于变量的协方差矩阵来分析变量之间关系的。利用协方差矩阵，不仅可以观察出多个连续变量之间的关联情形，还可以检测出理论模型的协方差与实际收集数据的协方差之间的差异。

5. 结构方程模型重视整体模型的契合度

SEM 需要参考多种不同的适配度指标对模型的拟合度做出整体判断。其方法是检验样本的协方差矩阵与假设模型的协方差矩阵之间的差异程

---

① 吴明隆．结构方程模型——AMOS 的操作与应用［M］．重庆：重庆大学出版社，2016.

度。其虚无假设 H0 为：样本协方差矩阵(S) = 模型协方差矩阵 $\sum(Q)$。完美的拟合状态是样本协方差矩阵(S) − 模型协方差矩阵 $\sum(Q) = 0$，二者差异越小，模型拟合度越佳。

（二）结构方程模型的二阶段检验步骤

Anderson 和 Gerbing（1988）认为，SEM 的检验需要包含两个阶段：第一阶段为测量模型的验证性因子分析，主要用于了解数据对于测量模型是否具有信度和建构效度，构面的测量题目是否具有代表性；第二阶段为结构模型阶段，主要用于路径分析，检验拟合度指标，分析直接效果和间接效果及其他特殊分析①。

二、AMOS 分析工具

结构方程模型常用的软件有 LISREL、AMOS、MPLUS、EQS 等，其中使用最多且最广的为 LISREL 和 AMOS。LISREL 能够提供非常丰富的指标参数，但其对语法命令的撰写要求比较高，需要用到较为复杂的编程，且在可视化操作方便功能不强大。AMOS 是图形式界面且语法编写简洁明了，当使用者熟悉理论因果模型图的绘制及基本参数值的设定后则可快速而有效地绘制模型图，进而求出模型结果统计量②。故而本研究使用 AMOS 21.0 作为结构方程模型的分析工具。

第二节　数据分析

一、量表的描述性统计分析

在数据分析阶段，本研究首先对收集到的样本数据的各项基本特征进

① Anderson J C，Gerbing D W. Structural equation modeling in practice：a review and recommended two-step approach [J]. Psychological Bulletin，1988，103（3）：411-423.

② 吴明隆．结构方程模型——AMOS 的操作与应用 [M]. 重庆：重庆大学出版社，2016.

行描述和说明，从而考察数据是否满足后期相关检验分析的要求。本研究的描述性统计分析主要包括各观察变量的均值、标准差、方差、峰度和偏度。标准差、方差与均值的比较显示了数据的离散程度，而偏度及峰度则是检查是否满足单变量正态的重点。Kline 等人（2011）指出，在理论上，正态分布的数据应是偏度为 0，峰度为 3。由于在统计软件中峰度会减去 3，因此软件数据显示峰度为 0 且偏度为 0 视为正态。在实务上，偏度在 −1.25～2.0 之间，峰度在 −1.0～8.0 之间则符合单变量正态。偏度大于 3 为极端偏度，峰度大于 20 为极端峰度①。本研究使用 AMOS 21.0 软件对农产品伦理购买行为影响因素研究框架中的外生变量、中介变量、调节变量和内生变量分别进行描述性统计分析。

（一）外生变量测量题项的描述性统计分析

本研究的外生变量为农产品伦理购买态度、群体依从、面子意识和感知行为控制这 4 个变量，对其进行描述性统计分析结果见表 6-1。

表 6-1　外生变量测量题项的描述性统计分析

变量	测量题项	均值	标准差	方差	偏度	峰度
农产品伦理购买态度	T1 明智的	5.41	1.134	1.286	−1.123	1.748
	T2 重要的	5.44	1.032	1.065	−0.797	0.747
	T3 正确的	5.42	1.121	1.257	−1.157	1.853
	T4 有益的	5.55	1.030	1.060	−1.027	1.417
	T5 值得的	5.48	1.068	1.140	−1.059	1.597
群体依从	N1 周围人购买	5.05	1.241	1.541	−0.810	0.432
	N2 周围人认为应该购买	5.08	1.207	1.457	−0.807	0.406
	N3 政府号召购买	5.14	1.176	1.382	−0.881	0.746
面子意识	F1 赞许	5.27	1.091	1.191	−0.506	−0.107
	F2 尊重	5.12	1.129	1.274	−0.635	0.315
	F3 有面子	4.52	1.357	1.841	−0.393	−0.040

① Kline，Rex B，Little，et al. Principles and practice of structural equation modeling [M]. London：Guilford Press，2011.

续表

变量	测量题项	均值	标准差	方差	偏度	峰度
感知行为控制	L1 有信心	4.29	1.330	1.769	−0.203	−0.120
	L2 有能力	4.47	1.352	1.829	−0.340	−0.187
	L3 有条件	4.57	1.342	1.800	−0.382	−0.279
	L4 无障碍	4.27	1.382	1.910	−0.137	−0.396

从表 6-1 的分析结果可以看出，本研究外生变量的测量题项均值分布较均衡，各题项的标准差较小，表示波动状况不明显，样本数据的离散程度可以接受。各题项偏度的绝对值均小于 2，且峰度的绝对值远小于 7。由此可见，外生变量的测量数据符合单变量正态分布的要求。

（二）中介变量和调节变量测量题项的描述性统计分析

本研究的中介变量为农产品伦理购买意图和农产品伦理购买执行意图，调节变量为购买情境，这 3 个变量的描述性统计分析结果见表 6-2。

表 6-2 中介变量和调节变量测量题项的描述性统计分析

变量	测量题项	均值	标准差	方差	偏度	峰度
农产品伦理购买意图	I1 若有机会则购买	5.38	1.066	1.136	−1.217	2.456
	I2 优先购买	5.28	1.128	1.273	−0.822	0.993
	I3 购买可能性大	5.16	1.169	1.367	−0.909	1.043
	I4 不久的将来会购买	5.18	1.128	1.273	−0.860	1.269
农产品伦理购买执行意图	P1 知道如何购买	4.36	1.371	1.878	−0.268	−0.154
	P2 有明确想法	4.47	1.304	1.700	−0.347	0.135
	P3 制定了步骤	4.24	1.413	1.997	−0.289	−0.236
	P4 有前期准备	4.32	1.426	2.034	−0.348	−0.344
购买情境	S1 关注海报	4.00	1.508	2.275	−0.132	−0.635
	S2 促销员推荐	3.86	1.348	1.818	−0.044	−0.214
	S3 陈列整齐	4.91	1.239	1.535	−0.495	0.000
	S4 环境舒适	4.09	1.573	2.473	−0.169	−0.641
	S5 价格促销	4.40	1.255	1.574	−0.121	−0.233
	S6 店内首推	4.30	1.243	1.546	−0.044	−0.299
	S7 场所便利	4.99	1.180	1.393	−0.553	0.088

从表 6-2 的分析结果可以看出，本研究中介变量和调节变量的测量题项均值分布较均衡，各题项的标准差较小，表示波动状况不明显，样本数据的离散程度可以接受。各题项偏度的绝对值均小于 2，且峰度的绝对值远小于 7。由此可见，中介变量和调节变量的测量数据符合单变量正态分布的要求。

（三）内生变量测量题项的描述性统计分析

本研究的内生变量为农产品伦理购买行为，对其进行描述性统计分析结果见表 6-3。

表 6-3 内生变量测量题项的描述性统计分析

变量	测量题项	均值	标准差	方差	偏度	峰度
农产品伦理购买行为	Y1 社会责任	4.3199	1.10300	1.217	−0.089	0.514
	Y2 生态与安全	4.7995	1.26588	1.602	−0.612	0.168
	Y3 认证与标识	4.7216	1.11342	1.240	−0.260	−0.119
	Y4 营养健康	5.1232	0.94621	0.895	−0.650	1.756
	Y5 自然渠道	4.6284	1.14846	1.319	−0.223	−0.198

从表 6-3 的分析结果可以看出，本研究内生变量的测量题项均值分布较均衡，各题项的标准差较小，表示波动状况不明显，样本数据的离散程度可以接受。各题项偏度的绝对值均小于 2，且峰度的绝对值远小于 7。由此可见，内生变量的测量数据符合单变量正态分布的要求。

（四）多元正态分布检验

从上文已经看到，农产品伦理购买行为影响因素模型中的各个变量已经满足了单变量的正态分布，数据情况良好。单变量正态分布是多元正态分布检验合格的前提。Byrne（2001）认为，多变量正态值在 5 以内，表示符合多变量正态。然而，结构方程模型的数据很难符合多元正态分布的要求。在实务上，多变量正态值如果界于−4.9～49.1 之间，参数估计就不会产生偏误①。运用软件 AMOS 21.0 评估本研究数据的正态分布，结果显示，多变量正态值为 45.65（<49.1），因而本研究的参数显著性估计不会受到数据未满足多元正态分布的影响。

二、共同方法偏差检验

共同方法偏差（common method bias，CMV），又称为同源误差（single-source bias），它是由研究中使用的测量方法问题而产生的一种系统性偏误。例如，当研究中自变量与因变量量表的填答者相同时，得到的两类量表分数就可能受到填答者本身某种因素的影响造成同源性偏差，导致变量之间的相关膨胀或被低估。另外，题项的特性、题项的脉络、测量的情境脉络等因素也都有可能导致共同方法偏差。共同方法偏差可以通过事前预防和事后检查与控制来进行弥补。事前预防包括题项意义隐匿、题项随机配置，不使用反向题项。事后检查与控制是以统计方法进行修正。

由于本研究是在单一环境下使用的自我报告调查的回复数据，这就需要评估共同方法偏差，以确定测量方法是否限制了研究的内部有效性。为此，本研究分别在 CFA 和 EFA 中使用 Herman 单因素测试来评估 CMV 是否存在。首先，本研究在 CFA 中将所有测量项目归入一个单因素构面并执行此模型。结果显示，该模型的拟合度指标状况极差，拟合优度指数（GFI）为 0.522，比较拟合指数（CFI）为 0.585，规范拟合指数（NFI）为 0.577，近似误差均方根（RMSEA）为 0.179，这表明 CMV 并未对本研究造成影响。其次，本研究在 EFA 中将全部题项都纳入因子分析，采用最大方差法进行因子旋转，结果显示，各因子的提取平方和载入均未超过 50%，这说明并不能用某一个因子来解释大多数方差，再次证实 CMV 并未对本研究造成影响。

三、验证性因子分析

验证性因子分析（confirmatory factor analysis，CFA）被称为结构方程模型家族的一分子，在路径分析或结构分析的验证中起着至关重要的作

---

① Byrne B M. Structural equation modeling with AMOS：basic concepts，applications，and programming [M]. Massachusetts：Lawrence Erlbaum，2001.

用。在评估结构方程模型之前，一般会首先评估测量模型，验证所观察变量是否准确反映了它们所对应的潜在变量。在许多情况下，SEM 的问题是由于 CFA 中的测量模型问题所造成的。如果测量模型不佳，做 SEM 是毫无意义的。CFA 研究在很大程度上提供了关于模型规范和评估的足够详细的信息，增强了对结果的信心①。本研究根据 SEM 的二阶段检验步骤先对测量模型进行验证性因子分析。

（一）分量表的验证分析

1. “农产品伦理购买态度”因子

运用软件 AMOS 21.0 计算后的结果显示，“农产品伦理购买态度”因子 5 项指标的标准化因子载荷量均达到建议标准。然而，其模型拟合度却不佳，这是由于残差不独立造成的，即残差之间有关联。用 AMOS 21.0 的修正指标检测，删除影响最大的残差所对应的项“T5 农产品伦理购买是值得的”。最终得到“农产品伦理购买态度”构面由 4 项指标构成，具体见图 6-1。拟合度指标均符合标准，总体拟合度良好，详情见表 6-4。

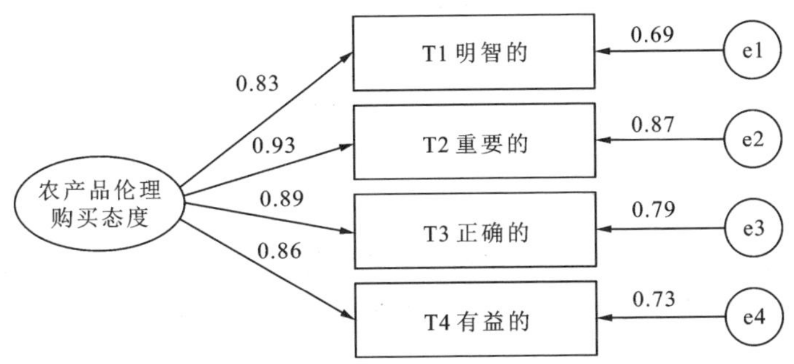

图 6-1　维度“农产品伦理购买态度”的验证性因子分析结果

① Jackson D L，Gillaspy J A，Purc-Stephenson R. Reporting practices in confirmatory factor analysis：an overview and some recommendations［J］. Psychological Methods，2009，14（1）：6-23.

表 6-4 “农产品伦理购买态度”验证性因子分析模型拟合度摘要

拟合指数	绝对拟合指数						增值拟合指数		
	χ^2	χ^2/df	GFI	AGFI	SRMR	RMSEA	IFI	NNFI	CFI
指标值	4.848	2.424	0.997	0.986	0.006	0.041	0.999	0.997	0.999
评价标准	小	<5.00	>0.90	>0.90	<0.05	<0.08	>0.90	>0.90	>0.90
是否拟合	是	是	是	是	是	是	是	是	是

2. “群体依从”因子

运用软件 AMOS 21.0 计算后的结果显示，“群体依从”因子 3 项指标的标准化因子载荷量均达到标准。该构面是 3 个题项，为恰好辨识，即自由度为 0，只有唯一解，拟合度为 100%，见图 6-2。

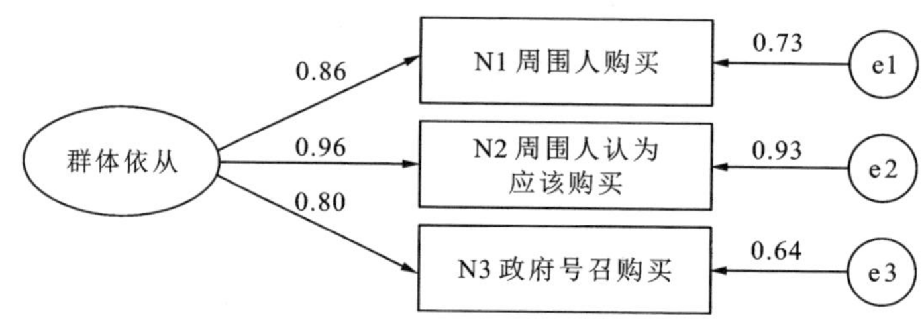

图 6-2 维度“群体依从”的验证性因子分析结果

3. “面子意识”因子

运用软件 AMOS 21.0 计算后的结果显示，“面子意识”因子 3 项指标的标准化因子载荷量均达到标准。该构面是 3 个题项，为恰好辨识，即自由度为 0，只有唯一解，拟合度为 100%，见图 6-3。

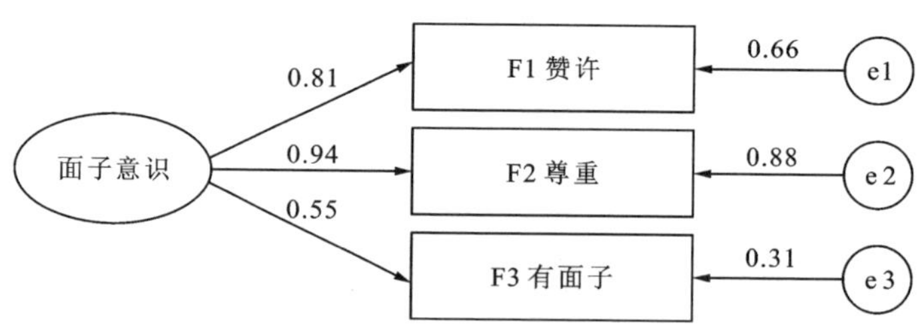

图 6-3 维度“面子意识”的验证性因子分析结果

4. “感知行为控制”因子

运用软件 AMOS 21.0 计算后的结果显示，“感知行为控制”因子 4 项指标的标准化因子载荷量均达到建议标准。然而，其模型拟合度却不佳，这是由于残差不独立造成的，即残差之间有关联。用 AMOS 21.0 的修正指标检测，删除影响最大的残差所对应的项“L4 对我而言，进行农产品伦理购买没有什么障碍”。最终得到“感知行为控制”构面由 3 项指标构成，为恰好辨识，即自由度为 0，只有唯一解，拟合度为 100%，具体见图 6-4。

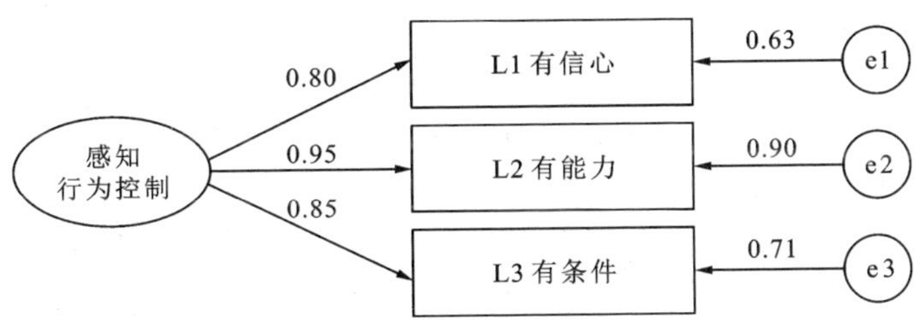

图 6-4　维度“感知行为控制”的验证性因子分析结果

5. “农产品伦理购买意图”因子

运用软件 AMOS 21.0 计算后的结果显示，“农产品伦理购买意图”因子 4 项指标的标准化因子载荷量均达到建议标准。然而，其模型拟合度却不佳，这是由于残差不独立造成的，即残差之间有关联。用 AMOS 21.0 的修正指标检测，删除影响最大的残差所对应的项“I2 我会优先考虑购买伦理农产品”。最终得到“农产品伦理购买意图”构面由 3 项指标构成，为恰好辨识，即自由度为 0，只有唯一解，拟合度为 100%，具体见图 6-5。

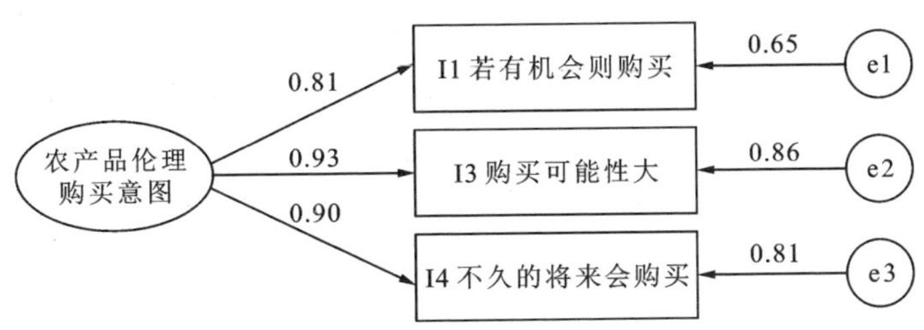

图 6-5　维度“农产品伦理购买意图”的验证性因子分析结果

6. “农产品伦理购买执行意图”因子

运用软件 AMOS 21.0 计算后的结果显示，“农产品伦理购买执行意图”因子 4 项指标的标准化因子载荷量均达到建议标准。然而，其模型拟合度却不佳，这是由于残差不独立造成的，即残差之间有关联。用 AMOS 21.0 正指标检测，删除影响最大的残差所对应的项“P1 我确切地知道该如何进行农产品伦理购买”。最终得到“农产品伦理购买执行意图”构面由 3 项指标构成，为恰好辨识，即自由度为 0，只有唯一解，拟合度为 100%，具体见图 6-6。

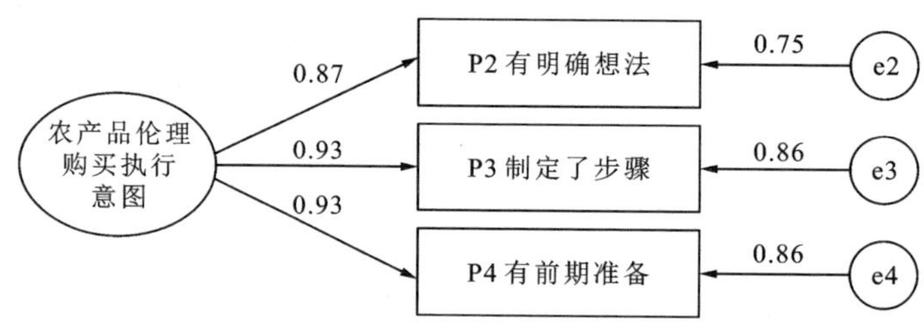

图 6-6 维度“农产品伦理购买执行意图”的验证性因子分析结果

7. “农产品伦理购买行为”因子

运用软件 AMOS 21.0 结果显示，“农产品伦理购买行为”因子 5 项指标的标准化因子载荷量均达到建议标准，模型拟合度指标也都符合要求，详情见图 6-7 和表 6-5。

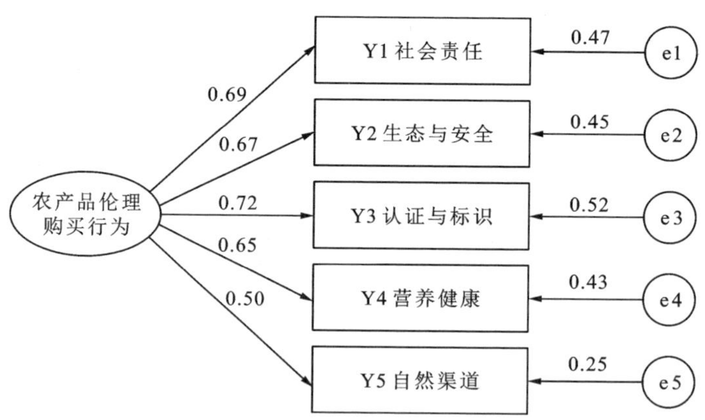

图 6-7 维度“农产品伦理购买行为”的验证性因子分析结果

表 6-5 “农产品伦理购买行为”验证性因子分析模型拟合度摘要

拟合指数	绝对拟合指数						增值拟合指数		
	χ^2	χ^2/df	GFI	AGFI	SRMR	RMSEA	IFI	NNFI	CFI
指标值	18.295	3.659	0.991	0.974	0.022	0.056	0.987	0.975	0.987
评价标准	小	<5.00	>0.90	>0.90	<0.05	<0.08	>0.90	>0.90	>0.90
是否拟合	是	是	是	是	是	是	是	是	是

（二）整体量表的验证分析

运用软件 AMOS 21.0 对农产品伦理购买行为影响因素整体模型进行验证性因子分析，其结果显示，所有题项的标准化因子载荷量均达到要求。尽管样本量大会导致模型拟合度的部分指标不佳，但可以看到，农产品伦理购买行为模型拟合度的指标均非常接近标准或达到标准，符合研究要求。详情见图 6-8 与表 6-6。

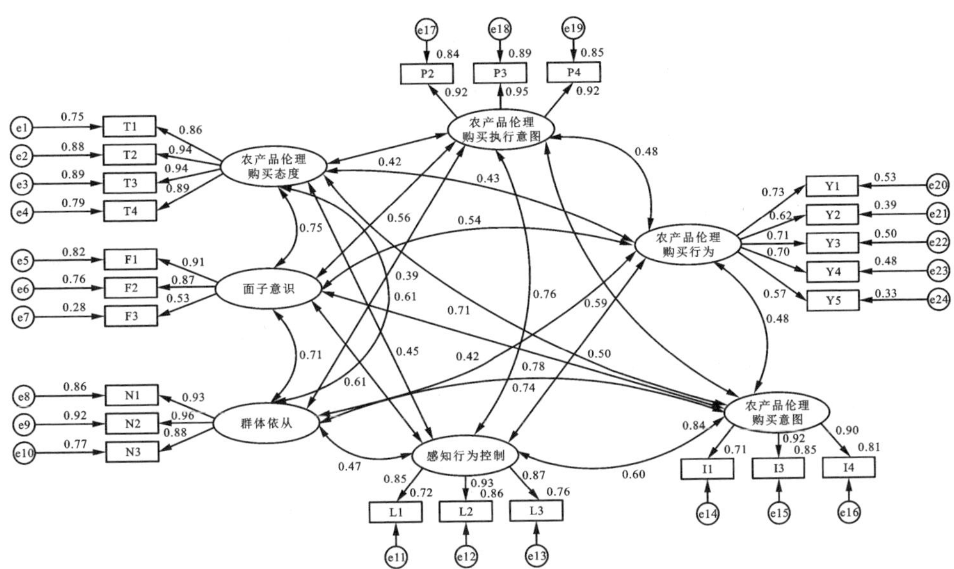

图 6-8 农产品伦理购买行为影响因素验证性因子分析

表 6-6　农产品伦理购买行为影响因素模型拟合度摘要

拟合指数	绝对拟合指数						增值拟合指数		
	χ^2	χ^2/df	GFI	AGFI	SRMR	RMSEA	IFI	NNFI	CFI
指标值	1276.610	5.526	0.873	0.835	0.048	0.080	0.934	0.921	0.934
评价标准	小	<5.00	>0.90	>0.90	<0.05	<0.08	>0.90	>0.90	>0.90
是否拟合	是	接近	接近	接近	是	是	是	是	是

四、测量信度与效度检验

（一）内容效度

本研究的农产品伦理购买行为影响因素测量量表以经典理论为基础，借鉴了前人的成熟量表，其内容效度在以往的研究中得到了很好的验证。而且，相关专家对问卷题目与所测变量的内容范围是否相符也进行了分析，判断出问卷题目很好地代表了所测变量的内容。因而，本研究的农产品伦理购买行为影响因素量表具有良好的内容效度。

（二）组成信度与收敛效度

从软件 AMOS 21.0 的运算结果可以看到，所有题项的非标准化因子载荷量（unstandard factor loading，Unstd.）均为正，非标准化因子载荷量与标准误差（standard error，S.E.）的比值——Z 值均大于 1.96，p 值显著。所有题项的标准化系数均大于 0.5，标准化系数平方（standardized coefficient squared，SMC）均大于 0.25，表示具有题目信度。各维度的组成信度均大于 0.7，说明 5 个因子的指标内部一致性强，构面具有良好的组成信度。在收敛效度上，伦理购买行为构面的平均方差萃取量为 0.42，在可以接受的范围内，其余各维度的平均方差萃取量均大于 0.5，表示量表具有良好的收敛效度。详情见表 6-7。

表 6-7　农产品伦理购买行为影响因素量表的组成信度与收敛效度

维度	题项编号	参数显著性估计				标准化因子载荷 Std.	题目信度	组成信度	收敛效度
		Unstd.	S. E.	Z-value	p		SMC	CR	AVE
伦理购买态度	T1	1				0.834	0.696	0.931	0.773
	T2	1.017	0.029	35.461	***	0.933	0.870		
	T3	1.054	0.032	32.909	***	0.889	0.790		
	T4	0.934	0.03	31.017	***	0.857	0.734		
面子意识	F1	1				0.815	0.664	0.822	0.616
	F2	1.188	0.059	19.994	***	0.938	0.880		
	F3	0.839	0.051	16.317	***	0.552	0.305		
群体依从	N1	1				0.856	0.733	0.906	0.765
	N2	1.092	0.031	34.829	***	0.965	0.931		
	N3	0.882	0.031	28.762	***	0.794	0.630		
感知行为控制	L1	1				0.797	0.635	0.899	0.749
	L2	1.213	0.041	29.502	***	0.946	0.895		
	L3	1.071	0.038	27.835	***	0.846	0.716		
伦理购买意图	I1	1				0.808	0.653	0.912	0.776
	I3	1.262	0.040	31.462	***	0.929	0.863		
	I4	1.184	0.038	30.846	***	0.901	0.812		
伦理购买执行意图	P2	1				0.867	0.752	0.933	0.824
	P3	1.161	0.030	38.363	***	0.928	0.861		
	P4	1.174	0.031	38.317	***	0.927	0.859		
伦理购买行为	Y1	1				0.688	0.473	0.784	0.424
	Y2	1.110	0.071	15.674	***	0.668	0.446		
	Y3	1.061	0.064	16.505	***	0.722	0.521		
	Y4	0.809	0.052	15.443	***	0.655	0.429		
	Y5	0.763	0.062	12.383	***	0.503	0.253		

注：*** 表示 $p<0.001$。

（三）区别效度

从软件 AMOS 21.0 的运算结果可以看到，维度内所有题项的平均相关即 AVE 的平方根均大于该维度与其他维度的相关系数，这表明，农产品伦理购买行为影响因素量表具有良好的区别效度。详情见表 6-8。

表 6-8　农产品伦理购买行为影响因素量表的区别效度

维度	AVE	群体依从	面子意识	农产品伦理购买执行意图	农产品伦理购买行为	农产品伦理购买意图	感知行为控制	农产品伦理购买态度
群体依从	0.765	**0.875**						
面子意识	0.616	0.661	**0.785**					
农产品伦理购买执行意图	0.824	0.443	0.578	**0.908**				
农产品伦理购买行为	0.424	0.429	0.525	0.493	**0.651**			
农产品伦理购买意图	0.776	0.692	0.760	0.596	0.458	**0.881**		
感知行为控制	0.749	0.503	0.650	0.705	0.477	0.615	**0.865**	
农产品伦理购买态度	0.773	0.571	0.730	0.416	0.490	0.732	0.484	**0.879**

注：表中对角线黑体字为 AVE 的平方根（构面内所有题目的平均相关），下三角为 Pearson 相关。

第三节　模型拟合与假设检验

一、结构方程模型的初始拟合评价

本研究在第四章第三节中提出了农产品伦理购买行为影响因素研究模型，经过第五章第一节对变量测量的设计和第六章第二节对测量数据的探索性因子分析与验证性因子分析，最终确定了农产品伦理购买行为影响因素结构方程模型。该模型由农产品伦理购买态度、群体依从、面子意识、感知行为控制、农产品伦理购买意图、农产品伦理购买执行意图、农产品伦理购买行为 7 个维度构成，共 36 个观察变量。其中，农产品伦理购买行为为二阶构面，由社会责任、生态与安全、认证与标识、营养健康、自然渠道 5 个一阶构面构成，此内容在前面已做论述。本研究的结构方程模型图请见图 6-9。

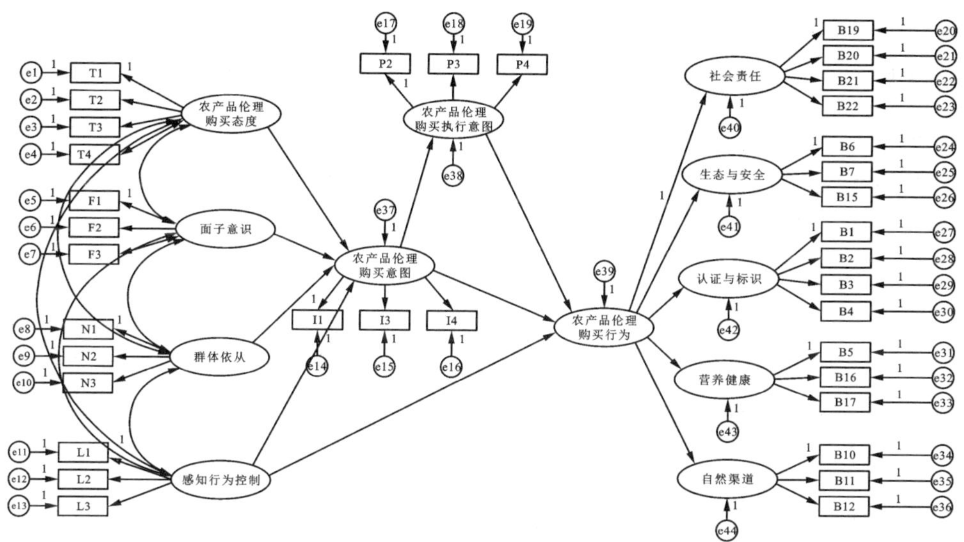

图 6-9　农产品伦理购买行为影响因素的结构方程模型

本研究运用 AMOS 21.0 软件对农产品伦理购买行为影响因素模型的拟合度进行检验，结果显示，模型的初始拟合度情况如下：卡方值（χ^2）为 2799.068，自由度（DF）为 575，卡方值比率（χ^2/df）为 4.868，拟合优度指数（GFI）为 0.822，调整后的拟合优度指数（AGFI）为 0.794，近似误差均方根（RMSEA）为 0.074，非规范拟合指数（NNFI）为 0.885，比较拟合指数（CFI）为 0.895，增量拟合指数（IFI）为 0.896。可以看到，模型的卡方值较大，卡方值比率（χ^2/df）符合小于 5 的宽松标准，但未符合小于 3 的严谨标准。拟合优度指数（GFI）、调整后的拟合优度指数（AGFI）、非规范拟合指数（NNFI）和比较拟合指数（CFI）、增量拟合指数（IFI）接近却未达到大于 0.90 的标准。近似误差均方根（RMSEA）符合小于 0.08 的标准。总体来说，初始的模型拟合度状况未达到非常理想的状态，需要进行修正。

二、结构方程模型拟合度修正与检验

结构方程模型各个构面之间会存在不同程度的相关，因而研究数据很难满足多元正态分布，这会造成两个负面后果：一为模型卡方值膨胀，导致模型拟合度变差，错误地拒绝模型；二为标准误的估计会有偏差（低估），从而影响参数的显著性估计。尽管在第六章第二节中已经证实本研究的参数显著性估计不会受到数据未满足多元正态分布的影响，但模型拟合度却因此变差。Enders（2005）认为，在结构方程建模应用中，由非正态数据引起的拟合统计偏差可以用 Bollen-Stine bootstrap 进行校正①。本研究采用 Bollen-Stine P 值的修正方法（Bollen-Stine P correction）重新获取卡方值，再用修正后的卡方值计算模型拟合度的各项指标值。

运用 AMOS 21.0 软件，执行 Bootstrap 5000 次后，得到修正后的卡方平均值为 638.096。根据这个卡方值和模型拟合度指标公式对农产品伦理购买行为影响因素结构方程模型的拟合度进行重新计算，修正后的模型拟合度指标值完全符合标准，具体见表 6-9。

表 6-9 修正后的模型拟合度指标及其评价

模型拟合度指标	标准	修正后的模型拟合度指标值	评价
Bollen-Stine χ^2	小	638.069	很好
DF	大	575	很好
χ^2/df	$1<\chi^2/df<5$	1.110	很好
GFI	>0.90	0.971	很好
AGFI	>0.90	0.965	很好
RMSEA	<0.08	0.012	很好
NNFI	>0.90	0.997	很好
CFI	>0.90	0.997	很好
IFI	>0.90	0.997	很好

① Enders. An SAS macro for implementing the modified bollen stine bootstrap for missing [J]. Structural Equation Modeling. 2005, 12 (4): 620-641.

三、潜变量的路径分析

运用 AMOS 21.0 软件，就农产品伦理购买态度、群体依从、面子意识、感知行为控制、农产品伦理购买意图、农产品伦理购买执行意图、农产品伦理购买行为 7 个潜变量之间的作用关系进行检验。表 6-10 表示的是农产品伦理购买行为影响因素研究模型的参数估计结果。表 6-11 表示的是 3 个内生变量的可解释方差。C. R. 值和 p 值的大小可以对路径系数的统计显著性做出判断。回归系数的正负情况可以对路径的影响方向做出判断。标准化的回归系数可以对变量影响力大小做出判断。内生变量的可解释方差可以对变量的解释程度做出判断：可解释方差估计值若大于 0.19，表示解释能力小；大于 0.33，表示解释能力中等；大于 0.67，表示解释能力大。

表 6-10　结构方程模型路径系数检验表

路径	回归系数	S. E.	C. R.	p	标准回归系数
农产品伦理购买意图←农产品伦理购买态度	0.212	0.036	5.881	***	0.229
农产品伦理购买意图←面子意识	0.243	0.046	5.263	***	0.274
农产品伦理购买意图←感知行为控制	0.152	0.023	6.540	***	0.206
农产品伦理购买意图←群体依从	0.240	0.029	8.401	***	0.307
农产品伦理购买执行意图←农产品伦理购买意图	0.870	0.052	16.644	***	0.611
农产品伦理购买行为←感知行为控制	0.138	0.035	3.984	***	0.205
农产品伦理购买行为←农产品伦理购买执行意图	0.113	0.032	3.534	***	0.176
农产品伦理购买行为←农产品伦理购买意图	0.256	0.057	4.504	***	0.280

注：*** 表示 $p<0.001$。

表 6-11　内生变量的可解释方差表

内生变量	SMC Estimate
农产品伦理购买意图	0.735
农产品伦理购买执行意图	0.374
农产品伦理购买行为	0.31

农产品伦理购买态度至农产品伦理购买意图路径中，C.R. 值为 5.881，在 0.001 水平上显著，且为正向影响。具体来说，当农产品伦理购买态度每增加一个单位，农产品伦理购买意图会增加 0.212 个单位。当农产品伦理购买态度每改变一个标准差，农产品伦理购买意图会同向改变 0.229 个标准差。

面子意识至农产品伦理购买意图路径中，C.R. 值为 5.263，在 0.001 水平上显著，且为正向影响。具体来说，当面子意识每增加一个单位，农产品伦理购买意图会增加 0.243 个单位；当面子意识每改变一个标准差，农产品伦理购买意图会同向改变 0.274 个标准差。

感知行为控制至农产品伦理购买意图路径中，C.R. 值为 6.540，在 0.001 水平上显著，且为正向影响。具体来说，当感知行为控制每增加一个单位，农产品伦理购买意图会增加 0.152 个单位；当感知行为控制每改变一个标准差，农产品伦理购买意图会同向改变 0.206 个标准差。

群体依从至农产品伦理购买意图路径中，C.R. 值为 8.401，在 0.001 水平上显著，且为正向影响。具体来说，当群体依从每增加一个单位，农产品伦理购买意图会增加 0.240 个单位；当群体依从每改变一个标准差，农产品伦理购买意图会同向改变 0.307 个标准差。

农产品伦理购买意图至农产品伦理购买执行意图路径中，C.R. 值为 16.644，在 0.001 水平上显著，且为正向影响。具体来说，当农产品伦理购买意图每增加一个单位，农产品伦理购买执行意图会增加 0.870 个单位；当农产品伦理购买意图每改变一个标准差，农产品伦理购买执行意图会同向改变 0.611 个标准差。

感知行为控制至农产品伦理购买行为路径中，C.R. 值为 3.984，在 0.001 水平上显著，且为正向影响。具体来说，当感知行为控制每增加一个单位，农产品伦理购买行为会增加 0.138 个单位；当感知行为控制每改变一个标准差，农产品伦理购买行为会同向改变 0.205 个标准差。

农产品伦理购买执行意图至农产品伦理购买行为路径中，C.R. 值为 3.534，在 0.001 水平上显著，且为正向影响。具体来说，当农产品伦理购买执行意图每增加一个单位，农产品伦理购买行为会增加 0.113 个单位；当农产品伦理购买执行意图每改变一个标准差，农产品伦理购买行为会同向改变 0.176 个标准差。

农产品伦理购买意图至农产品伦理购买行为路径中，C.R. 值为 4.504，在 0.001 水平上显著，且为正向影响。具体来说，当农产品伦理购买意图每增加一个单位，农产品伦理购买行为会增加 0.256 个单位；当农产品伦理购买意图每改变一个标准差，农产品伦理购买行为会同向改变 0.280 个标准差。

从路径的标准化回归系数和内生变量的可解释方差来看，直接影响农产品伦理购买意图的 4 个因素中，影响力最大的为群体依从，其次是面子意识，再次是农产品伦理购买态度，最后是感知行为控制。这 4 个因素能够在 73.5%的程度上对农产品伦理购买意图进行解释；直接影响农产品伦理购买行为的 3 个因素中，影响力最大的为农产品伦理购买意图，其次为感知行为控制，再次是农产品伦理购买执行意图。农产品伦理购买行为在 31.0%的程度上能够运用模型中的因素进行解释，农产品伦理购买执行意图在 37.4%的程度上能够被解释。由此可见，本研究所构建的农产品伦理购买行为影响因素模型，对农产品伦理购买意图的解释程度甚优，对农产品伦理购买行为和农产品伦理购买执行意图的解释程度良好。

四、直接效应的假设验证结果

路径分析的结果显示，8 条路径均在 0.001 水平上显著，且都为正向影响。由此，得出本研究直接效应的假设结果如表 6-12 所示，8 个假设全部通过检验，与预期一致。

表 6-12　农产品伦理购买行为影响因素模型的直接效应假设结果

编号	假设内容	验证结果
H1	农产品伦理购买态度对农产品伦理购买意图具有正向影响	支持
H2	群体依从对农产品伦理购买意图具有正向影响	支持

续表

编号	假设内容	验证结果
H3	面子意识对农产品伦理购买意图具有正向影响	支持
H4	感知行为控制对农产品伦理购买意图具有正向影响	支持
H5	感知行为控制对农产品伦理购买行为具有正向影响	支持
H6	农产品伦理购买意图对农产品伦理购买行为具有正向影响	支持
H11	农产品伦理购买意图对农产品伦理购买执行意图具有显著的正向影响	支持
H12	农产品伦理购买执行意图对农产品伦理购买行为具有显著的正向影响	支持

第四节　中介效应分析

一、中介效应的界定和分析方法

（一）中介效应的界定

通常来说，研究者希望得到的结论不仅仅是某些因素（X）对另一些因素（Y）产生了影响，而是试图去理解其效应机制是怎样的。变量 X 为何以及如何会发挥作用？有没有其他因素在变量 X 与变量 Y 之间产生效果？如果有，那么其他因素又是如何进行干预的？这就需要用到中介变量（mediator）。变量 X 通过一个或多个变量对结果变量 Y 产生影响，那么起到传递作用的这一个或多个变量就变成为中介变量，它能够解释两个变量之间是“如何”发生以及“为何”会发生关系，它是外生变量对内生变量产生影响的实质性的、内在的原因。在中介模型中，以图 6-10 的单因子中介模型（single-factor mediation model）为例，影响效应分为三大类，分别为总效应（c）、直接效应（c’）和间接效应（$a\times b$）。其中，间接效应又称为中介效应。总效应等于直接效应和间接效应之和，即 $c= c' + a\times b$。图 6-11 显示的是二因子中介模型，又被称作远程中介模型（distal mediation model），是指自变量通过两个中介变量影响 Y，即 $X \rightarrow M_1 \rightarrow M_2 \rightarrow Y$。

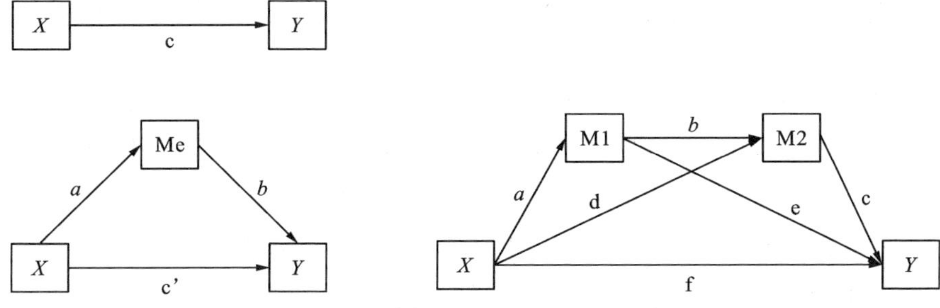

图 6-10　单因子中介模型　　　　图 6-11　二因子因果中介模型

（二）中介效应的检验方法

结构方程模型可以检验存在一个或多个中介途径的模型是否与观察到的数据相吻合。在对中介效应的众多检验方法中，最为广泛使用的是 Baron 和 Kenny（1986）的因果法（causal steps）。这种方法要求评估模型中的每条路径，然后通过检验其是否满足统计标准来确定变量是否起到中介作用①。具体说来，因果法用 3 个步骤来对中介效果进行分析，以图 6-10 为例：第一，证明总效果存在，自变量（X）必须对因变量（Y）有显著影响，即 $Y = cX$，$c \neq 0$，且显著；第二，证明第一条路径合理，自变量（X）必须对中介变量（me）有显著影响，即 $me = aX$，$a \neq 0$，且显著；第三，证明第二条路径合理，中介变量（me）必须对因变量（Y）有显著影响，即 $Y = b\mathrm{Me} + c'X$，$b \neq 0$，且显著，其中若 $c' \neq 0$，为部分中介效应，若 $c' = 0$，为完全中介效应。然而，因果法受到了多方批评，它的主要缺陷是只能证明 a 是否显著，b 是否显著，而无法证明中介效果 $a \times b$ 是否显著。另外，当模型中存在多个中介变量时，因果法便不再有效②。

Sobel（1986）改善了因果法，提出了著名的 Sobel-test（中介检定方

① Baron R M，Kenny D A. The moderator-mediator variable distinction in social psychological research：conceptual，strategic，and statistical considerations [J]. Journal of Personality and Social Psychology，1986（51）：1173-1182.

② Stephenson M T. Examining adolescent's responses to anti-marijuana PSAs [J]. Human Communication Research，2003（29）：343-369.

法），该方法可以检验系数 $a\times b$ 的效果①。其检验方法具体为，首先得出 a 和 b 的非标准化系数值；然后对 a 的标准误（SE_a^2）和 b 的标准误（SE_b^2）进行估计；接着利用公式 $Z=\frac{ab}{\sqrt{a^2SEb^2-b^2SEa^2}}$ 计算出 Z 值。设定间接效果为 0 的虚无假设，在 $\alpha=0.05$ 的情况下，若 Z 值大于 1.96，检验结果会显示 $p<0.05$，表明统计检定显著，拒绝虚无假设，证明中介效应存在，反之，中介效应不存在。然而，中介检定方法也存在一个重大缺陷。它的前提条件是间接效应的抽样分布必须符合正态条件，但 $a\times b$ 的抽样分布通常都是非对称的，偏态值和峰度值不可能为 0②。在这种情况下，若用 Z 值大于 1.96，置信区间显著性的方法可能会导致错误的结论。

用 Bootstrap 可以解决 Soble-test 存在的问题③。Bootstrap 以放回的方式从初始样本中重复抽取（至少为 1000 次，5000 次为佳）子样本，对产生的每个子样本拟合各自的备选模型，计算子样本得到的结果与初始样本得到的结果之间的差异，从中选择最佳模型。具体而言，Bootstrap 的技术对 Sobel（1986）方法的不足提供了两个解决方案。第一，重新估计中介效应的非标准化系数和标准误，通过二者比值计算中介效果的显著水平（Z 值）。若 Z 值大于 1.96，则检验结果 $p<0.05$，统计检定显著，中介效应存在；反之，中介效应不存在。因为 Bootstrap 修正了数据，使 $a\times b$ 趋于正态分布，因而标准误更可靠，此时的 Z 值是具有代表性的。第二，重新估计中介效应的置信区间。通过 Bootstrap 会产生两个置信区间，一个为百分位数置信区间（percentile-based bootstrap confident interval），一个为偏置校正置信区间（bias-corrected confidence interval）。如果置信区间不包含 0，则说明中介效应存在；反之，则说明中介效应不存在。

Bootstrap 技术为模型中的直接效果和间接效果的非标准化或标准化

---

① Sobel M E. Some new results on indirect effects and their standard errors in covariance structure models [M]. Washington D. C.: American Sociological Association, 1986.

② Stone C A, Sobel M E. The robustness of total indirect effects in covariance structure models estimated with maximum likelihood [J]. Psychometrika, 1990 (55): 337-352.

③ MacKinnon D P, Lockwood C M, Williams J. Confidence limits for the indirect effect: distribution of the product and resampling methods [J]. Multivariate Behavioral Research, 2004 (39): 99-128.

估计值提供了方差和分布的替代估计。传统测试方法被广泛使用，但若其假设没有得到满足，如数据没有正态分布，就有可能出现不正确的推论。Bootstrap 置信区间反映了这种不对称，并对非正态分布的数据进行转化，解决了传统测试方法的缺陷①。模拟研究显示，Bootstrap 方法在对中介效应的检定上要比 Baron 和 Kenny（1986）的因果法和 Soble（1986）的 Soble-test 方法更合理有效②，它目前被使用的频率越来越高。本研究选取 Bootstrapping 方法来检定中介效应。

二、中介效应分析

本研究构建的农产品伦理购买行为影响因素模型的中介变量有 2 个，分别为农产品伦理购买意图和农产品伦理购买执行意图。4 个外生变量均通过农产品购买意图对农产品伦理购买行为产生影响（单因子中介），也通过农产品购买意图影响农产品伦理购买执行意图，继而影响农产品伦理购买行为（二因子因果中介）。

（一）单因子中介效应

农产品伦理购买态度、群体依从、面子意识、感知行为控制都通过农产品伦理购买意图对农产品伦理购买行为产生影响，因而构成了 4 个单因子中介。AMOS 软件中的图形式界面只能鉴定总间接效果，对于特定的间接效果需要以语法进行。因而，本研究首先对中介效应的路径进行编号，然后在 AMOS 软件中建立语法。通过 Bootstrap，可以得出总效果、单因子中介效果、直接效果的点估计值和标准误（SE）。点估计值与 SE 的比值为 Z 值。当 Z 值大于 1.96，则 p 值显著，表明有影响力。另外，若 Bootstrap 产生的两个 95%的置信区间（偏置校正置信区间和百分位数置信区间）不包含 0，则说明 p 值显著，表明有影响力。

从表 6-13 可以看到，总效果、单因子中介效果、直接效果的 Z 值均

① Bollen K A，Stine R. Direct and indirect effects：Classical and bootstrap estimates of variability ［J］. Sociological Methodology，1990（20）：115-140.

② Williams J，MacKinnon D P. Resampling and distribution of the product methods for testing indirect effects in complex models ［J］. Structural Equation Modeling，2008（15）：23-51.

大于 1.96，偏置校正置信区间和百分位数置信区间均不包含 0，这表明，农产品伦理购买意图中介了农产品伦理购买态度和农产品伦理购买行为之间的关系、中介了群体依从和农产品伦理购买行为之间的关系、中介了面子意识和农产品伦理购买行为之间的关系、中介了感知行为控制和农产品伦理购买行为之间的关系。

表 6-13　农产品伦理购买影响因素模型的单因子中介效果检定

变量	点估计值 Point Estimate	系数相乘积 Product of Coefficients		Bootstrapping (5000)			
				Bias-Corrected 95%CI		Percentile 95% CI	
		SE	Z	Lower	Upper	Lower	Upper
总效果							
购买态度→购买行为	0.075	0.019	3.947	0.045	0.122	0.041	0.116
群体依从→购买行为	0.085	0.018	4.722	0.056	0.125	0.053	0.121
面子意识→购买行为	0.086	0.024	3.583	0.049	0.146	0.044	0.138
感知行为控制→购买行为	0.192	0.044	4.364	0.106	0.279	0.110	0.283
单因子中介效果							
购买态度→购买意图→购买行为	0.054	0.016	3.375	0.029	0.093	0.026	0.088
群体依从→购买意图→购买行为	0.061	0.015	4.067	0.035	0.094	0.033	0.092
面子意识→购买意图→购买行为	0.062	0.020	3.100	0.031	0.111	0.028	0.106
感知行为控制→购买意图→购买行为	0.039	0.011	3.545	0.021	0.067	0.02	0.064
直接效果							
感知行为控制→购买行为	0.138	0.048	2.875	0.046	0.231	0.05	0.235

(二) 二因子因果中介效应

农产品伦理购买态度、群体依从、面子意识、感知行为控制，也通过农产品购买意图影响农产品伦理购买执行意图继而影响农产品伦理购买行为，这就构成了二因子因果中介（远程中介）。本研究共包含 4 个二因子因果中介，见表 6-14。

表 6-14　农产品伦理购买影响因素模型远程中介

X_n→	M_1→	M_2→	Y
农产品伦理购买态度（X_1）	农产品伦理购买意图	农产品伦理购买执行意图	农产品伦理购买行为
群体依从（X_2）	农产品伦理购买意图	农产品伦理购买执行意图	农产品伦理购买行为
面子意识（X_3）	农产品伦理购买意图	农产品伦理购买执行意图	农产品伦理购买行为
感知行为控制（X_4）	农产品伦理购买意图	农产品伦理购买执行意图	农产品伦理购买行为

通过在 AMOS 21.0 软件中建立语法后运行软件的结果，呈现出 Bootstrap 远程中介效果和总中介效果的估计值、标准误和置信区间。从表 6-15 可以看到，远程中介效果和总中介效果的 Z 值均大于 1.96，偏置校正置信区间和百分位数置信区间均不包含 0，这表明，本研究的 4 个二因子因果中介的效应均是存在的。检定结果详情见表 6-15。

表 6-15　农产品伦理购买影响因素模型的远程中介效果检定

变量	点估计值 Point Estimate	系数相乘积 Product of Coefficients		Bootstrapping（5000）			
				Bias-Corrected 95%CI		Percentile 95% CI	
		SE	Z	Lower	Upper	Lower	Upper
远程中介效果							
X_1→M_1→M_2→Y	0.021	0.009	2.333	0.007	0.041	0.006	0.039
X_2→M_1→M_2→Y	0.024	0.009	2.666	0.008	0.045	0.007	0.043
X_3→M_1→M_2→Y	0.024	0.010	2.400	0.008	0.048	0.007	0.046

续表

变量	点估计值 Point Estimate	系数相乘积 Product of Coefficients		Bootstrapping (5000)			
				Bias-Corrected 95%CI		Percentile 95% CI	
		SE	Z	Lower	Upper	Lower	Upper
远程中介效果							
$X_4 \to M_1 \to M_2 \to Y$	0.015	0.007	2.143	0.005	0.032	0.004	0.031
总中介效果							
购买态度→购买意图→购买行为	0.075	0.019	3.947	0.045	0.122	0.041	0.116
群体依从→购买意图→购买行为	0.085	0.018	4.722	0.056	0.125	0.053	0.121
面子意识→购买意图→购买行为	0.086	0.024	3.583	0.049	0.146	0.044	0.138
感知行为控制→购买意图→购买行为	0.054	0.014	3.857	0.031	0.087	0.029	0.084

综合表 6-14 和 6-15 可以看到，在农产品伦理购买态度对农产品伦理购买行为的影响中，农产品伦理购买意图的中介效果占到了总中介效果的 72.00%（0.054/0.075），而远程中介的效果则占到了总中介效果的 28.00%（0.021/0.075）。在群体依从对农产品伦理购买行为的影响中，农产品伦理购买意图的中介效果占到了总中介效果的 71.76%（0.061/0.085），而远程中介的效果则占到了总中介效果的 28.24%（0.024/0.085）。在面子意识对农产品伦理购买行为的影响中，农产品伦理购买意图的中介效果占到了总中介效果的 72.10%（0.062/0.086），而远程中介的效果则占到了总中介效果的 27.90%（0.024/0.086）。在感知行为控制对农产品伦理购买行为的影响中，农产品伦理购买意图的中介效果占到了总中介效果的 72.22%（0.039/0.054），而远程中介的效果则占到了总中介效果的 27.78%（0.015/0.054）。由此可见，农产品伦理

购买意图的单因子中介效果要大于农产品伦理购买意图和农产品伦理购买执行意图构成的双因子因果中介效果，农产品伦理购买意图的中介效果更为重要。

三、中介效应的假设验证结果

单因子中介效果和双因子因果中介效果的检验结果显示中介效果均存在，本研究中介效应的 8 个假设全部通过检验，与预期一致。详情见表 6-16。

表 6-16　农产品伦理购买行为影响因素模型的中介效应假设结果

编号	假设内容	验证结果
H7	农产品伦理购买态度通过农产品伦理购买意图影响农产品伦理购买行为	支持
H8	群体依从通过农产品伦理购买意图影响农产品伦理购买行为	支持
H9	面子意识通过农产品伦理购买意图影响农产品伦理购买行为	支持
H10	感知行为控制通过农产品伦理购买意图影响农产品伦理购买行为	支持
H13	农产品伦理购买态度通过农产品伦理购买意图影响农产品伦理购买执行意图，继而影响农产品伦理购买行为	支持
H14	群体依从通过农产品伦理购买意图影响农产品伦理购买执行意图，继而影响农产品伦理购买行为	支持
H15	面子意识通过农产品伦理购买意图影响农产品伦理购买执行意图，继而影响农产品伦理购买行为	支持
H16	感知行为控制通过农产品伦理购买意图影响农产品伦理购买执行意图，继而影响农产品伦理购买行为	支持

第五节　调节效应分析

一、调节效应的界定和分析方法

（一）调节效应的界定

调节变量（moderators）是改变外生变量（X）和内生变量（Y）关系方向和强度的变量，也就是说外生变量（Y）与内生变量的关系（X）受到了第三个变量（Mo）的影响，Y 是 X 的函数，而二者的函数关系又是 Mo 的函数，即 $Y = f(X, Mo) + e$，其概念模型如图 6-12 所示。调节效果分析是探索多个变量之间深层关系的重要方式，在社会科学研究领域研究者往往对内生变量与调节变量交互效应（interaction effect）的兴趣远大于对主效应（main effect）的兴趣，交互效应揭示了更丰富的内涵①。

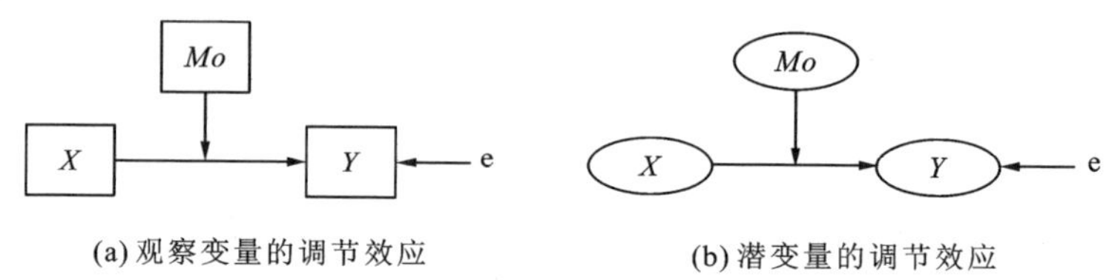

图 6-12　调节效应概念模型图

（二）调节效果的检验方法

结构方程模型能够进行复杂变量间关系模型的分析，对于分析变量之间的交互作用非常有效，在调节变量的检验中被越来越广泛地应用，因而本研究也采用 SEM 来检验调节效果。不同的变量类型需要不同的建模和分析方法②。观察变量的交互效应分析方法已经较为成熟，而潜变量的调

---

① 温忠麟，吴艳，侯杰泰．潜变量交互效应结构方程：分布分析方法［J］．心理学探新，2013，33（5）：409-414．

② Marsh H W，Wen Z，Hau K T. Structural equation models of latent interaction and quadratic effects［M］．Greenwich CT：Information Age，2006．

节效应却因其检验方法复杂而成为研究方法领域的一个重要课题，特别是当潜变量具有多个测量指标时①。本研究的外生变量和内生变量均为潜变量，因而涉及潜变量的调节效果分析，且调节变量为连续型潜变量，本研究对这种调节效果的检验方法予以说明。

在分析连续型潜变量的交互效应方法上，文献中运用较多的是 Kenny 和 Judd（1984）创立的潜变量交互效应结构方程模型。在该模型中，内生变量（*X*）的每个指标和调节变量（*Mo*）的每个指标两两相乘得出交互效应的乘积指标②。例如，假设 *X* 和 *Mo* 各有 2 个指标，分别为 x1、x2、m1、m2，那么所有的交叉乘积 x1 · m1、x1 · m2、x2 · m1、x2 · m2 即为交互作用（*X* · *Mo*）的指标，如图 6-13 所示。Kenney 和 Judd（1984）的方法让内生变量和调节变量的每个指标都在乘积指标中出现，充分利用了信息。可以看到，图的潜变量交互效应模型是简单的模型，外生变量和调节变量都只设定了 2 个指标，经两两相乘后的交互项指标仅为 4 项。然而在实际研究中，变量的观察题项通常为 3 个及其以上，于是其乘积指标的数量就变得十分庞大。在这种情况下，Kenny 和 Juddy（1984）的方法会使得建模工作变得异常繁难，因而不再适用。鉴于此，研究者们提出了配对乘积指标和单一乘积指标的改进方法。

配对乘积指标的具体方法为将潜变量各自的指标做单因子验证性因子分析，将标准化因子负荷量由大到小排序，按照“大配大，小配小”的方式将指标进行配对相乘作为交互项的指标项目。如果潜变量的题项数量不一致，则通过删除或合并题项的方式将其变为数量一致，然后配对相乘。

单一乘积指标方法的代表性研究为 Ping（1995）的潜变量交互作用和二次效应的简约估计技术研究。该研究认为，如果潜变量的题项数量较多，乘积指标就变得复杂，会产生阶数很大的协方差矩阵，再加上许多参数约束等式，就导致了结构方程模型不收敛或其他问题。其简化的操作模式为用内生潜变量的指标均值与调节潜变量的指标均值的乘积作为交互项

---

① 温忠麟，吴艳．潜变量交互效应建模方法演变与简化［J］．心理科学进展，2010，18（8）：1306-1313.

② Kenny D，Judd C M. Estimating the nonlinear and interactive effects of latent variables［J］. Psychological Bulletin，1984（96）：201-210.

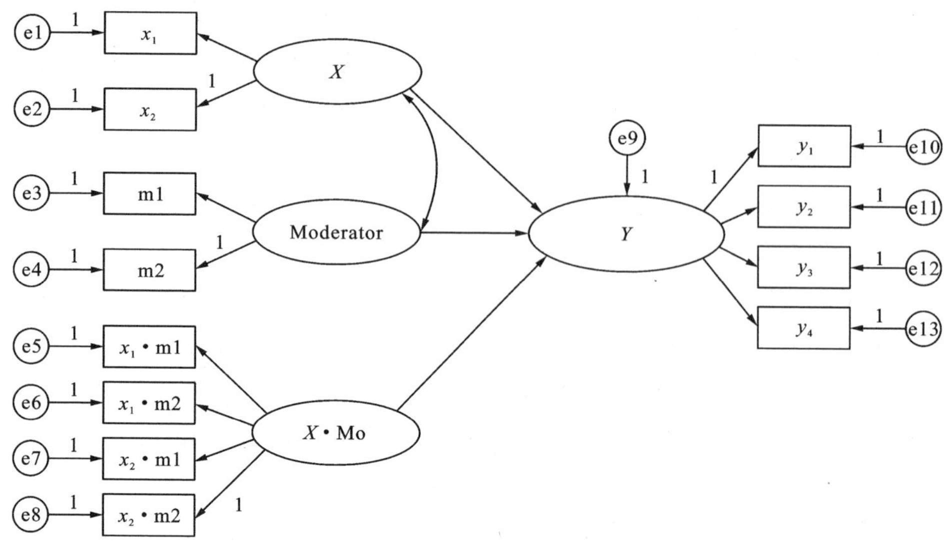

图 6-13　潜变量交互效应模型示意图

的单一乘积指标①。例如，假设 X 和 Z 各有 2 个指标，分别为 x_1、x_2、z_1、z_2，则用 $\bar{X}\bar{Z}=[(x_1+x_2)/2][(z_1+z_2)/2]$ 作为 $X \cdot Z$ 的指标，详情见图 6-14。Ping（1995）的单一乘积指标方法只加入了一个乘积指标，就将原有指标的全部信息予以应用，优势明显②。

Ping（1995）的单一乘积指标与 Kenny 和 Juddy（1984）的所有可能乘积指标和配对乘积指标相比，模型更加简洁，模型的估计偏差、精确度以及适配度指标也较好。本研究中“购物情境”调节变量指标为 7 个，Ping（1995）的二阶段评估方法为相对简洁而不失精准的恰当方法。其具体操作方法按照 Ping（1995）的二阶段评估方式：第一步，估计主效应的非线性因素负荷量和残差；第二步，将第一步所求得的值经过 Ping（1995）对交互作用项的因素负荷量即残差加以固定，计算出单一测量变量的因素负荷与残差，并设定于交互作用项。分析结果若交互作用显著则

① Ping R A. A parsimonious estimating technique for interaction and quadratic latent variables [J]. The Journal of Marketing Research, 1995 (32): 336-347.

② 温忠麟，吴艳．潜变量交互效应建模方法演变与简化［J］. 心理科学进展，2010，18（8）：1306-1313.

证明调节效果存在，反之，则调节效果不存在①。

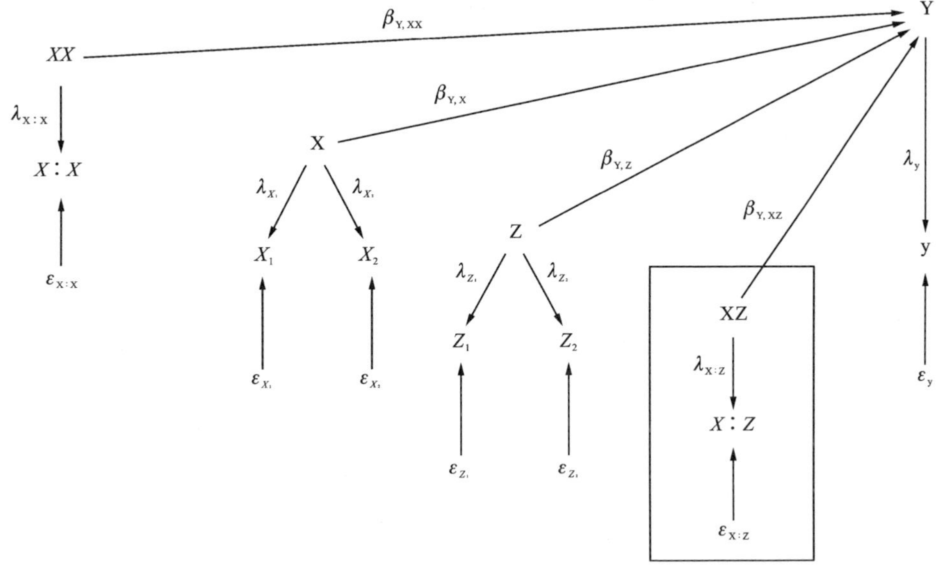

注：λ代表因素负荷量值，e代表残差值。

图 6-14　交互项的单一乘积指标示意图

二、调节效应的分析

本研究的调节变量"购买情境"为连续型潜变量，共有 7 项指标，分别为："S1 我关注店内的伦理农产品海报信息"、"S2 我接受促销员推荐的伦理农产品"、"S3 我购买陈列整齐/干净的伦理农产品"、"S4 我去音乐/色彩/灯光/气味舒服的零售店购买伦理农产品"、"S5 我优先选择进行价格促销的伦理农产品"、"S6 我优先选择店内首推/宣传的伦理农产品"、"S7 我选择便利的场所购买伦理农产品"。它们需要按照潜变量调节效应的处理方法进行分析，具体步骤按照 Ping（1995）的二阶段评估方式。

本研究首先估计主效应的非线性非标准化因子负荷量和残差，结果详见图 6-15 和表 6-17；接着，将变量"农产品伦理购买执行意图"和变量"购买情境"进行中心化处理，建立农产品伦理购买执行意图和购买情境交互作用的乘积项，并将交互作用项简化为一个指标（PS），见图 6-16；

① Ping R A. A parsimonious estimating technique for interaction and quadratic latent variables [J]. The Journal of Marketing Research，1995（32）：336-347.

然后，根据 Ping（1995）的计算公式和第一步得出的值计算出交互项单一测量变量的因子负荷量与残差，并设定于交互作用项中，见表 6-17。最终，潜在变量调节效果模型的计算结果显示，交互项的回归系数为正，交互作用显著（$p<0.001$）。这表明，购买情境对农产品伦理购买执行意图与购买行为之间的关系产生正向调节作用。

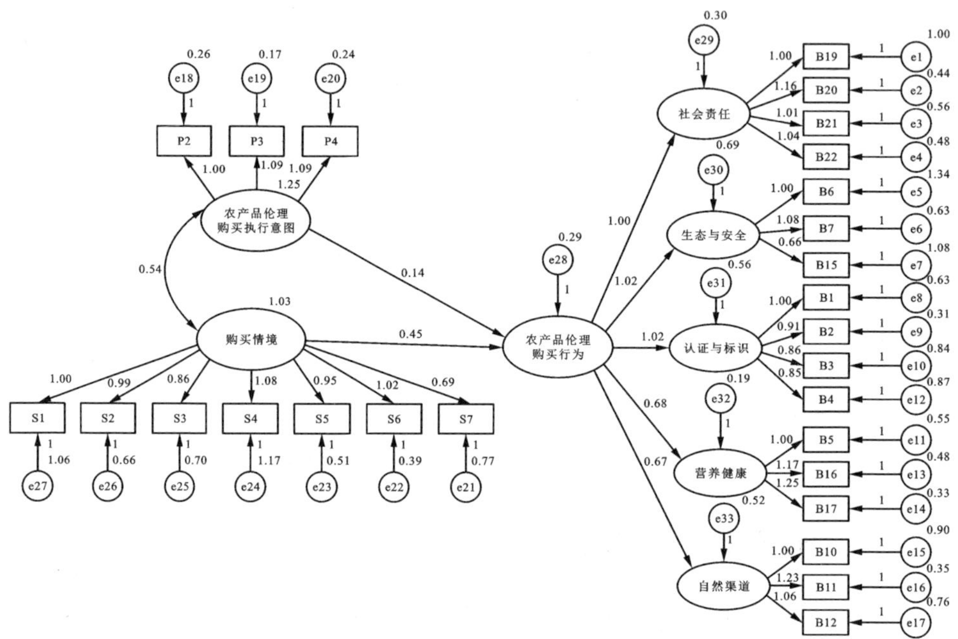

图 6-15 主效应的非标准化因子负荷量和残差

表 6-17 主效应和交互效应的因子负荷量及残差

农产品伦理购买执行意图	P2	P3	P4				
lambda	1.000	1.093	1.092				
theta	0.257	0.167	0.241				
购买情境	S1	S2	S3	S4	S5	S6	S7
lambda	1.000	0.988	0.864	1.077	0.953	1.018	0.694
theta	1.063	0.664	0.701	1.169	0.507	0.388	0.773
交互项	lambda	theta					
P・S	21.002	85.825					

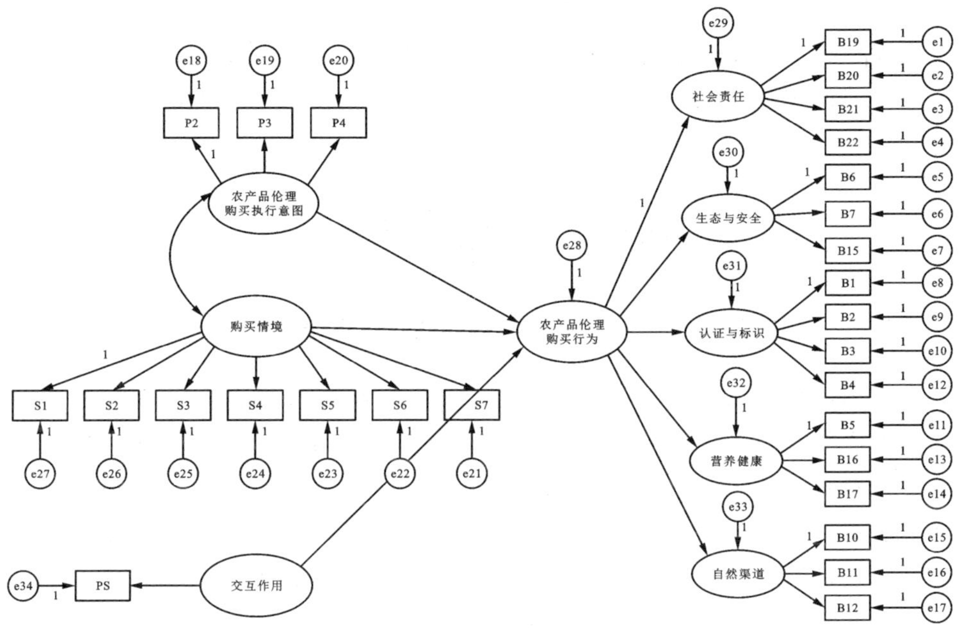

图 6-16　交互效应的单一乘积指标

三、调节效应的假设验证结果

综合上述，调节效果的分析结果，交互项回归系数为正且显著，即调节变量在解释变量与被解释变量的关系中发挥作用，假设 H17 得到支持，见表 6-18。

表 6-18　农产品伦理购买行为影响因素模型的调节效应假设结果

编号	假设内容	验证结果
H17	购买情境对农产品伦理购买执行意图与农产品伦理购买行为之间的关系产生调节作用	支持

第六节　结果讨论与机理分析

本研究对农产品伦理购买行为影响因素模型进行了实证分析。变量间假设关系的检验结果显示，所提出的 8 条直接效应假设、8 条中介效应假设和1条调节效应假设全部获得支持。本研究将结合检验结果与我国农产品伦理购买行为实际情况，对模型中外生变量、中介变量和调节变量与内生变量的作用机理以及不同的解释变量之间的相互作用关系予以进一步解析。

一、直接效果的结果讨论与机理分析

(一) 农产品伦理购买意图的直接影响因素

根据计划行为理论，意图受到态度、主观规范和感知行为控制的影响。本研究针对中国消费文化的特征，将主观规范变量细分为了群体依从和面子意识两个变量。另外，根据 Carrington（2010），除了意图变量之外，执行意图也会对行为产生直接影响①。因而本研究的直接效果假设有8条。从研究模型的分析结果来看，全部的直接效果均存在。

农产品伦理购买态度、群体依从、面子意识、感知行为控制对农产品伦理购买意图具有直接的正向影响作用。这4个因素在73.5%的程度上对农产品伦理购买意图进行了解释，解释力度相当高。其中，影响力最大的是群体规范（0.307），其次是面子意识（0.274），再次是农产品伦理购买态度（0.229），最后是感知行为控制（0.206）。

在对西方消费者购买行为的研究里，态度通常被视为最关键的影响因素，然而在对东方消费者购买行为研究中，群体依从往往超越态度成为影响行为意图最显著的因素②。根据美国人类学家爱德华·霍尔（2010）提出的文化差异理论，以中国为代表的东方文化属于高情境文化，以美国为代表的西方文化属于低情境文化。这两种文化在价值观、思维方式、行为方式、个人主义/集体主义、规避不确定性、权力差距等方面存在差异。与低情境文化强调制度和理性的特征不同，高情境文化高度重视人际关

① Carrington M J, Neville B A, Whitwell G J. Why ethical consumers don't walk their talk: towards a framework for understanding the gap between the ethical purchase intentions and actual buying behaviour of ethically minded consumers [J]. Journal of Business Ethics, 2010 (97): 139-158.

② 邓新明．中国情景下消费者的伦理购买意向研究——基于TPB视角［J］．南开管理评论，2012，15（3）：22-32.

系、情感与和谐[①]。两种文化在消费中的差异体现为：在西方社会中，消费者拥有完全独立的自我意识，在购买决策过程中更注重理性分析，在进行信息收集后，会衡量可供选择的方案对自己带来哪些利弊，从中进行比较后最终确定购买行动。这也就是说，西方消费者倾向于根据个人的态度和偏好做出决定；而在东方文化背景中，人们的行为更倾向于与群体一致。为了保持和谐，人们会遵循群体行为规范，往往在意家人、朋友、同事、邻居等重要他人和相关群体对自己购买行为的看法，也容易受到媒体和政府导向的影响。这也就是说，中国消费者更愿意以群体为单位进行行动，为了获得群体和谐和群体内的认可，人们会遵循特定的行为准则。本研究模型的结果表明，群体依从这项社会因素对农产品伦理购买意向的影响要大于农产品伦理购买态度这项个人因素，这与东方文化背景是相符的。

面子意识同样是一个有着东方文化烙印的影响变量。农产品伦理消费保障了消费者自身的安全健康，同时也有利于环境的保护和社会责任的履行。伦理农产品需要消费者溢价支付，但由此带来的效益却由社会共享，利他行为为购买者带来了高尚、无私、品格优、有地位等面子光环。鉴于中国人对自尊、自我形象、自我成就在群体中的体现，以及自我在社会结构中所处的地位相当重视，而农产品伦理消费这样的亲近社会行为又必然会为个体消费者带来身份地位、社会声望和社会赞许，所以面子意识很自然地就对中国消费者的农产品伦理消费意图产生了重要影响，这与东方文化背景吻合。

感知行为控制对农产品伦理购买意图的影响效果最小，这可能与感知行为控制（perceived behavioral control，PBC）终究不是实际行为控制（actual behavioral control，ABC）有关。PBC 这个变量一致存在争议，它在 TPB 中所起的作用并没得到一致认可[②]，其概念具有一定程度的模糊性，它只是人们对行为控制能力的感知，而不是人们的实际行为控制能力，所以并不精确也不稳定。在 TPB 初始理论中，是 ABC 而不是 PBC 对

---

① 爱德华·霍尔．超越文化［M］．何道宽，译．北京：北京大学出版社，2010.

② Trafimow D，Sheeran P，Conner M，et al. Evidence that perceived behavioural control is a multidimensional construct：perceived control and perceived difficulty［J］. British Journal of Social Psychology，2002（41）：101-121.

行为产生影响，但是由于ABC并不容易被测量出，所以由PBC作为替代[①]。其替代效果是否显著，不同情况下结果可能并不相同。在有些情况下，假设的情境通常与实际情境并不相符[②]，特别是当受访者在设想一个新情境时或经验较少的情况下，PBC对ABC的替代效果就较差。很多学者都认为PBC可以用于作为ABC的替代，但可能存在偏差[③]。这些学者的观点在一定程度上解释了为何在本研究中，感知行为控制变量对农产品伦理购买意图的影响力度是最小的。不过，我们也要看到，感知行为控制对农产品伦理购买的影响效果尽管小，但仍然是显著的。

（二）农产品伦理购买执行意图的直接影响因素

农产品伦理购买意图对农产品伦理购买执行意图产生正向影响作用。消费者要首先产生农产品伦理购买的目标愿望，才会制订详细的购买计划。消费者的目标愿望越强烈，就越会在脑海中不断地记忆和强化，那么，伦理农产品的信息收集、购买时间、购买地点和购买方式等购前准备就会越清晰、越详细地计划出来。

（三）农产品伦理购买行为的直接影响因素

农产品伦理购买意图、农产品伦理购买执行意图和感知行为控制对农产品伦理购买行为产生直接影响，其中影响最大的是农产品伦理购买意图（0.28），其次是感知行为控制（0.205），再次是农产品伦理购买执行意图（0.176）。与计划行为理论的结论一致，农产品伦理购买意图是农产品伦理购买行为的关键力量。感知行为控制反映了消费者对农产品伦理购买行为难易程度的感知，它也会在一定程度上影响着购买行为的最终实现与

---

① Sheeran P, Trafimow D, Armitage C J. Predicting behaviour from perceived behavioural control: tests of the accuracy assumption of the theory of planned behaviour [J]. British Journal of Social Psychology, 2003 (42): 393-410.

② Ajzen I. The Theory of planned behavior [J]. Organizational Behavior and Human Decision Processes, 1991 (50): 179-211.

③ Carrington M J, Neville B A, Whitwell G J. Why ethical consumers don't walk their talk: towards a framework for understanding the gap between the ethical purchase intentions and actual buying behaviour of ethically minded consumers [J]. Journal of Business Ethics, 2010 (97): 139-158.

否，但正如上述分析过的那样，它毕竟不是实际行为控制，因而影响力会被弱化。农产品伦理购买执行意图反映了消费者何时、何地以及如何将农产品伦理购买意图转化为实际行为，它会受购买情境的影响，因而对农产品伦理购买行为的影响力度有限。

二、中介效果的结果讨论与机理分析

（一）单中介变量——农产品伦理购买意图

单中介效果的检验结果显示，农产品伦理购买态度、群体依从、面子意识并不直接对农产品伦理购买行为起作用，而是要通过农产品伦理购买意图这一中介变量影响农产品伦理购买行为。感知行为控制既通过中介变量向农产品伦理行为传递影响，同时也直接影响农产品伦理购买行为，且其直接效果（0.138）大于中介效果（0.054）。这也就是说，农产品伦理购买意图在农产品伦理购买态度、群体依从、面子意识和农产品伦理购买行为之间起到完全中介效果，而在感知行为控制和农产品伦理购买行为之间起到部分中介效果。可能的解释是，农产品伦理购买意图能传导消费者意愿控制因素的影响，而对于非意愿控制的因素，如感知行为控制中的购买便利等，则无法传导影响作用，非意愿控制因素会直接对农产品伦理购买行为产生作用。

（二）双中介变量——农产品伦理购买意图和农产品伦理购买执行意图

模型验证的结果显示，农产品伦理购买态度、群体依从、面子意识、感知行为控制，都通过农产品购买意图影响农产品伦理购买执行意图，继而影响农产品伦理购买行为。双中介效果的显著表明，农产品伦理购买意图和农产品伦理购买行为之间存在一定程度的差距。这与实践中所观察到的消费者言行不一的情形相吻合。大量的具有伦理购买意图的消费者并没有把口袋里的钞票转化到收银台前。农产品伦理购买执行意图在一定程度上能够缩小“意图—行为”差距。执行意图有助于将消费者的伦理购买意图从模糊的想法转化为清晰而具体的执行计划，从而更好地实施伦理购买行为。Gollwitzer（1993）提出的执行意图及其作用方式①和 Carrington 等人（2010）的执行意图作用机制模型②在本研究中得到了验证。

三、调节效果的结果讨论与机理分析

认知过程理论假设消费者处于一个完美而恒定的购买情境中，过度简化了意图转化为行为的复杂过程③。购买决策过程并不只是和消费者的认知过程相关，还与外部环境密不可分，消费者伦理购买模型需要将真实生活的复杂性反映出来。

模型验证的结果显示，农产品伦理购买执行意图与购买行为之间并非只是简单的相关关系，而是受到了购买情境的影响。具体而言，在实体环境较好和营销刺激较大的购买情境中，农产品伦理购买执行意图对农产品伦理购买行为的影响要高于在实体环境较差和营销刺激不佳的购买情境中的影响。可能的解释是，良好的购物环境，如产品陈列干净整齐、柔和的室内灯光、舒服的色彩、优美的音乐能有效地降低消费者的精神成本，提高顾客让渡价值，同时也会激发消费者的购物情感，从而让伦理农产品的购买计划更容易地转变为购买行动。而得力的促销人员和丰富的促销信息会有效地降低消费者的时间成本和精力成本，让消费者在产品展示、推荐、提醒、说服、暗示的影响下立即采取购买行动。所以，高水平的购买情境加强了农产品伦理购买执行意图与农产品伦理购买行为之间的关系，而低水平的购买情境减弱了农产品伦理购买执行意图与农产品伦理购买行为之间的关系。购买情境变量在一定程度上较好地揭示了“意图—行为”差异。该结论给执行意图与行为之间的关系划分出了限制范围，显示了不同条件下农产品伦理购买行为理论的扩展。

可以看到，各种影响因素与被解释变量的关系以及影响因素之间的关

① Gollwitzer P M. Goal achievement：the role of intentions [J]. European Review of Social Psychology，1993，4（1）：141-185.

② Carrington M J，Neville B A，Whitwell G J. Why ethical consumers don't walk their talk：towards a framework for understanding the gap between the ethical purchase intentions and actual buying behaviour of ethically minded consumers [J]. Journal of Business Ethics，2010（97）：139-158.

③ Fukukawa K. A Theoretical review of business and consumer ethics research：normative and descriptive approaches [J]. The Marketing Review，2003（3）：381-401.

系错综复杂却又有迹可循。总体而言，通过上文的结果讨论与机理分析，本研究所提出的研究模型对于农产品伦理购买行为影响因素及作用机制问题具有较为良好的解释力。

第七节　本章小结

本章在第四章研究模型的构建与假设的提出和第五章研究设计与数据收集的基础上，对构建的农产品伦理购买行为影响因素模型进行了实证分析。通过分析，研究得出了农产品伦理购买行为的影响因素，并明确了影响因素之间的相互作用方式和解释力。

首先，本研究对开展实证分析需要用到的研究方法——结构方程模型和需要用到的软件——AMOS进行了简要的介绍和说明。其次，本研究对正式问卷调查收集到的有效数据进行了描述性统计分析，明确了数据的离散程度和正态分布情况，并进行了共同方法偏差检验。在确保本数据达到结构方程模型的分析要求前提下，对各测量模型和整体结构模型分别进行了验证性因子分析，并明确了测量信度与测量效度。然后，本研究运用AMOS 21.0对农产品伦理购买行为影响因素模型进行了SEM分析，对初始拟合程度进行了评价，并依据模型修正和评价的原则与方法合理地调整了初始模型。在此基础上，本研究进行了潜变量的路径分析，对直接效果的假设、中介效果的假设和调节效果的假设进行了验证。最后，基于实证研究结果，本研究对直接效果、中介效果、调节效果假设的结果进行了讨论与机理分析。

第七章

研究结论与展望

当前，市场在持续创造需求，消费增长模式已经趋于人们可支撑的极限，一系列环境问题和社会弊病突显。大众开始意识到问题的严重后果并越来越多地关注消费对自身、环境和社会带来的影响，伦理消费主义蓬勃发展。在农产品领域，消费者的伦理危机感最紧迫，对伦理因素的重视也尤为明显，农产品消费观发生了极大转变。基于此背景，本研究以“农产品伦理购买行为影响因素及其作用机制研究”为题，开展了深入的研究和探讨，主要解决以下几个问题：农产品伦理购买行为的内涵是什么？如何度量农产品伦理购买行为？哪些因素影响了农产品伦理购买行为？这些影响因素之间的相互关系及其作用机理是什么？本章将总结主要研究结论，并在此基础上提出促进农产品伦理购买的营销建议和政策建议，最后说明本研究的局限性，并对未来的深入研究进行展望。

第一节　研究结论

一、我国农产品消费发生了重要转变，朝着伦理消费的方向发展

本研究对当前我国农产品消费转变的状态进行了描述与剖析，明确了

现阶段我国农产品消费发生了重要转变，以“绿色”、“社会责任”、“可持续”、“生态”、“安全”、“健康”等为核心的生活方式和消费模式已经逐步形成。

我国“十三五”规划（2016—2020年）的指导思想中，将“绿色”列为五大发展理念之一，提出要加快改善生态环境，发展绿色环保产业，为人民提供更多优质生态产品。在“十三五”规划的指导下，我国正在将“绿色”从理念变为实际行动。伦理消费是我国实现未来绿色经济的重要内容。主流消费者越来越多地关注消费的伦理属性，关心自身购买选择为环境和社会的长远发展带来的影响。伦理消费者这样一类特殊的细分市场群体，由狭小的利基市场开始逐渐转变为极具发展潜力的巨大市场。消费者对农产品和食物链各个层面的可持续性，包括可持续性生产和可持续性消费的关注及兴趣都在不断增加。越来越多的消费者关注环保包装、食品的来源、是否为转基因等伦理属性问题并定期购买有机农产品。消费者在农产品购买行为中表现出来的道德诉求，以及市场呈现出的伦理消费增长趋势，反过来促进了供给方的伦理生产和服务。传统的种植、加工和服务开始进行变革，伦理元素被纳入农产品生产的整个过程。消费者的态度和行为成为变革的核心激励因素，伦理消费推动了经济增长的新需求。

二、农产品伦理购买行为内涵及其度量

20世纪60年代到80年代，环保主义盛行，节约能源、减少污染、关注全球气候变化、生态平衡等元素构成了伦理购买的主要属性。在农产品领域，伦理消费体现在购买环境友好农产品（如购买种植/养殖过程中不会对生态环境造成严重破坏的农产品）、实施环境友好消费行为（如选择简易包装的农产品）等方面。20世纪90年代，商业道德开始聚焦于社会责任，于是伦理购买的定义中开始融入社会属性。在农产领域，伦理消费的内涵加入了企业社会责任（如购买进行慈善捐赠的企业/零售商的农产品）、保护动物福利（如抵制非人道饲养和屠宰动物）等元素。21世纪以来，健康、生活品质、舒适等因素逐渐成为伦理购买新的组成要素。在农产品领域，伦理购买的内涵扩展到消费的自然安全、营养健康和品质保证。随着社会和经济的发展，农产品伦理购买的内涵和外延在动态地发展。农产品伦理购买行为并不是纯粹的经济行为，而是集合了公共康健、

生态环境、社会责任、可持续发展、动物权益等方面的综合性行为，其伦理内涵十分丰富。

本研究系统地探讨了我国消费者农产品伦理购买行为的构成维度及测量量表，通过探索性因子分析和验证性因子分析最终确认，农产品伦理购买行为包括生态与安全、营养健康、认证与标识、社会责任、自然渠道5个维度共17项指标，内容完整，结构清晰。通过描述性统计分析，本研究得出受访消费者在农产品伦理购买行为中各个维度的均值。其中，营养健康的得分排在首位，其次是生态与安全，接下来是认证与标识和自然渠道，得分最低的是社会责任。这说明，在我国消费者的日常农产品购买伦理价值层次中，与健康、营养等因素相关的利己主义价值导向重要于与社会责任等因素相关的利他主义价值取向。

三、农产品伦理购买行为影响因素模型

本研究对伦理消费和消费者行为与决策领域的相关理论和文献进行了回顾，以 Ajzen（1985）的计划行为理论和 Hunt-Vitell（1986）的伦理决策模型为理论基础，结合农产品消费的特征和中国文化背景，构建了中国消费者的农产品伦理购买行为影响因素模型。本研究通过科学规范的实证研究方法对模型进行了验证，对研究假设进行了检验，确定了农产品伦理购买行为受到农产品伦理购买意图、群体依从、面子意识、感知行为控制、农产品伦理购买意图、农产品伦理购买执行意图、购买情境7个因素的影响。

四、农产品伦理购买行为各影响因素间的作用机理

本研究的农产品伦理购买行为影响因素模型中，农产品伦理购买态度、感知行为控制、农产品伦理购买意图、农产品伦理购买行为4个变量是计划行为理论框架下的原始变量。群体依从、面子意识是本研究依据中国特色对计划行为理论进行修正后的变量。农产品伦理购买执行意图、购买情境是本研究引入的新解释变量。从模型分析的结果来看，计划行为理论和 Hunt-Vitell 的伦理决策模型在农产品伦理消费领域是适用的，依据中国文化特色对计划行为理论的修正非常有必要，引入的新变量能够在一定程度上弥补原有理论在农产品伦理购买行为影响中解释的不足。各因素间的作用机制具体如下。

农产品伦理购买意图的影响因素是农产品伦理购买态度、群体依从、面子意识、感知行为控制。4个变量均直接对农产品伦理购买意图产生正向影响。其中，影响力最大是群体依从、其次是面子意识，再次是农产品伦理购买态度，最后是感知行为控制。农产品伦理购买意图对农产品伦理购买执行意图产生正向影响作用。农产品伦理购买行为的直接影响因素有农产品伦理购买意图、感知行为控制、农产品伦理购买执行意图。其中，影响最大的是农产品伦理购买意图，其次是感知行为控制，再次是农产品伦理购买执行意图。

农产品伦理购买态度、群体依从、面子意识、感知行为控制既通过农产品伦理意图影响农产品伦理购买行为，也通过农产品伦理意图影响农产品伦理执行意图继而影响农产品伦理购买行为。

农产品伦理购买执行意图与购买行为之间并非只是简单的相关关系，而是受到购买情境的调节。具体而言，在实体环境较好和营销刺激较大的购买情境中，农产品伦理购买执行意图对农产品伦理购买行为的影响要高于在实体环境较差和营销刺激不佳的购买情境中的影响。

在本研究模型中，农产品伦理购买意图在73.5%的程度上被予以解释，解释力度相当高；农产品伦理购买执行意图在37.4%的程度上被予以解释，解释力度中等；农产品伦理购买行为在31.0%的程度上被予以解释，解释力度中等。

五、农产品伦理消费“意图—行为”差距

持有伦理购买态度和意图的消费者并不一定真正进行伦理购买，这种“意图—行为”差距在农产品伦理购买领域真实存在。本研究表明，农产品伦理购买“意图—行为”差距的形成同时受到内部因素（包括消费者自我效能和农产品伦理购买执行意图）和外部因素（包括购买行为可控性和购买情境）的综合影响。具体如下。

第一，农产品伦理购买行为除了受到农产品伦理购买意图的影响外，还受到感知行为控制的直接影响。感知行为控制分为可控性和自我效能两方面：可控性是消费者对购买情况控制程度的评估，持有农产品伦理购买的消费者可能因伦理农产品购买不便利、农产品伦理购买相关知识的信息来源不足等原因而感知实施伦理购买行为很难操控，从而放弃购买；自我

效能是消费者对自身能力的评估，持有农产品伦理购买意图的消费者可能因为农产品溢价过高而缺乏购买实力，也可能因为对伦理购买相关知识的理解和掌握不够，最终未能将伦理购买意图转化为行为。

第二，农产品伦理购买意图和农产品伦理购买行为之间的关系会受到伦理购买执行意图的中介。拥有伦理购买意图表明了消费者致力于实施农产品伦理购买，这是一个好的信号，然而它却仅仅是通往购买行为路上的第一道门，消费者还需要为如何达到这一目标制定具体的规划。在农产品采购前形成伦理购买执行意图对于确保消费者伦理意图转换为伦理购买行动高度有效。计划的存在有助于避免干扰因素和购物环境下的无意识消费，同时也有助于消费者打破旧的消费习惯，形成新的有助于伦理消费实施的习惯。执行意图的形成是一个需要承诺、努力和高意识的过程，消费者需要在购买什么、在哪里购买、如何购买等问题上形成实质性的观念①。实施计划和伦理消费习惯的形成会减小伦理承诺转变为消费行为的阻力。但是在现实的农产品采购情境中，那些曾经做出了伦理购买承诺的消费者，很可能因缺乏一个在脑海中反复展现的具体购买实施计划而将固有的非伦理习惯持续到农产品购买行为中，从而取代了伦理购买意图，导致言行不一致的结果。

第三，农产品伦理购买执行意图与农产品伦理购买行为之间的关系还受到购买情境因素的调节影响。伦理农产品销售终端舒适的物质环境和强烈的营销氛围会让伦理购买执行意图更容易转化为伦理购买行为。理想的情况是，购买场所购买便利、环境良好、陈列整齐、伦理农产品的促销信息和促销人员得力等，但现实的情况很可能是具有农产品伦理购买计划的消费者进入生鲜超市或农贸市场后，却发现伦理农产品的物质要素特征并不明显，他们没有信息来源或无法进行有效的伦理信息识别，又或受到了来自传统农产品促销的诱惑，消费者不愿意付出额外的伦理消费努力或增加成本，于是最终选择放弃购买伦理农产品。

---

① Carrington M J，Neville B A，Whitwell G J. Lost in translation：exploring the ethical consumer intention-behavior gap [J]. Journal of Business Research，2014，67 (1)：2759-2767.

第二节 实践与管理应用

一、应用于消费者的策略建议

消费者是农产品伦理购买的践行者，消费者的伦理态度、消费动机、购物习惯、消费能力、实际行为控制等因素会对农产品伦理消费带来影响。本研究以实证分析的结果为基础，对消费者的农产品伦理购买提出策略建议。

（一）建立伦理消费的价值观和态度

价值观和态度是个体行为的基础，消费者的价值观会融入消费者的生活方式中，并通过购物模式体现最终的购买行为。具有强烈道德意识的消费者更有可能做出承诺和牺牲，制订伦理购买计划并实施伦理消费行为，因为这符合他们的自我意识和根深蒂固的个人价值观①。相反，对于没有伦理意识和伦理购买态度的消费者而言，他们不太可能研究和制订伦理购买计划，很少做出具体的伦理承诺，伦理消费自然也就很难实现。因而，消费者建立伦理消费的价值观和态度是伦理购买行为的基础。

（二）培养伦理消费的生活方式和购物模式

在建立了伦理消费的价值观和持有伦理消费态度与意图的基础上，消费者需要制定具有可操作性的清晰而明确的执行意图，这会使得伦理购买行为变得更快速、轻松和有目的性，因为消费者购买之前脑海里有意识的购买预演会使得伦理购买变成毫不费力的自动行为。但很多伦理选择和伦理行为的改变并不似在某一超市由挑选这种产品换到那种产品般简单易行，它很可能涉及寻找新的零售商、花费更多时间和精力等更多的付出。

① Carrington M J, Neville B A, Whitwell G J. Lost in translation: exploring the ethical consumer intention-behavior gap [J]. Journal of Business Research, 2014, 67 (1): 2759-2767.

打破旧的习惯，形成新的伦理购买习惯和伦理消费生活方式需要消费者付诸极大的努力。整个旧行为的模式、过程、维度需要全部剥去，进行再安置、新建，最终形成在收银台付款的伦理选择新习惯①，而后伦理消费的生活方式和购物模式会逐渐稳固。

（三）提升伦理购买能力

实证研究的结果显示，感知行为控制既对伦理购买行为产生直接影响，也通过意图和执行意图对伦理购买行为产生间接影响，其作用不可小觑。因而，消费者伦理购买能力的提升非常重要。实施方式包括：消费者主动学习伦理消费的相关内容，获取识别伦理农产品的知识和能力；积极寻求多元而可靠的伦理购买资源和机会，了解和熟悉伦理农产品的购买地点和购买方式；积极积累和反馈伦理消费的经验与教训；提高消费自控力等。

二、应用于企业的策略建议

（一）提升伦理农产品品质

频繁采购农产品，为家庭成员购买新鲜美味和营养丰富的食物是中国人的习俗。中国消费者高度重视食物的感官特征，新鲜度和质地是选购的重要参考因素。同样地，消费者购买伦理型肉类、蛋类、水果和蔬菜时在很大程度上也是因为他们觉得伦理产品有着更好的质量和更美的味道。事实上，当消费者进行伦理消费时，往往意味着付出了更多的购物成本和牺牲了购物便利，这使得消费者期待获得更好的感知质量和更高的社会认可。一些伦理消费者表示，当他们发现伦理农产品的品质下降时会很快转而选择传统农产品。由此可见，具有伦理购买意图的消费者并不愿意在农产品的有形属性上让步。企业不能期望在品质没有竞争力的情况下提高伦理农产品的销量。想要维护和扩展顾客，伦理农产品必须保持高品质。反

① Carrington M J, Neville B A, Whitwell G J. Lost in translation: exploring the ethical consumer intention-behavior gap [J]. Journal of Business Research, 2014, 67 (1): 2759-2767.

过来，给予同等的有形属性，不仅有伦理购买意图的消费者更愿意选择伦理产品，而且伦理产品所体现出来的高品质也会将之前未有伦理意图的消费者吸引过来形成新的细分市场①。企业需要做的是提升伦理农产品品牌的知名度和感知价值，将生态农产品优质化，建立积极的公众形象，让消费者享有优质的产品、可靠的服务保障和品牌承诺。

（二）合理制定伦理农产品价格

伦理产品通常比同类型产品的价格更高，这构筑了伦理购买的障碍。虽然很多消费者表示他们愿意为伦理食品花费更高的费用，如溢价购买有机蔬菜和水果、自由放养的家禽/蛋等②，但这种溢价购买的承受不是无限的。理性的消费者会根据支付能力有计划地合理安排日常农产品的购买。2017年中国线上生鲜食品消费研究报告指出，生鲜产品安全观念深入人心，但价格敏感度依然很高。在对消费者的实际购买行为进行调查时，价格因素是影响消费者购买决策的最重要因素，在“首要关注因素”中位列第一。很多消费者在购买选择过程中无法有效地比较不同品牌、不同产地的众多生鲜品类的差异，因而在决策时会选择参考更直观的价格因素③。企业需要设置合理的伦理农产品价格区间，让更多的消费者在可以接受的价格范围内购买到符合自身健康、安全需求和生活品质的伦理农产品。

（三）完善伦理农产品分销渠道

市场通常没有提供足够的可供选择的伦理农产品和便利的选购条件，这使得消费者的伦理主张可能与实际购买状况产生冲突。消费者对这种伦理选择的不满导致他们放弃了原有的承诺和伦理消费意图，拒绝做出进一步牺牲（如花更多的时间去搜寻伦理农产品）。企业要制定适用于消费者

---

① Cornish L S. Ethical consumption or consumption of ethical products? An exploratory analysis of motivations behind the purchase of ethical products [J]. Advances in Consumer Research，2013，41：337-341.

② Cornish L S. Ethical consumption or consumption of ethical products? An exploratory analysis of motivations behind the purchase of ethical products [J]. Advances in Consumer Research，2013，41：337-341.

③ 2017年中国线上生鲜食品消费研究报告 [EB/OL]. http：//www.199it.com/archives/610843.html.

减少或消除购买便利障碍的分销策略，如通过更多本地化的渠道改善消费者对伦理农产品购买的不便；构建多维的营销渠道，采用线上和线下相结合的销售模式；提高物流效率和加大运输保障，保持伦理农产品新鲜；建立可追溯的识别体系和控制系统，给予消费者合理的支持和保证①。

（四）加大农产品伦理购买促销力度

营销者往往聚焦于消费者的决策心理过程，而忽略了购物情境的影响。事实上，在消费者的日常农产品采购中，购买环境、促销等因素对购买行为作用巨大。企业营销需要引导消费者形成伦理购买意图，增强感知行为控制，协助消费者完成执行意图，实施最终伦理购买行为。具体而言：首先，店内促销可以雇用更多的推销人员对伦理农产品进行展示和解释，重点突出伦理农产品无污染、纯天然、安全健康、营养丰富、环保、履行社会责任等差异化的伦理价值，并提供明确而有效的面对面互动。其次，利用非人员的诱导方式。例如，提升农贸市场和生鲜超市的购物环境，将产品陈列整齐，把灯光、温度、音乐设定到舒适程度；开展伦理农产品价格促销，以获得其相对于传统农产品的可见性优势；用最直觉而清晰的宣传视觉符号展现农产品伦理凭证，如品牌标记、伦理标签和标志等；在超市的过道上摆放伦理购买的有关宣传；利用强烈的视觉效果在可视媒体上激发消费者的道德意识，提醒他们记住自己的伦理意图并逐步养成伦理购买的新常规；向消费者赠予伦理农产品销售的地址列表或电话号码；增加超市中伦理农产品的数量和种类；进行产品试吃等。最后，利用网络工具实现移动营销传播。例如，利用购物者的智能手机为消费者提供伦理农产品的特定信息，降低农产品伦理购买计划的难度和成本，帮助消费者更轻松、更便捷地制订计划，完成购买②。

---

① Verbeke W，Viaene J. Consumer attitude to beef quality labels and associations with beef quality labels [J]. Journal of International Food and Agribusiness Marketing，1999，10 (3)：45-65.

② Grimmer M，Miles M P. With the best of intentions：a large sample test of the intention-behaviour gap in pro-environmental consumer behaviour [J]. International Journal of Consumer Studies，2017 (41)：2-10.

（五）进行市场细分，提供定制服务

Antonetti 和 Maklan（2015）将分类理论运用于伦理消费行为的研究中，依据伦理购买动机是利己导向还是利他导向以及伦理购买行为是否刻意公开这两个维度将伦理购买分为四类：社会责任购买（socially responsible purchase）、显著伦理购买（conspicuous ethical purchase）、无私购买（altruistic purchase）、政治性购买（political purchase）。研究指出，这四类伦理购买者的动机和由此产生的行为会有差异。营销人员需要明晰企业积极推广的产品特征是否符合目标市场的真实需求[①]。例如，当大多数消费者将购买有机猪肉看成是健康和品质的保障时，那么环保口号这样的宣传方式将不起作用。而当消费者购买伦理产品是处于社会责任意识时，产品的非有形属性就会增加产品的价值，从而促使消费者购买[②]。还有的消费者出于规避道德风险，倾向于通过购买具有伦理属性的产品来消除或减轻由于不敢承担某些社会责任（如帮扶老人）所带来的内心失衡和自我谴责[③]，那么，企业强调伦理属性的营销宣传则会更受青睐，因为这样可以帮助消费者接近内心道德标准，减少或避免内疚情绪。如果存在宣传错位，营销人员应该马上进行策略调整，探索目标受众更容易接受的方式。将伦理消费进行市场细分，了解消费者如何构建他们的伦理消费决策是制定成功的营销策略的先决条件。这对于伦理消费趋势的预测也很重要。营销人员需要针对不同动机的消费者开发有差异化的营销策略。

通过定制化或个性化服务，让消费者在日常购买每项伦理农产品时都保持高度参与或进行充分而深入的考虑[④]。例如，鼓励消费者打破传统的

---

① Antonetti P，Maklan S. How categorisation shapes the attitude-behaviour gap in responsible consumption [J]. International Journal of Market Research，2015，57 (1)：51-72.

② Cornish L S. Ethical consumption or consumption of ethical products? an exploratory analysis of motivations behind the purchase of ethical products [J]. Advances in Consumer Research，2013 (41)：337-341.

③ 施卓敏，郑婉怡，邝灶英．中国人面子观在 RM 和 FM 模型中的测量差异及其对绿色产品偏好的影响研究 [J]. 管理学报，2017，14 (8)：1208-1218.

④ Vermeir I，Verbeke W. Sustainable food consumption among young adults in Belgium：theory of planned behavior and the role of confidence and values [J]. Ecological Economics，2008，64 (3)：542-553.

农产品购买习惯，批判性地思考以及制订未来的农产品购买计划；深入消费者认知、比较和选择的全过程；如果消费者之前已经成功地达成了目标，则通过启发消费者的追溯记忆，即“我上次实现目标的时间、地点、方式和时间长度”，提供更有吸引力的策略来促进他们的伦理决策①。

(六) 将成就与伦理消费联系起来

本研究的结论显示，中国文化中的面子意识对农产品的伦理购买起到了重要作用，企业营销可以从满足消费者在日常农产品购买过程中的面子需求上切入。例如，通过与普通农产品的对比突出伦理农产品的品质特色和正面形象，向消费者传递高端定位的信息；在广告宣传中突出他人对伦理农产品购买者的羡慕；让消费者的农产品伦理购买行为更大限度地展现在公开场合，并提供伦理购买信息共享。

三、应用于政府和相关组织的策略建议

政府和相关组织在农产品伦理消费中起到重要作用，是能够从宏观方面提升农产品伦理消费的关键力量。结合本研究的实证研究结果和农产品伦理消费中的实际问题，本研究对政府和相关组织提出如下策略建议。

(一) 加强宣传引导，构建伦理社会规范

消费者市场是异质的，制定同时覆盖所有消费者的策略是毫无作用的，但通过唤醒大众伦理意识进行伦理农产品推广并不局限于特定人群。政府和相关组织可以通过各种宣传措施传达伦理消费态度和信念，帮助公众塑造现代消费观，设法将消费者的价值观从强调权威转变为追求更美好的生活。可行的短期策略是通过强调伦理农产品的个人利益（如安全健康、品质保障等）和社会利益（如农产品伦理消费的可持续性和道德性）来强化消费者的伦理购买意识和增强消费者参与度。具体来说，政府和相关组织可以通过对伦理农产品特性和知识的宣传，传达有关伦理农产品的

---

① Dholakia U M, Bagozzi R, Gopinath M. How formulating implementation plans and remembering past actions facilitate the enactment of effortful decisions [J]. Journal of Behavioural Decision Making, 2007 (20): 343-364.

消费态度和信念，将伦理农产品推广到更广泛的公众群体中；将复杂的生态和社会主题降低到消费者日常生活的实际中来。比如，环境污染的严重性、消费者和企业的社会责任、自然生态的益处、伦理产品现时的和潜在的重要价值、伦理消费时尚，等等；利用品牌、标签、质量标志、认证等有形化因素在农产品伦理购买过程中起到启发式作用。

农产品消费是日常行为，消费者可能会抵制变化，然而，农产品购买的多样性和复杂性恰好又留给购买实践相当大的变革空间。改变的一个重要驱动力，特别是在可持续性问题方面，是群体规范①。有些消费者说他们的孩子在学校接触到伦理产品知识后要求他们购买伦理产品，于是他们便照做了②。有些消费者说自己购买绿色标志的农产品是因为绿色标志流行，周围朋友都购买绿色食品，他们不希望显得不合群。还有的消费者指出，进行伦理农产品购买是源于社会对伦理消费的倡导。可见，群体同化、取悦重要他人和遵从社会规范是很多消费者进行农产品伦理购买的重要动机。政府和相关组织需要加强媒体对和谐社会、美好生活、消费者责任等内容的宣传和报道力度，构筑伦理消费的社会规范和文化氛围。

（二）加强伦理消费的教育与培训

对于消费者而言，如果无法辨识伦理产品的积极属性，伦理消费的态度和行为就很难产生。只有消费者对伦理产品和伦理消费的知识有了明晰、深入、系统的了解和认识后，才能更好地指导自我消费行为。基于此，政府和相关组织需要大力扩展伦理消费的相关教育和培训，让消费者获取更广泛的伦理消费知识。这些教育和培训可以从对公众的生活习惯和偏好引导上开始，如指导居民如何进行垃圾分类、讲解生活与社会责任的关系、普及有机牧场的知识、为居民提供贴近生活实际而又富有拓展性的伦理消费体验式学习项目等。

---

① Vermeir I，Verbeke W. Sustainable food consumption：exploring the consumer "attitude-behavioral intention" gap [J]. Journal of Agricultural and Environmental Ethics，2006（19）：169-194.

② Cornish L S. Ethical consumption or consumption of ethical products? an exploratory analysis of motivations behind the purchase of ethical products [J]. Advances in Consumer Research，2013（41）：337-341.

（三）完善信任机制，建立伦理认证

我国消费者的农产品伦理购买动机主要源于与个人健康和环境问题有关的安全问题。由于食品行业大量丑闻的出现，目前公众对农产品的品质持怀疑态度，消费者甚至会质疑有机农产品标签是否真实，以及它们是否符合所有的申报标准。在市场监管问题上，很多消费者认为，有机市场没有很好地受到法律约束。公众对改进有机食品认证和检验等相关政策执行抱有很高的期望①。针对这种状况，政府和相关组织需要增强消费者对伦理产品的信任，尽管这在制度型信任机制发展水平较低的中国具有很大的挑战性②。具体的措施可以包括：完善伦理标签和伦理标志的检验和认证制度；建立精准的农产品溯源追踪体系；规范交易过程；建立信任制度；提供法律保障，等等。

（四）提供技术支持和给予政策倾斜

政府需要给予宏观的技术支持和保障，通过科技手段让消费者知道农产品是如何被生产出来的、如何进行销售的以及整个过程是否达到了伦理要求。例如，进行伦理农产品信息平台建设，为消费者提供伦理农产品生产、加工、包装、运输的完整信息，方便消费者查找、判断和购买；通过平台提高伦理农产品信息透明度，避免过高的虚假定价；通过二维码追踪农产品起源，方便消费者了解源产地状况等。

另外，政府需要将农产品纳入社会或公民的优先事项，对农产品伦理消费进行赞赏和支持并给予政策上的倾斜③。例如，为伦理购买提供便利条件，优先进行伦理农产品的分销和零售渠道建设；为伦理农产品供给方提供绿色信贷、财政补贴或减免税收等。

---

① Hsu C L，Chen M C. Explaining consumer attitudes and purchase intentions toward organic food：contributions from regulatory fit and consumer characteristics [J]. Food Quality and Preference，2014，1 (35)：6-13.

② 戚海峰，于辉，向伟林，等．绿色消费情境下消费者为什么会言行不一？[J]. 心理科学进展，2019，27 (7)：1307-1319.

③ Vermeir I，Verbeke W. Sustainable food consumption：exploring the consumer "attitude-behavioral intention" gap [J]. Journal of Agricultural and Environmental Ethics，2006 (19)：169-194.

第三节 研究局限和展望

一、研究的局限性

（一）未能全面考虑农产品伦理购买行为的可能影响因素

本研究在计划行为理论和伦理决策理论的基础上，结合农产品消费的特点，在中国文化背景下探讨农产品伦理购买行为影响因素及其作用机制。然而，在行为推理理论、调节聚焦理论、解释水平理论等框架下，合理性、道德强度等因素也对伦理行为存在着一定的影响作用，本研究对这些因素的考虑不足。

（二）选用了更容易测量的近似变量代替了更有说服力的变量

为了确保研究的可操作性，在农产品伦理购买行为影响因素模型中，本研究用消费者的感知行为控制替代了实际行为控制。虽然这在一定程度上实现了便捷性，但感知行为控制与实际行为控制存在一定偏差，这可能会导致模型研究结论的准确度受到影响。

（三）采用自我报告式的问卷调查，缺乏对消费者实际购买行为的直接测量

虽然本研究试图通过各种方式确保受访者的真实填答，如匿名、承诺、为受访者提供答题私人空间等，但可能无法完全避免社会期望偏差问题。面对伦理购买问题，消费者存在一定的社会压力，他们的答案会更偏向于社会所期望的结果，这会限制研究的准确性。尽管 Armitage 和 Conner（2001）经过荟萃分析发现关于计划行为理论的研究中，采用自我报告式的测量方式要比采用实地观测的测量方式对行为的解释力度高

11%[①]，但农产品伦理购买决策制定过程以及购买态度向购买行为转化的过程相当复杂，问卷调查并不能全面地捕获这种复杂性。为了深度洞悉消费者心理和决策过程，将问卷调查辅助于实地观测、跟踪调查、日记采访、深度访谈等其他方式，测量结果会更有说服力。

二、研究展望

伦理消费则是目前的研究热点之一，农产品伦理购买影响因素研究是一个较新的研究主题，未来将会有很大的研究潜力。热点下的细小主题视角研究是值得期待的。未来的研究可以在以下几个方面展开。

第一，开展长期的追踪研究，获取纵向数据。例如，采用分段式调查方式，第一阶段调查与消费者伦理意图相关的心理变量，第二阶段调查消费者的实际行为控制和购买行为。利用纵向数据来帮助验证因素之间的因果效应，充分探索从伦理意图到伦理行为的渐进过渡。

第二，采用混合式的研究方法。以操作工具和操作过程客观性、科学性和规范性为标准的定量研究具有可靠性和有效性特点，善于描述复杂现象和进行深度分析的质性研究具有可信性和确定性特点[②]。农产品伦理购买行为是复杂的社会现象，既包含客观事实，也包含主观意愿；既有规律性，也有独特性。定量研究可以解释伦理消费的一般性的、浅层次的现象及其规律，而对深层次的内在交互作用一筹莫展。质性研究强调对社会现象的深入了解，但研究者带有强烈的个人倾向，研究对象被赋予了主观色彩，研究结果也存在着描述模糊、不精确的问题[③]。混合方法从实用主义出发，可以自由地选择与他们研究需要和目标最相符的研究方法、技术和步骤[④]，规避了单一方法贯穿整体在某些阶段不适当所带来的负面效应。用混合方法来进行农产品伦理购买行为研究将成为未来发展方向，将定量

---

① Armitage C J，Conner M. Efficacy of the theory of planned behaviour：a meta-analytic review [J]. British Journal of Social Psychology，2001 (40)：471-499.

② 张培．混合方法研究：范式、设计与质量标准 [J]. 天津大学学报：社会科学版. 2011 (9)：441-444.

③ 易文燕．混合方法在营销非道德行为成因研究中的应用——以顺序性解释设计为例 [J]. 学术论坛，2015 (6)：66-70.

④ 克雷斯威尔．研究设计与写作指导：定性、定量与混合研究的路径 [M]. 崔延强，译. 重庆：重庆大学出版社，2007.

方法辅助于案例研究、田野调查、民族志研究、深入访谈或扎根理论等定性方法。

第三，跨文化研究。农产品伦理消费是跨越地域、文化和风俗习惯的全球趋势，但在这个普遍现象的背后，不同文化背景下伦理消费的原因和决策机制很可能具有差异。识别不同地区的关键信息进行跨文化研究将是未来研究的重点。

伦理购买“意图—行为”差距建设研究。突破市场环境中的巨大障碍进行伦理购买的消费者确实存在，但伦理购买“意图—行为”的鸿沟却无法被完全填补。即使道德消费有一些增长，伦理营销者们也获得不了完美的伦理产品销售状况。因此，研究者应看到伦理购买“意图—行为”差距的积极方面，将未来的研究重点从伦理消费差距成因转向差距的营销建设上①。

---

① Carrington M J，Zwick D，Neville B A. The ideology of the ethical consumption gap [J]. Marketing Theory，2016，16 (1)：21-38.

参考文献

REFERENCE

[1] 曹海英．消费者绿色购买行为影响因素的实证分析［J］．统计与决策，2018（14）：112-114.

[2] 陈鑫，杨德利．绿色农产品消费动机、认知水平与购买行为研究——基于上海市消费者的调查［J］．食品工业，2019，40（1）：253-257.

[3] 邓新明．中国情景下消费者的伦理购买意向研究——基于 TPB 视角［J］．南开管理评论，2012，15（3）：22-32.

[4] 邓新明．消费者为何喜欢“说一套，做一套”——费者伦理购买“意向—行为”差距的影响研究［J］．心理学报，2014，46（7）：1014-1031.

[5] 邓新明，田志龙，刘国华，等．中国情景下企业伦理行为的消费者响应研究［J］．中国软科学，2011（2）：132-153.

[6] 高键．消费者行为理性对绿色感知价值的机制研究——以计划行为理论为研究视角［J］．当代经济管理，2018（1）：16-20.

[7] 国际粮食政策研究所全球粮食报告［EB/OL］．https：//www.useit.com.cn/thread- 23310-1-1.html，2019.

[8] 郭晓林，林德荣．中国本土消费者的面子意识与消费行为研究述评［J］．国外经济与管理，2015，37（11）：63-71.

[9] 郭赟．消费者绿色消费“意向—行为”差距现象及成果探索［J］．商

业经济研究，2019（7）：43-46.

[10] 韩娜．消费者绿色消费行为的影响因素和政策干预路径研究［D］．北京理工大学，2015.

[11] 韩占兵．我国城镇消费者有机农产品消费行为分析［J］．商业研究，2013（8）：183-190.

[12] 郝金锦，马钦海，范广伟．独特性需求对绿色品牌购买的影响：一个有调节的中介模型［J］．预测，2018，37（5）：1-7.

[13] 胡煜晗，白雪珊．消费者绿色食品购买意向形成机制概念模型构建——基于计划行为理论延伸视角［J］．安徽农业科学，2016（10）：261-263.

[14] 黄雪丽．低碳旅游生活行为影响因素及其作用机制研究——以江苏居民为例［D］．江苏大学，2012.

[15] 李苑艳，陈凯．消费者绿色购买意向的影响因素——基于扎根理论的探索性研究［J］．企业经济，2017（5）：74-80.

[16] 李志兰，马小娜，马勇．主观规范和公共媒体影响对绿色消费意向的影响机制——一个被调节的中介模型［J］．软科学，2019，33（11）：113-119.

[17] 刘建花．消费者响应企业社会责任的内在机理研究［D］．山东大学，2014.

[18] 刘建花，杨惠馨．基于合理行为模型的消费者响应企业社会责任的机理研究［J］．企业管理，2013（10）：108-115.

[19] 克雷斯威尔．研究设计与写作指导：定性、定量与混合研究的路径［M］．崔延强，译．重庆：重庆大学出版社，2013.

[20] 科特勒，凯勒．营销管理［M］．王永贵，何佳讯，陈荣，等，译．上海：格致出版社，2017.

[21] 李东进，安钟石，周荣海，等．基于 Fishbein 合理行为模型的国家形象对中国消费者购买意向影响研究［J］．南开管理评论，2008，11（5）：40-49.

[22] 李东进，吴波，武瑞娟．中国消费者购买意向模型——对 Fishbein 合理行为模型的修正［J］．管理世界，2009（1）：24-39.

[23] 卢素兰，刘伟平．自媒体时代：健康信念与绿色农产品消费行为研

究——基于中介效应及结构方程模型［J］. 福建论坛：人文社会科学版，2017（2）：59-67.

［24］毛振福，余伟萍，李雨轩．绿色购买意愿形成机制的实证研究——绿色广告诉求与自我建构的交互作用［J］. 当代财经，2017（5）：81-90.

［25］潘娅．中国消费者绿色消费意愿影响因素及绿色消费机制构建［J］. 商业经济研究，2019（15）：57-59.

［26］戚海峰，于辉，向伟林，等．绿色消费情境下消费者为什么会言行不一？［J］. 心理科学进展，2019，27（7）：1307-1319.

［27］荣泰生．AMOS与研究方法［M］．重庆：重庆大学出版社，2009.

［28］湛泳，汪莹．绿色消费研究综述［J］. 湘潭大学学报：哲学社会科学版，2018，42（6）：46-48.

［29］盛光华，葛万达．社会互动视角下驱动消费者绿色购买的社会机制研究［J］. 华中农业大学学报：社会科学版，2019（2）：81-90.

［30］盛光华，龚思羽，解芳．中国消费者绿色购买意愿形成的理论依据与实证检验——基于生态价值观、个人感知相关性的TPB拓展模型［J］. 吉林大学社会科学学报，2019（1）：140-151.

［31］盛光华，解芳，曲纪同．新消费引领下中国居民绿色购买意图形成机制［J］. 西安交通大学学报：社会科学版，2017，37（4）：1-8.

［32］宋晓兵．感知面子对行为意向影响的跨文化比较研究［J］. 预测，2012，31（4）：9-14.

［33］宋亚非，于倩楠．消费者特征和绿色食品认知程度对购买行为的影响［J］. 财经问题研究，2012（12）：11-17.

［34］施卓敏，吴路芳，邝灶英. 面子意识如何逆转自私行为？——社会价值取向对生态消费的影响［J］. 营销科学学报，2014，10（2）：59-81.

［35］施卓敏，郑婉怡，邝灶英．中国人面子观在RM和FM模型中的测量差异及其对绿色产品偏好的影响研究［J］. 管理学报，2017，14（8）：1208-1218.

［36］孙艺文．消费伦理约束下消费者产品功能需求意向影响因素及其作用机理研究［D］. 吉林大学，2015.

[37] 唐学玉，李世平，姜志．安全农产品消费动机、消费意愿与消费行为研究——基于南京市消费者的调查数据［J］．软科学，2010（24）：53-59.

[38] 王财玉，郑晓旭，余秋婷，等．绿色消费的困境：身份建构抑或环境关心？［J］．心理科学进展，2019，27（8）：1507-1520.

[39] 王建明，彭伟，高键，等．推进绿色消费行为的定制化信息维度结构——基于扎根理论的探索性研究［J］．南京工业大学学报：社会科学版，2019，18（6）：63-73.

[40] 王世进，周慧颖．环境价值观影响生态消费行为——基于中介变量的实证检验［J］．软科学，2019，33（10）：50-57.

[41] 王晓红，胡士磊，张雪燕．消费者缘何言行不一：绿色消费态度—行为缺口研究述评与展望［J］．理论经济研究，2018（5）：52-60.

[42] 王秀宏，孙静．理性消费与炫耀心理对轻奢品牌购买意愿的研究［J］．管理现代化，2017，37（4）：78-81.

[43] 王勇．面子对中国消费者购物行为的影响［J］．西安交通大学学报：社会科学版，2014，34（1）：49-53.

[44] 汪涛，张琴．为什么消费者会感觉到有面子？——消费者面子及其感知机制研［J］．经济管理，2011，33（7）：78-88.

[45] 魏璊，郑秋悦，杨妹香．消费价值差对绿色消费行为意向的影响［J］．中国环境管理，2019，11（5）：115-120.

[46] 温忠麟，吴艳．潜变量交互效应建模方法演变与简化［J］．心理科学进展，2010，18（8）：1306-1313.

[47] 温忠麟，吴艳，侯杰泰．潜变量交互效应结构方程：分布分析方法［J］．心理学探新，2013，33（5）：409-414.

[48] 吴明隆．SPSS统计应用实务［M］．北京：中国铁道出版社，2000.

[49] 吴明隆．结构方程模型—AMOS的操作与应用［M］．重庆：重庆大学出版社，2016.

[50] 杨德锋，宋倩文，胡丽丽．绿色产品诉求对消费者绿色购买意愿的影响研究［J］．消费经济，2017，33（1）：63-69.

[51] 叶楠．绿色认知与绿色情感对绿色消费行为的影响机理研究［J］．南京工业大学学报：社会科学版，2019（4）：61-74.

[52] 余伟萍，毛振福，赵占恒．环境影响诉求对绿色购买意愿的影响机制研究——消费者 CSR 内部动机感知的中介作用和自我建构的调节作用 [J]. 财经论丛：浙江财经学院学报，2017 (7)：86-94.

[53] 于春玲，朱晓冬，王霞，等．面子意识与绿色产品购买意向——使用情境和价格相对水平的调节作用 [J]. 管理评论，2019，31 (11)：139-146.

[54] 易文燕．混合方法在营销非到的行为成因研究中的应用——以顺序性解释设计为例 [J]. 学术论坛，2015 (6)：66-70.

[55] 张培．混合方法研究：范式、设计与质量标准 [J]. 天津大学学报：社会科学版．2011 (9)：441-444.

[56] 张启尧，孙习祥．利益感知对消费者绿色品牌购买意向影响——自我概念清晰性的调节作用 [J]. 企业经济，2019，38 (3)：25-35.

[57] 张沁．消费者绿色购买行为的研究 [J]. 价格理论与实践，2018，408 (6)：120-123.

[58] 张学睦，王希宁．生态标签对绿色产品购买意愿的影响——以消费者感知价值为中介 [J]. 生态经济，2019，35 (1)：63-68.

[59] 张砚，李小勇．消费者绿色购买意愿与购买行为差距研究 [J]. 资源开发与市场．2017，33 (3)：343-348.

[60] 中国落实 2030 年可持续发展议程进展报告 [EB/OL]．http：//www. xinhuanet. com/ world/2019-09/25/c _ 1210292253. htm.

[61] 朱建荣，周严严，张媛．环境价值观与生态消费行为的关系研究——以消费者感知效力为调节 [J]. 商业时代，2019 (3)：39-42.

[62] 祝希，孙习祥．中国消费者绿色消费动机来源分析——功能性需要还是象征性需要？[J]. 企业经济，2015，424 (12)：70-77.

[63] 2016 年度中国绿色消费者报告 [EB/OL]. http：//www. 199it. com/archives/503487. html.

[64] 2017 年中国线上生鲜食品消费研究报告 [EB/OL]. http：//www. 199it. com/archives/610843. html.

[65] 2019 中国可持续消费研究报告 [EB/OL]. http：//www. syntao. com/newsinfo/2171428. html.

[66] Ajzen I. From intentions to actions：a theory of planned behavior [J].

Advances in Experimental Social Psychology, 1985, 22 (8): 11-39.

[67] Ajzen I. Attitude, personality and behaviour [M]. Chicago: Dorsey, 1988.

[68] Ajzen I. The Theory of planned behavior [J]. Organizational Behavior and Human Decision Processes, 1991 (50): 179-211.

[69] Ajzen I, Icek. Attitudinal and normative variables as predictors of specific behaviors [J]. Journal of Personality and Social Psychology, 1973, 27 (1): 41-57.

[70] Ajzen I, Madden T J. Prediction of goal-directed behaviour: attitudes, intentions and perceived behavioural control [J]. Journal of Experimental Social Psychology, 1986, (22): 453-474.

[71] Ajzen I. Residual effects of past on later behavior: Habituation and reasoned action perspectives [J]. Personality and Social Psychology Review, 2002 (6): 107-122.

[72] Anderson J C, Gerbing D W. Structural equation modeling in practice: a review and recommended two-step approach [J]. Psychological Bulletin, 1988, 103 (3): 411-423.

[73] Antil J H. Socially responsible consumers: profile and implications for public policy [J]. Journal of Macromarketing, 1984, 4 (2): 18-39.

[74] Antonetti P, Maklan S. How categorisation shapes the attitude-behaviour gap in responsible consumption [J]. International Journal of Market Research, 2015, 57 (1): 51-72.

[75] Auger P, Burke P, Devinney T M, Louviere J J. What will consumers pay for social product features? [J]. Journal of Business Ethics, 2003 (42): 281-304.

[76] Auger P, Devinney T M. Do what consumers say matter? the misalignment of preferences with unconstrained ethical intentions [J]. Journal of Business Ethics, 2007 (76): 361-383.

[77] Auger P, Devinney T M, Louviere J J, et al. The importance of social product attributes in consumer purchasing decisions: a multi-

country comparative study [J]. International Business Review, 2010, 19 (2): 140-159.

[78] Bagozzi R P. The self-regulation of attitudes, intentions, and behavior [J]. Social Psychology Quarterly, 1992 (55): 178-204.

[79] Bagozzi R P. The poverty of economic explanations of consumption and an action theory alternative [J]. Managerial and Decision Economics, 2000 (31): 95-109.

[80] Bao Y Q, Zheng Z, Su C Q. Face consciousness and risk aversion: do they affect consumer decision-making? [J]. Psychology and Marketing, 2003, 20 (8): 733-755.

[81] Baron R M, Kenny D A. The moderator-mediator variable distinction in social psychological research: conceptual, strategic, and statistical considerations [J]. Journal of Personality and Social Psychology, 1986 (51): 1173-1182.

[82] Belk R. Situational variables and consumer behaviour [J]. Journal of Consumer Research, 1975 (2): 157-164.

[83] Belk R, Devinney T M, Eckhardt G. Consumer ethics across cultures [J]. Consumption, Markets and Culture, 2005, 8 (3): 275-289.

[84] Bentler P M, Yuan K. Structural equation modeling with small sample: the statistics [J]. Multivariate Behavioral Research, 1999, 34 (2): 181-197.

[85] Berne-Manero C, Pedraja-Iglesias M, Ramo-Saez P A. Measurement model for the socially responsible consumer [J]. Int Rev Public Nonprofit Mark, 2014 (11): 31-46.

[86] Bertini I. Ethical consumerism delivering "profitable growth" [J/OL]. http://blueandgreen tomorrow. com/2014/07/11/ethical-consumerism-delivering-profitable-growth-says-market research.

[87] Bollen K A. Structural equations with latent variables [M]. New York: Wiley and Sons Press, 1989.

[88] Byrne B M. Structural equation modeling with AMOS: basic concepts, applications, and programming [M]. Massachusetts: Law-

rence Erlbaum, 2001.

[89] Carrigan M, Attalla A. The myth of the ethical consumer-do ethics matter in purchase behaviour? [J]. Journal of Consumer Marketing, 2001, 18 (7): 560-577.

[90] Carrigan M, Szmigin I, Wright J. Shopping for a Better world? an interpretive study of the potential for ethical consumption within the older market [J]. Journal of Consumer Marketing, 2004, 21 (6): 401-417.

[91] Carrington M J, Neville B A, Canniford R. Seeking the coherent moral self: a process of alignment [M]. Vancouver: North American Association of Consumer Research, 2012.

[92] Carrington M J, Neville B A, Whitwell G J. Why ethical consumers don't walk their talk: towards a framework for understanding the gap between the ethical purchase intentions and actual buying behaviour of ethically minded consumers [J]. Journal of Business Ethics, 2010 (97): 139-158.

[93] Carrington M J, Neville B A, Whitwell G J. Lost in translation: exploring the ethical consumer intention-behavior gap [J]. Journal of Business Research, 2014, 67 (1): 2759-2767.

[94] Carrington M J, Zwick D, Neville B A. The ideology of the ethical consumption gap [J]. Marketing Theory, 2016, 16 (1): 21-38.

[95] Castano L E V, Perdomo-Ortiz J, Ocampo S D, et al. Socially responsible consumption: an application in Colombia [J]. Business Ethics: A European Review, 2016, 4 (25): 460-481.

[96] Chin W. Commentary: issues and opinion on structural equation modlling [J]. MIS Quarterly, 1998, 22 (1): vii-xvi.

[97] Chin W, Newsted P R. Structural equation modeling analysis with small samples using partial least squares: statistical strategies for small sample research [M]. Thousand Oaks CA: Sage Publications, 1999.

[98] Coleman L, Bahnan N, Kelkar M, et al. Walking the walk: how the

theory of reasoned action explains adult and student intentions to go green [J]. Journal of Applied Business Research, 2011 (27): 107-116.

[99] Cornish L S. Ethical consumption or consumption of ethical products? an exploratory analysis of motivations behind the purchase of ethical products [J]. Advances in Consumer Research, 2013 (41): 337-341.

[100] Crane A. Unpacking the ethical product [J]. Journal of Business Ethics, 2001, 30 (4): 361-373.

[101] Crane A, Matten D. Business ethics: a European perspective [M]. Oxford: Oxford University Press, 2004.

[102] Crowe R, Simon W. Who are the ethical consumers [M]. Manchester: Cooperative Bank, 2000.

[103] Davies J, Foxall G R, Pallister J. Beyond the intention-behaviour mythology: an integrated model of recycling [J]. Marketing Theory, 2002 (2): 29-113.

[104] De Pelsmacker P, Driesen L, Rayp G. Do consumers care about ethics? willingness to pay for fair-trade coffee [J]. The Journal of Consumer Affairs, 2005, 39 (2): 363-385.

[105] De Pelsmacker P, Janssens W. A model for fair trade buying behavior: the role of perceived quantity and quality of information and product-specific attitudes [J]. Journal of Business Ethics, 2007 (75): 361-380.

[106] Dholakia U M, Bagozzi R, Gopinath M. How formulating implementation plans and remembering past actions facilitate the enactment of effortful decisions [J]. Journal of Behavioural Decision Making, 2007 (20): 343-364.

[107] Early P C. Face, harmony, and social structure: an analysis of organizational behavior across cultures [M]. Oxford: Oxford University Press, 1997.

[108] Eagly A H, Chaiken S. The psychology of attitudes [M]. TX:

Harcourt Brace Jovanovich, 1993.

[109] Eckhardt G M, Belk R, Devinney T M. Why don't consumers consume ethically? [J]. Journal of Consumer Behaviour, 2001, 9 (6): 426-436.

[110] Emese. Interpretation of ethical Consumption [J]. Review of Sociology, 2008 (14): 25-44.

[111] Enders. An SAS macro for implementing the modified bollen stine bootstrap for missing [J]. Structural Equation Modeling. 2005, 12 (4): 620-641.

[112] Ethical consumer markets report 2014 [EB/OL]. http: //www. ethical consumer. org/.

[113] Ethical consumer markets report 2017 [EB/OL]. http: //www. ethical consumer. org/.

[114] Ethical consumer markets report 2018 [EB/OL]. http: //www. ethical consumer. org/.

[115] Euromonitor. International global consumer trends survey [J/OL]. http: //www. euromonitor. com/global-consumer-trends-summary-of-2013-survey-results/report, 2014.

[116] European Commission. Corporate social responsibility: a new definition, a new agenda for action [EB/OL]. http: //europa. eu/rapid/press-release _ MEMO-11-730 _ en. htm.

[117] Ferrell O C, Gresham L G. A contingency framework for understanding ethical decision making in marketing [J]. Journal of Marketing, 1985, 49 (3): 87-96.

[118] Fishbein M. An investigation of the relationships between beliefs about an object and the attitude toward that object [J]. Human Relations, 1963, 16 (3): 233-239.

[119] Fishbein M, Ajzen I. Belief, attitude, intention and behaviour: an introduction to theory and research [M]. Reading, MA: Addison-Wesley, 1975.

[120] Francoise-Lecompte, Roberts. Developing a measure of socially re-

sponsible consumption in France [J]. Marketing Management Journal, 2006, 16 (2): 50-66.

[121] Goffman E. On face-work: an analysis of ritual elements in social interaction [M]. New York: Interaction Ritual Anchor Books, 1967.

[122] Gollwitzer P M. Goal achievement: the role of intentions [J]. European Review of Social Psychology, 1993, 4 (1): 141-185.

[123] Gollwitzer P M, Implementation intentions and effective goal pursuit [J]. Journal of Personality and Social Psychology, 1997 (2): 34-42.

[124] Gollwitzer P M. Implementation intentions: strong effects of simple plans [J]. American Psychologist, 1999, 54 (7): 493-503.

[125] Gollwitzer P M, Sheeran P. Implementation intentions and goal achievement: a meta-analysis of Effects and processes [J]. Advances in Experimental Social Psychology, 2006 (38): 69-119.

[126] Gollwitzer P M, Oettingen G. The emergence and implementation of health goals [J]. Psychology and Health, 1998, 13 (4): 687-715.

[127] Grimmer M, Miles M P. With the best of intentions: a large sample test of the intention-behaviour gap in pro-environmental consumer behaviour [J]. International Journal of Consumer Studies, 2017 (41): 2-10.

[128] Grunert S C, Juhl H J. Values, environmental attitudes, and buying of organic foods [J]. Journal of Economic Psychology, 1995, 16 (1): 39-62.

[129] Grunert S C, Scherlorn G. Consumer values in west Germany underlying dimensions and cross-cultural comparison with north America [J]. Journal of Business Research, 1990, (20): 97-107.

[130] Hair J F, Black W C, Babin B J, et al, Multivariate data analysis [M]. New Jersey: Englewood Cliffs Prentice Hall, 2009.

[131] Ham M, Jeger M, Ivkovic A F. The role of subjective norms in forming the intention to purchase green food [J]. Economic Research-Ekonomska Istrazivanja, 2015, 28 (1): 738-748.

[132] Hassan L M, Shiu E, Shaw D. Who says there is an intention-behavior gap? assessing the empirical evidence of an intention behavior gap in ethical consumption [J]. Business Ethics, 2016 (136): 219-236.

[133] He A Z, Cai T, Deng T X, et al. Factors affecting non-green consumer behaviour: an exploratory study among Chinese consumers [J]. International Journal of Consumer Studies, 2016 (40): 345-356.

[134] Hepting D H, Jaffe J, Maciag T. Operationalizing ethics in food choice decisions [J]. Agricultural Environment Ethics, 2014 (27): 453-469.

[135] Hoare R J, Butcher K, O'Brien D. Understanding Chinese diners in an overseas context: a Cultural perspective [J]. Journal of Hospitality and Tourism Research, 2011, 35 (3): 358-380.

[136] Hoffmann S, Hutter K. Carrotmob as a new form of ethical consumption-the nature of the concept and avenues for future research [J]. Journal of Consumer Policy, 2012 (35): 215-236.

[137] Hsu C L, Chen M C. Explaining consumer attitudes and purchase intentions toward organic food: contributions from regulatory fit and consumer characteristics [J]. Food Quality and Preference, 2014, 1 (35): 6-13.

[138] Hu L, Bentler P M, Kano Y. Can test statistics in covariance structure analysis be trusted [J]. Psychological Bulletin, 1992, 112 (2): 351-362.

[139] Hunt S D, Vasquez-Parraga A. Organizational consequences, marketing ethics, and salesforce supervision [J]. Journal of Marketing Research, 1993, 30 (1): 78-90.

[140] Hunt S D, Vitell S. A general theory of marketing ethics [J]. Journal of Macromarketing, 1986, (6): 5-15.

[141] Hunt S D, Vitell S. Ethics in marketing [M]. Homewood, IL: Irwin, 1993.

[142] Hunt S D, Vitell S. The general theory of marketing ethics: a revision and three questions [J]. Journal of Macromarketing, 2006, 26 (2): 143-153.

[143] IGD. Ethical consumerism [EB/OL]. http://www. igd. com/our-expertise/Sustainability/3429/Ethical-Consumerism/.

[144] Inglehart R. The silent revolution: changing values and political styles among western publics [M]. Princeton N J: Princeton University Press, 2015.

[145] Jiang L, Shan J. Counterfeits or shanzhai? The role of face and brand consciousness in luxury copycat consumption [J]. Psychological Reports, 2016, 119 (1): 181-199.

[146] Joreskog K G, Sorbom D. Lisrel 7: User's guide [M]. Mooresville: Scientific Software Inc., 1989.

[147] Kaiser H F. The application of electronic computers to factor analysis [J]. Educational and Psychological Measurement, 1960, 20 (1): 141-151.

[148] Kenny D, Judd C M. Estimating the nonlinear and interactive effects of latent variables [J]. Psychological Bulletin, 1984 (96): 201-210.

[149] Kim S Y, Yeo J, Sohn S H, et al. Toward a composite measure of green consumption: an exploratory study using a Korean sample [J]. Fam Econ Iss, 2012 (33): 199-214.

[150] Kline, Rex B, Little, et al. Principles and practice of structural equation modeling [M]. England: Guilford Press, 2011.

[151] Kollmuss A, Agyeman J. Mind the gap: why do people act environmentally and what are the barriers to pro-environmental behavior? [J]. Environmental Education Research, 2002, 8 (3): 239-260.

[152] Latour B. On some of the affects of capitalism [M]. Copenhagen: Royal Academy, 2014.

[153] Lederer, Sethi. Critical dimensions of strategic information systems planning [J]. Decision Sciences, 1991, 2 (4): 104-119.

[154] Lee, Chol, Robert T. Green, cross-cultural examination of the Fishbein behavioral intentions model [J]. Journal of International Business Studies, 1991 (2): 289-304.

[155] Lee K H, Shin D. Consumers responses to CSR activities: the linkage between increased awareness and purchase intention [J]. Public Relations Review, 2010, 36 (2): 193-195.

[156] Luchs M G, Naylor R W, Irwin J R, et al. The sustainability liability: potential negative effects of ethicality on product preference [J]. Journal of Marketing, 2010 (74): 18-31.

[157] MacKinnon D P. Introduction to statistical mediation analysis [M]. Mahwah N J: Lawrence Erlbaum Associates, 2008.

[158] MacKinnon D P, Krull J L, Lockwood C M, Equivalence of the mediation, confounding, and suppression Effect [J]. Prevention Science, 2000 (1): 173-181.

[159] MacKinnon D P, Lockwood C M, Williams J. Confidence limits for the indirect effect: Distribution of the product and resampling methods [J]. Multivariate Behavioral Research, 2004 (39): 99-128.

[160] Magdalena, Oberseder, Bodo. Why don't consumers care about CSR?: a qualitative study exploring the fole of CSR in Consumption Decisions [J]. Journal of Business Ethics, 2011 (3): 22-28.

[161] Magistris T D, Gracia A. The decision to buy organic food products in Southern Italy [J]. British Food Journal, 2008 (110): 929-947.

[162] Maignan I. Consumers' perceptions of corporate social responsibilities: a cross-cultural comparison [J]. Journal of Business Ethics, 2001, 30 (1): 57-72.

[163] Maignan I, Ferrell O C. Nature of corporate responsibilities: perspectives from American, French, and German consumers [J]. Journal of Business research, 2003, 56 (1): 55-67.

[164] Mark, Conner, Christopher. Extending the theory of planned behavior: a review and avenues for further research [J]. Journal of Applied Social Psychology, 1998 (1): 3-13.

[165] Marsh H W，Hocevar D. Application of confirmatory factory analysis to the study of self-concept：first- and higher-order factor models and their invariance across groups [J]. Psychological Bulletin，1985，97 (3)：562-582.

[166] Marsh H W，Wen Z，Hau K T. Structural equation models of latent interaction and quadratic effects [M]. Greenwich CT：Information Age，2006.

[167] McEachern M G，Monika J A，Schro D，et al. Exploring ethical brand extensions and consumer buying behaviour：the RSPCA and the "freedom food" brand [J]. Journal of Product and Brand Management，2007，16 (3)：168-177.

[168] Morwitz V G，Steckel J H，Gupta A. When do purchase intentions predict sales [J]. International Journal of Forecasting，2007 (23)：347-364.

[169] Moser A K. Thinking green，buying green? Drivers of pro-environmental purchasing behavior [J]. Journal of Consumer Marketing，2015，32 (3)：167-175.

[170] Mueller R O. Structural equation modeling：back to basics [J]. Structural Equation Modeling，1997 (4)：353-369.

[171] Murphy P E，Laczniak G R. Marketing ethics：cases and readings [J]. Pearson Schweiz Ag，2006 (3)：16-21.

[172] Newholm T，Shaw D. Studying the ethical consumer：a review of research [J]. Journal of Consumer Behaviour，2007 (6)：253-270.

[173] Notani A S. Moderators of perceived behavioural control's predictiveness in the theory of planned behaviour：a meta-analysis [J]. Journal of Consumer Psychology，1998，7 (3)：247-271.

[174] Nurse G，Onozaka Y，McFadden D T. Understanding the connections between consumer motivations and buying behavior：the case of the local food system movement [J]. Journal of Food Products Marketing，2010 (18)：385-396.

[175] Orbell S. Cognition and affect after cervical screening：the role of

previous test outcome and personal obligation in future uptake expectations [J]. Social Science and Medicine, 1996, 43 (8): 1237-1243.

[176] Orbell S, Hodgkins S, Sheeran P. Implementation intentions and the theory of planned behavior [J]. Personality and Social Psychology Bulletin, 1997, 23 (9): 945-954.

[177] Padel S, Foster C. Exploring the gap between attitudes and behaviour: understanding why consumers buy or do not buy organic food [J]. British Food Journal, 2005, 107 (8): 606-625.

[178] Pepper M, Jackson T, Uzzell D. An examination of the values that motivate socially conscious and frugal consumer behaviors [J]. International Journal of Consumer Studies, 2009, 33 (2): 126-136.

[179] Perez-Barea J J, Montero-Simo M J, Araque-Padilla R. Measurement of socially responsible consumption: lecompte's scale spanish version validation [J]. Int Rev Public Nonprofit Mark, 2015 (12): 37-61.

[180] Ping R A. A parsimonious estimating technique for interaction and quadratic latent variables [J]. The Journal of Marketing Research, 1995 (32): 336-347.

[181] Polonsky M J. A stakeholder theory approach to designing environmental marketing strategy [J]. The Journal of Business and Industrial Marketing, 1995, 10 (3): 29-46.

[182] Pool G J, Schwegler A F. Differentiating among motives for norm conformity [J]. Basic and Applied Social Psychology, 1998 (29): 47-60.

[183] Prentice D. Psychological correspondence of possessions, attitudes and values [J]. Journal of Personality and Social Psychology, 1987, 53 (6): 993-1003.

[184] Randall K, Shleifer, Andrei, et al. Management ownership and market valuation: an empirical analysis [J]. Journal of Financial Economics, 1988, 20 (88): 293-315.

[185] Rest J R. Moral development: advances in research and theory

[M]. New York: Praeger, 1986.

[186] Roberts J A. Sex differences in socially responsible consumers' behavior [J]. Psychological Reports, 1993 (73): 139-148.

[187] Roberts J A. Profiling levels of socially responsible consumer behavior: a cluster analytic approach and its implications for marketing [J]. Journal of Marketing Theory and Practice, 1995, 3 (4): 97-117.

[188] Roberts J A. Will the real socially responsible consumer please step forward? [J]. Business Horizons, 1996, 39 (1): 79-83.

[189] Robinson R, Smith C. Psychosocial and demographic variables associated with consumer intention to purchase sustainable produced foods as defined by the Midwest Food Alliance [J]. Journal of Nutrition Education and Behaviour, 2002, 34 (6): 316-325.

[190] Samarasinghe R. Green attitudes and behavior gap: obstruction to be green [J]. International Journal of Advanced Biomedical Engineering research, 2015 (3): 1461-1476.

[191] Schaefer A, Crane A. Addressing sustainability and consumption [J]. Journal of Macromarking, 2005 (25): 76-92.

[192] Schlegelmilch B, Oberseder M. Half a century of marketing ethics: shifting perspectives and emerging trends [J]. Journal of Business Ethics, 2010, 93 (1): 1-19.

[193] ShawD, Mcmaster R, Newholm T. Care and commitment in ethical consumption: an exploration of the "attitude-behaviour gap" [J]. Journal of Business Ethics, 2016 (2): 1-15.

[194] Shaw D, Newholm T, Dickinson R. Consumption as voting: an exploration of consumer empowerment [J]. European Journal of Marketing, 2006, 40 (9): 1049-1067.

[195] Shaw D, Shiu E. An assessment of ethical obligation and self-identity in ethical consumer decision-making: a structural equation modeling approach [J]. International Journal of Consumer Studies, 2002, 26 (4): 286-293.

[196] Shaw D, Shiu E. Ethics in consumer choice: a multivariate modelling approach [J]. European journal of marketing, 2003, 37 (10): 1485-1498.

[197] Shaw D, Shiu E, Clarke I. The contribution of ethical obligation and selfidentity to the theory of planned behavior: an exploration of ethical consumers [J]. Journal of Marketing Management, 2000, 16 (8): 879-894.

[198] Shaw D, Shiu E, Hassan L, et al. Intending to be ethical: an examination of consumer choice in sweatshop avoidance [J]. Advances in Consumer Research, 2007 (34): 31-38.

[199] Sheeran P. Intention-behavior relations: a conceptual and empirical review [J]. European Review of Social Psychology, 2002 (12): 1-36.

[200] Sheeran P, Trafimow D, Armitage C J. Predicting behaviour from perceived behavioural control: tests of the accuracy assumption of the theory of planned behaviour [J]. British Journal of Social Psychology, 2003 (42): 393-410.

[201] Singhal N. A study of consumer behavior towards organic food and the moderating effects of health consciousness [J]. The IUP Journal of Marketing Management, 2017 (3): 45-79.

[202] Sobel M E. Some new results on indirect effects and their standard errors in covariance structure models [M]. Washington DC: American Sociological Association, 1986.

[203] Somogyi S, Li E, Johnson T. The underlying motivations of Chinese wine consumer behaviour [J]. Asia Pacific Journal of Marketing and Logistics, 2011, 23 (4): 473-485.

[204] Sparks, Donald L. Environmental soil chemistry [J]. Environmental Soil Chemistry, 1995 (3): 1-22.

[205] Sparks P, Shepherd R. Self-identity and the theory of planned behavior: assessing the role of identification with green consumerism [J]. Social Psychology Quarterly, 1992, 55 (4): 388-399.

[206] Stephenson M T. Examining adolescent's responses to anti-marijuana PSAs [J]. Human Communication Research, 2003 (29): 343-369.

[207] Stern P C, Dietz T. The value basis of environmental concern [J]. Journal of Social Issues, 1994, 50 (3): 65-84.

[208] Stone C A, Sobel M E. The robustness of total indirect effects in covariance structure models estimated with maximum likelihood [J]. Psychometrika, 1990 (55): 337-352.

[209] Sudbury-Riley L, Kohlbacher F. Ethically minded consumer behavior: scale review, development [J]. Journal of Business Research, 2016 (69): 2697-2710.

[210] Sun G, Chen J, Li J. Need for uniqueness as a mediator of the relationship between face consciousness and status consumption in China [J]. International Journal of Psychology, 2017, 52 (5): 349-353.

[211] Sun X, Collins R. Chinese consumer response to imported fruit: intended uses and their effect on perceived quality [J]. International Journal of Consumer Studies, 2006 (30): 179-188.

[212] Sutton S. Predicting and explaining intentions and behavior: how well are we doing? [J]. Journal of Applied Social Psychology, 1998 (28): 1317-1338.

[213] Szmigin I, Carrigan M, McEachern M G. The conscious consumer: taking a flexible approach to ethical behavior [J]. International Journal of Consumer Studies, 2009 (33): 224-231.

[214] Tansuhaj, Patriya, James W, et al. A cross-national examination of innovation resistance [J]. International Marketing Review, 1991, 8 (3): 7-20.

[215] Trafimow D, Sheeran P, Conner M, et al. Evidence that perceived behavioural control is a multidimensional construct: perceived control and perceived difficulty [J]. British Journal of Social Psychology, 2002 (41): 101-121.

[216] Trevino L K. Ethical decision making in organizations: a person-sit-

uation interactionist model [J]. Academy of Management Review, 1986, 11 (3): 601-617.

[217] Trudel R, Cotte J. Does being ethical pay? [J/OL]. (2008-5-23). The Wall Street Journal. http://online.wsj.com/news/articles/SB121018735490274425.

[218] Tuten T L, Urban D J. Specific responses to unmet expectations: the value of linking Fishbein's theory of reasoned [J]. International Journal of Management, 1999 (3): 11-21.

[219] Twenty years of ethical consumerism [EB/OL]. http://www.ethicalconsumer.org/.

[220] Valor C. The influence of information about labor abuses on consumer choice of clothes: a grounded theory approach [J]. Journal of Marketing Management, 2007, 23 (7): 675-695.

[221] Verbeke W, Viaene J. Consumer attitude to beef quality labels and associations with beef quality labels [J]. Journal of International Food and Agribusiness Marketing, 1999, 10 (3): 45-65.

[222] Vermeir I, Verbeke W. Sustainable food consumption: exploring the consumer "attitude-behavioral intention" gap [J]. Journal of Agricultural and Environmental Ethics, 2006 (19): 169-194.

[223] Vermeir I, Verbeke W. Sustainable food consumption among young adults in Belgium: theory of planned behavior and the role of confidence and values [J]. Ecological Economics, 2008, 64 (3): 542-553.

[224] Webb D J, Mohr L A, Harris K E. A re-examination of socially responsible consumption and its measurement [J]. Journal of Business Research, 2008, 61 (2): 91-98.

[225] Webb T, Sheeran P, Luszczynska A. Planning to break unwanted habits: habit strength moderates implementation intention effects on behavior change [J]. British Journal of Social Psychology, 2009 (48): 507-523.

[226] Webster F. Determining the characteristics of the socially conscious

consumer [J]. Journal of Consumer Research, 1975 (2): 188-196.

[227] White K, Simpson B. When do (and don't) normative appeals influence sustainable consumer behaviors? [J]. Journal of Marketing, 2013, 77 (2): 78-95.

[228] Williams J, MacKinnon D P. Resampling and distribution of the product methods for testing indirect effects in complex models [J]. Structural Equation Modeling, 2008 (15): 23-51.

[229] Yan J, She Q. Developing a trichotomy model to measure socially responsible behaviour in China [J]. International Journal of Market Research, 2011, 53 (2): 253-274.

[230] Yau, Oliber H M. Chinese cultural values: their dimensions and marketing implications [J]. European Journal of Marketing, 1988, 22 (5): 44-57.

[231] Yin J L, Qian L X, Singhapakdi A. Sharing sustainability: how values and ethics matter in consumers' adoption of public bicycle-sharing scheme [J]. Journal of Business Ethics, 2018 (149): 313-332.

[232] Yoon C. Theory of planned behavior and ethics theory in digital piracy: an integrated model [J]. Journal of Business Ethics, 2011 (100): 405-417.

[233] Young M R, DeSarbo W S, Morwitz V G. The stochastic modeling of purchase intentions and behaviour [J]. Management Science, 1998, 44 (2): 188-202.

[234] Zaltman G. How customers think: essential insights into the mind of the market [M]. Boston, MA: Harvard Business School Press, 2003.

[235] Zhang X A, Gao Q, Grigoriou N. Consciousness of social face: the development and validation of a scale measuring desire to gain face versus fear of losing face [J]. The Journal of Social Psychology, 2011, 151 (2): 129-149.

[236] Zhou X. Patterns of middle class consumption in India and China [M], New Delhi: Sage Publications, 2008.